講座ドイツ言語学
第1巻
ドイツ語の文法論

「講座ドイツ言語学」の刊行に寄せて

　言語学の立場からドイツ語を描き表すと、どのようなドイツ語の姿が新たに見えてくるだろうか。学習院大学文学部でドイツ語学を教える責任編集者3名は、ドイツ語に関する言語学的知見をある程度まとまった形にして日本の言語学界に提示したいと考え、今回の「講座ドイツ言語学」を企画した。「講座ドイツ言語学」においては、ドイツ語の知識がない読者にも理解しやすいよう日本語訳や語注などを付けて分かりやすい記述に努めた。

　言語は、言語それ自体で成り立っているのではなく、言語共同体のなかでその言語を使用する人間がいて初めて成り立っている。したがって今回、「講座ドイツ言語学」においてドイツ語を描くのに際して、言語構造から見る文法的視点を縦糸に、社会と人の関わりから見る「社会語用論的」視点を緯糸にした。第1巻の『ドイツ語の文法論』(岡本順治・吉田光演編)では現代ドイツ語の文法を共時的に論じ、第2巻の『ドイツ語の歴史論』(高田博行・新田春夫編)ではドイツ語の文法を通時的・歴史的に論じると共にドイツ語史の展開を社会と営みに関連づけて社会語用論の視点から描き、第3巻の『ドイツ語の社会語用論』(渡辺学・山下仁編)では現代ドイツ語をメディア等にも着目しつつ社会語用論の視点で論じる。この3つの巻が揃うことによって、ドイツ語に関する言語学的知見が重層的に浮き彫りになることを強く望むものである。

　上に述べたわれわれ編集者の願望と熱意をくんで下さり、「講座ドイツ言語学」の刊行を実現してくださった、ひつじ書房社長の松本功氏に心よりお礼申し上げる。

　　2012年秋

　　　　　　　　　　　　「講座ドイツ言語学」全3巻責任編集
　　　　　　　　　　　　　　高田博行・岡本順治・渡辺学

⟨ 講座ドイツ言語学 第1巻
ドイツ語の文法論
岡本順治・吉田光演 編 ⟩

ひつじ書房

まえがき

　「文法」を研究することとは、言語の仕組みを解き明かそうとする試みであり、現代では科学的な言語研究の中に位置づけられる。

　本書は、ドイツ語に専門的な興味を持つ学部4年生から大学院生、さらに、他の言語を専門とする学生や研究者に対して、ドイツ語の文法的な諸特徴を解き明かし、その「面白さ」を理解してもらうことを目指している。従って、教科書のように総花的に全体を網羅する記述を目指すのではなく、また、単発的な論文の寄せ集めでもなく、限られた数の研究者が興味深いトピックを掘り下げて分析し、そのトピックの理解からドイツ語文法の特徴が見えるように心がけた。

　1つの言語の文法的な仕組みを理解するには、他言語との比較対照が必要不可欠であり、そのような比較をするためには、複数言語を比較できるような理論的枠組みも必要になる。本書は、他言語を専門とする読者にも理解できるように、例文には英語のグロスをつけた。文法に関する本書の基本的スタンスと基本概念は、第1章で説明している。また、各章の連携をとるような記述を目指し、言語学者の間でしか通用しない例文ではなく、実際に用いられているような用例を各章の冒頭に示し、そのトピックの問題点を冒頭で明確にした。

　トピックの具体例を少しだけ紹介してみよう。weil（英語のbecauseに相当）は、従属節を導き、動詞が文末に置かれるが、近年、節の中でも2番目の位置（V2）に置かれる使用法が頻繁に観察される。なぜこのような語順が使われるようになったのだろうか。そして、このような語順になった場合は、意味の違いが生じているのだろうか。

（1）　Er muss schon zu Hause sein, weil　sein Fahrrad ist hier ausgelegt.
　　　he must already at home be　because his　bike　is here anchored
　　　彼はもう帰宅しているに違いない。というのは、彼の自転車が家の
　　　前に駐めてあるからだ。　　　　　　　　　　　　　　（☞第2章）

あるいは、語順が自由だと言われるドイツ語でも、(2a)は許容されるが、(2b)が許容度が低いのはなぜだろうか。

(2) a. dass dem Kind   Hans   gestern   ein Buch geschenkt hat.
       that the child-DAT   Hans-NOM   yesterday a book   given   has
    b. ?? dass dem Kind   ein Buch Hans   gestern   geschenkt hat.
       that the child-DAT   a book Hans-NOM   yesterday given   has
       その子にハンスが本 1 冊を昨日贈ったこと。　　　(☞第 3 章)

さらに、(3a)は、「この本は簡単に読める」という英語の文だが、ドイツ語では、(3b)のように、再帰代名詞 sich が必要になるのはなぜだろうか。

(3) a. The book reads easily.
    b. Das Buch liest sich leicht.   (☞第 4 章)

こうした問題に対して本書に登場する言語研究者は、どのような枠組みでどう分析しているのだろうか。科学としての言語学は、決して絶対的な答えを提供するものではない。自分ならもっと別の検証可能な説明ができる、という人は、ぜひ新たな分析を試みて欲しいと編著者は希望している。

なお、各章の執筆者は以下のとおりである。

　　　第 1 章　岡本順治・吉田光演　　　第 7 章　藤縄康弘
　　　第 2 章　田中雅敏　　　　　　　　第 8 章　吉田光演
　　　第 3 章　吉田光演　　　　　　　　第 9 章　岡本順治
　　　第 4 章　大矢俊明　　　　　　　　第 10 章　田中 愼
　　　第 5 章　藤縄康弘　　　　　　　　第 11 章　岡本順治
　　　第 6 章　田中 愼

　　2011 年秋

　　　　　　　　　　　　　　　　第 1 巻編者　岡本順治・吉田光演

目次

「講座ドイツ言語学」の刊行に寄せて	iii
まえがき	vii
略語表	xvi

第1章　ドイツ語の文法論　総論　　　1

1. 文法について　　　1
   - 1.1 「ドイツ語の文法論」が目指すもの　　　1
   - 1.2 文法＝「メタ言語を使った仮説」　　　2
   - 1.3 データと理論　　　4
   - 1.4 文法の全体像　　　6
2. 本書の構成要素　　　7
   - 2.1 ドイツ語個別文法　　　7
   - 2.2 生成文法　　　8
   - 2.3 機能主義、認知言語学　　　8
   - 2.4 形式意味論　　　9
3. 押さえておきたい基本概念　　　10
   - 3.1 カテゴリー（範疇）　　　10
   - 3.2 有標と無標　　　11
   - 3.3 Xバー（X-bar）構造　　　12
   - 3.4 機能範疇　　　14
   - 3.5 外延と内包　　　16
   - 3.6 意味役割　　　17
   - 3.7 語彙分解　　　18
4. まとめ　　　20

第2章　動詞の位置　23

1. はじめに　24
2. 枠構造と動詞の位置　27
   - 2.1 枠構造における不定詞の位置　28
   - 2.2 枠構造における定動詞の位置　30
3. 定動詞移動の動機づけ　34
   - 3.1 定動詞前置の手続き　34
   - 3.2 定動詞前置と前域の活性化　37
4. 定動詞位置をめぐるさまざまな配語法　39
5. まとめ　44

第3章　ドイツ語の語順変動（かきまぜ）　47

1. はじめに　48
2. 基本語順（無標語順）とは?　49
   - 2.1 主格―与格―対格語順　49
   - 2.2 「主格―与格―対格」語順の例外（他の無標語順）　53
3. 無標語順のバリエーション?　動詞句の基底構造　55
   - 3.1 Engel (1988) の「基本語順」と語順のずれ　55
   - 3.2 動詞句（VP）の基底構造　57
4. 語順変動の分析　59
   - 4.1 機能領域への代名詞の義務的移動　59
   - 4.2 随意的移動としてのかきまぜ　62
   - 4.3 かきまぜの意味論的・語用論的要因　64
5. まとめ　69

第4章　中間構文と結果構文　73

1. はじめに　74
2. 中間構文　75
   - 2.1 再帰代名詞の働き　75
   - 2.2 総称性と動詞の制約　81
3. 結果構文　86
   - 3.1 Kratzer (2005) の主張　86

	3.2	動詞の種類	91
4.		まとめ	92

第5章　受動態と使役　　　　　　　　　　　　　　　　97

1.		はじめに	98
2.		ドイツ語の受動態　概観	100
	2.1	werden 受動	100
	2.2	sein 受動	103
	2.3	bekommen 受動	106
3.		格上げと非人称化	109
	3.1	非対格仮説	109
	3.2	人称受動と非人称受動	111
	3.3	非人称受動とアスペクト	114
4.		使役	116
5.		まとめ	117

第6章　アスペクト、時制、モダリティ　　　　　　　　121

1.		動詞のカテゴリー	122
	1.1	動詞のカテゴリーの機能──「出来事」の具体化	122
	1.2	動詞のカテゴリーの普遍性	123
	1.3	カテゴリー間の関連性	124
2.		時制	125
	2.1	「過去」と「現在完了」	126
	2.2	「未来」	128
3.		モダリティ	129
	3.1	法	130
	3.2	話法の助動詞	132
4.		アスペクト	133
	4.1	アスペクトとAktionsart（動作様態）	134
	4.2	アスペクト──視点を設定するカテゴリー	136
5.		関連性1　カテゴリー間の相互乗り入れ	137
	5.1	時制とモダリティ	138

	5.2 時制とアスペクト	139
	5.3 アスペクトとモダリティ1――未来「時制」と動詞のアスペクト	140
	5.4 アスペクトとモダリティ2――アスペクトと話法の助動詞	141
6.	まとめ	142

第7章　自由な与格　　145

1.	はじめに	146
2.	自由な与格　概観	147
	2.1 所有の与格	147
	2.2 利益・不利益の与格	149
	2.3 判断の与格	151
	2.4 関心の与格	152
	2.5 分類のための分類を超えて	153
3.	意味構造―項構造―統語構造	156
4.	所有関数の追加と自由な与格	159
5.	自由な与格 vs. 間接受動	162
6.	まとめ	165

第8章　ドイツ語の名詞表現の統語論と意味論　　169

1.	はじめに	170
2.	名詞句・限定詞句の統語構造	172
3.	限定詞句における冠詞の意味、名詞の意味	175
4.	固有名詞、不可算名詞、複数形の構造と意味	180
	4.1 固有名詞、不可算名詞、複数名詞の構造	180
	4.2 可算名詞、不可算名詞、複数名詞の意味	183
	4.3 不可算名詞と複数名詞の意味	185
5.	作用域　数量詞句の意味解釈	187
6.	定冠詞の他の働き	188
7.	まとめ	190

第9章　複合動詞　193

1. はじめに　194
2. 概観　196
   - 2.1 動詞の拡張の意義　196
   - 2.2 接頭辞動詞と不変化詞動詞の違い　198
   - 2.3 不変化詞動詞と正書法　199
   - 2.4 不変化詞動詞に課せられた制約　201
   - 2.5 不変化詞動詞と接頭辞動詞間の揺れ　203
   - 2.6 不変化詞と接頭辞が同形の場合　204
3. 不変化詞動詞の文法構造　205
   - 3.1 複合動詞の主要部はどこか　205
   - 3.2 不変化詞動詞の統語論　207
4. 項構造の変化　209
5. 不変化詞動詞の結果構文　213
6. まとめ　214

第10章　情報構造　219

1. 情報を伝達するしくみ　220
2. 機能的文構成　223
   - 2.1 焦点―背景　225
   - 2.2 トピック―コメント　228
3. 情報構造を表示するさまざまな仕組み　232
   - 3.1 語順　232
   - 3.2 情報構造を表す語彙的手段　232
   - 3.3 構文的手段　234
   - 3.4 プロソディ（韻律）の働き　238
4. まとめ　240

第11章　心態詞　243

1. はじめに　244
2. 用語の定義　245
   - 2.1 概観　245

	2.2	同音語の存在	247
	2.3	強勢アクセントを持たないこと	248
	2.4	文タイプとの関連性	250
	2.5	前域に現れないこと	253
3.		心態詞の表す意味	256
	3.1	話法的意味	256
	3.2	状況と共有知識	258
4.		プロソディ	260
5.		残された問題	261
6.		まとめ	262

参考文献	265
索引	280
執筆者紹介	284

略語表

A	adjective	形容詞	PL	plural	複数
ACC	accusative	対格	PP	past participle	過去分詞
ADV	adverb	副詞	PREF	prefix(-verb)	接頭辞(動詞)
AGR	agreement marker	一致標識	PRON	pronoun	代名詞
ANI	animate	有生	PST	past	過去形
ASP	aspect marker	アスペクト標識	RECIP	reciprocal	相互代名詞
AUX	auxiliary	助動詞	REFL	reflexive	再帰代名詞
C	complementizer	補文標識	SG	singler	単数
CL	clitics	接辞	SUBJ	subject	主語
CONJ	conjunction	接続詞	SBJ1	subjunctive I	接続法 I 式
COP	copula	コピュラ	SBJ2	subjunctive II	接続法 II 式
D	determiner	限定詞	TOP	topic	話題
DAT	dative	与格	V	verb	動詞
DEF	definite	定	1	first person	1 人称
DEM	demonstrative	指示代名詞	2	second person	2 人称(eg. you-2SG)
EXP	expletive	虚辞	3	third person	3 人称(eg. him-3SG-ACC)
FEM	female	女性形			
FIN	finite	定形			
FOC	focus	焦点			
GEN	genitive	属格			
INDEF	indefinite	不定			
INF	infinitive	不定詞			
IMP	imperative	命令形			
LOC	location	場所			
MA	male	男性形			
MP	modal particle	心態詞			
N	noun	名詞			
NEG	negation	否定			
NEUT	neuter	中性			
NOM	nominative	主格			
OBJ	object	目的語			
OBL	oblique	斜格			
P	preposition	前置詞			
PART	participle	分詞			
PRT	(verb-)particle	(動詞)不変化詞			

第1章
ドイツ語の文法論
総論

1. 文法について

1.1 「ドイツ語の文法論」が目指すもの

　世界におよそ6000存在すると言われている言語の中で、ドイツ語は、インド・ヨーロッパ語族、ゲルマン語派、西ゲルマン語に属する言語として系統的には知られているが、西ゲルマン語には、ドイツ語と並んで英語、オランダ語、フリジア語が含まれる。母語話者の数は、およそ1億人弱と言われ、主にドイツ連邦共和国、オーストリア、スイスの一部などで話されている。

　言語の定義は、方言の差違をも視野に入れると決して簡単ではないが、個々の言語を個別言語(particular languages)と呼び、人間の話す言葉という意味での言語(Language)と区別して考えることができる。個別言語には、人間の話す言語という共通した普遍的な(universal)特徴と、個別言語間の違いがあると想定できる。他の個別言語の研究と同様、ドイツ語の文法を考える際にも、この普遍性と個別性の対立は極めて重要な区別である。

　ドイツ語の文法を記述・説明するのになぜ普遍的な枠組みが必要なのだろうか。ドイツ語を記述・説明するためには、そのために最も適した文法を作ればよいではないか、という考えもある。実際に、ドイツ語圏で発展した伝統文法は、多くの場合、そのような見方から作られている。しかし、「外国語を知らないものは、母語をまったく知らない。(Wer fremde Sprachen nicht kennt, weiß nichts von seiner eigenen.)」と作家ゲーテが言うように、他の言語との比較があってはじめて特定の言語の特徴が見えるというのは、根本的に

正しい指摘である。そして、他の言語と比較するためには、普遍的な術語と共通の道具立てが不可欠となる。

本書が目指す「ドイツ語の文法論」は、このような観点から、他言語との比較を前提とし、言語学の普遍的術語を用いながら、複数言語を取り扱えるような共通の道具立てを使うことによって、ドイツ語の特徴を浮き彫りにしようとするものである。

1.2　文法＝「メタ言語を使った仮説」

学校で言語学習の際に「文法」を習ったという場合、その「文法」とは「規範文法(Normative Grammar)」である。規範文法とは、「Xという表現は、正しい」と人為的に定めた特定の判断基準を提供する文法で、ここで話題にする「文法」とは性質が異なる。

言語学では、そもそも規範的な正しさを問題としない。それは、特定の価値判断を含むからであり、「Xという表現は美しい」というような判断に科学的根拠を持たせるのが難しいのと似ている。個別言語の現実のデータを記述する立場から作られた文法は、「記述文法(Descriptive Grammar)」と呼ばれ、これは言語学的な研究の一部である。また、記述から一歩前へ出て、説明を目指す文法もある。その中でも、個別言語の境界を越えて普遍的な道具を提供する文法には、生成文法(Generative Grammar)、範疇文法(Categorial Grammar)、語彙機能文法(Lexical Functional Grammar)、HPSG (Head-driven Phrase Structure Grammar)などがある。他方、言語の機能や認知的特性を元にした機能文法(Functional Grammar)や認知文法(Cognitive Grammar)という枠組みも、別の面から人間の言語の共通性を捉えようとしている。これらの文法理論は、さまざまな個別言語を共通した術語と道具立てを使って記述し、説明する枠組みを提供している。

この「共通した術語と道具立て」を持つ文法とは、ひとことで言ってしまえば、「メタ言語(meta-language)を使って言語を記述・説明する仮説」である。メタ言語とは、言語を説明するための「ひとつレベルが上の」言語を意味する。それに対して、メタ言語で記述する対象の言語を対象言語(object language)という。

(1a)は、ドイツ語について述べた文で、その内容は、ドイツ語を特徴づけている。しかし、(1a)を読んだ後で(1b)を読むと奇妙に感じる。なぜだろ

うか。

（1）a.　ドイツ語は1つの言語である。
　　　b.　ドイツ語は名詞である。

　(1b)では、引用符を用いて「ドイツ語」とすると理解が容易になる。なぜなら、この文は、「ドイツ語」という語について語っているからである。この場合、「ドイツ語」という語が対象言語の表現で、「名詞」は、メタ言語に属する。
　言語学では、さまざまな専門的な術語を定義して、それらをメタ言語として使う。日常的な言語を使って同じ言語について語ってしまうと、他の科学よりも致命的に足をすくわれることになる。定義された術語と理論(＝メタ言語)を使い、言語現象を記述し説明しようと試みるのが文法であるが、これこそ正しいと言える文法モデルは存在せず、どの文法モデルも仮説にすぎない。
　例えば、この点を具体的に考えるために、1995年に刊行された大江健三郎の著書のタイトル(2)を見てみよう。

（2）　　あいまいな日本の私

　直感的には、「あいまいな」が、何を修飾するかによって、2通りの解釈ができるのが分かる。それをわかりやすく示すためには、例えば、カッコを使って、(3a)と(3b)のように表せばよい。

（3）a.　[[あいまいな日本]の[私]]
　　　b.　[[あいまいな][日本の私]]

　どこで分析対象の言語表現を切って部分(segment)に分けるか、というのは文法分析の第一歩であり、この部分は言語的直感に基づいてなされる。(3a)では「あいまいな日本」、(3b)では「日本の私」がそれぞれまとまった部分として分析されている。さらに(4a, b)のように、より詳細にカッコづけすることもできる。

（4）a. ［［［あいまい］な］日本］の［私］］
　　 b. ［［［あいまい］な］［［日本］の［私］］］

　これらの1つ1つの括弧の対がいったい何を表しているのかも、文法の問題である。例えば、先頭の「あいまい」は、1つの文法的見方によれば、「形容動詞」、また別の見方によれば「名詞」となる。ここでは、「形容動詞」とか「名詞」という術語がメタ言語に属し、どのメタ言語を使ってどう説明できるかが焦点となる。

　「形容動詞」というメタ言語に属する術語は、日本語を取り扱う個別文法で、「活用のある自立語で、単独で述語を形成でき」、現代の口語では終止形が「だ」で終わると定義できる。そうすると「あいまいな」という部分に含まれる「な」は、形容動詞の活用語尾となる。他方で、もし「あいまい」という部分を名詞と分析すれば、「な」は、助動詞「だ」の連体形と説明できる。どちらの記述・説明が(本当に)正しいか、ということを争うのは、上で述べたように科学的判断ではない。文法は、せいぜい仮説を提示するだけなので、最終的な決着はない。むしろ、文法的記述・説明の優劣は、どちらの方法がより多くの妥当性を持っているか、(より多くの事象を)最小限の道具立てで統一的に記述・説明できるかという基準によって一般的に判断されるのである。

1.3　データと理論

　普遍的特徴を記述・説明することを目指した文法は、一貫した理論のもとに構成されている。従って、文法理論とも呼ばれる。言語研究者の中には、文法理論を重視するタイプと、データを重視するタイプがいるが、当然のことながら、理論もデータも研究には重要である。言語データをいくら多く集めても、理論的道具立てがなければ、分析は表層的に終わってしまう危険性が高い。逆に、理論の改良(すなわち、メタ言語のメタ言語)にのみ囚われていては、実際の言語データの分析から遠のいてしまう。このようにバランスが重要なことは言うまでもないが、言語データを分析する際に、分析のための理論的基盤がないと、データそのものの特性も見えてこないということがしばしば起きる。その意味では、理論はある種のフィルターであり、それを通してみることが新たな発見につながる可能性がある。

言語分析にあたって、データは経験科学としての言語学にとって、いわば命であり、そのデータの扱いには慎重でなければならない。近年の言語分析では、母語話者(native speakers)の直感が例文の判断に使われることが多い。実際、生成文法の発展とともに、母語話者には、母語に関して無意識な形で持つ直感があり、その直感を支える知識の根本的な部分は後天的ではなく生得的(innate)であるという主張がなされた。

　例えば、(5a)は、普通に理解できるドイツ語で、「そのバッグを私は、叔母のために買う」という文だが、文頭の die Tasche と、文末の meine Oma がどちらも対格だからといって、2つを入れ替えて(5b)のようにしてしまうと、意味的に奇妙な文になることは母語話者なら直感的に分かる(「叔母を私は、バッグのために買う」)。また、(5c)のような語順にすると、それはもはやドイツ語の文の配列とは認められないことが母語話者には即座に分かる。

(5) a.　Die Tasche　kaufe ich für meine Oma.　　　　(☞第2章)
　　　　the bag-ACC　buy I　for my　aunt-ACC
　　b.　#Meine Oma kaufe ich für die Tasche.　(#：意味的な逸脱)
　　c.　*Die Tasche ich für meine Oma kaufe.　(*：非文法的)

　ここでは、意味的な次元での逸脱と、統語的な次元の逸脱が直感的に分かる例を示したが、このような例は、確かに母語話者なら誰でも判断がつきそうなものである。しかし、すべての例がこのように「はっきりと割り切れる」ものではない。母語話者の判断は、文法性(grammaticality)の尺度として有効に働かない場合もある。すなわち、母語話者が容認可能(acceptable)であると判断する根拠は、文法性と等しくはない、ということである。しばしば、意味的な逸脱か、構造的な不可能性か判断しにくい場合、文処理・理解が困難な場合など、複雑な要因が絡んでいることがあり得る。このような限界や問題を意識し、言語学者が相互に引用し合うようなデータも、ある程度、言語コーパス(コンピュータ上に蓄えられた巨大な言語資料)で裏づけられることが望ましい。コーパスを分析することで文法性の傾向が見えてくることもある。他方、現実にありえない文(＝非文)をコーパスで見つけることはできないことから、コーパスによる言語データの評価にも限界がある、ということを肝に銘じておく必要がある。また、統計的な言語処理も必要なケースが当

然出てくるが、逆に言語コーパスにはほとんど現れていない表現であっても、特定の母語話者にとっては普通に受け入れられ、それがやがて社会全体へと広がっていく可能性も否定できない。その原因は、言語の社会文化依存性や状況依存性に求められるだろう。

1.4 文法の全体像

本書では、全体を通じて明確な1つの文法モデルに沿って記述されているわけではない。むしろ、話題により異なった文法モデルが使われている場合がある。生成文法がより前面に出た記述もあれば、形式意味論的記述や機能文法的、認知文法的な記述もある。これらの道具立てを統一するのは、むろん望ましいことではあるが、現状から言えば非現実的である。というのも、ある特定の言語現象に関して、より多くのことが議論されている理論が存在するし、別の現象では他の理論がより説明力がある場合もある。ハンマーを

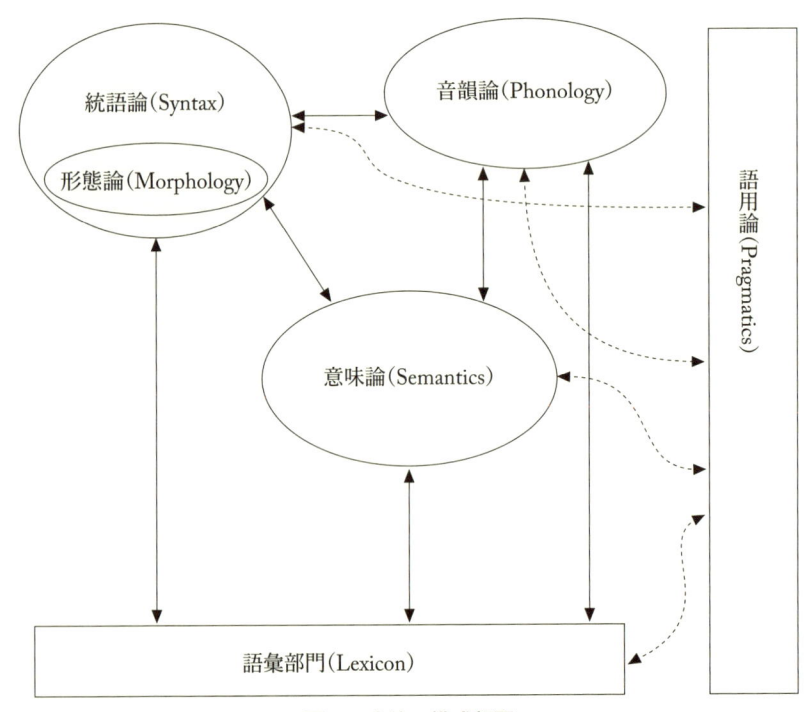

図1　文法の構成部門

持っていてもケーキを作るのに役立たないのと同じように、目的と合わない道具を持っていても言語分析はできない。

その一方で、最低限の共通の認識は必要であり、特定の現象をさまざまな角度から大局的に見渡せるようにしなければならない。このような観点から、本書では、文法と言う場合、それが統語論(syntax)だけでなく、形態論(morphology)、意味論(semantics)、音韻論(phonology)を含むものとして捉える。これらの関係を図1で表す。

図1は、統語論、意味論、音韻論はそれぞれ相互に関連し合い、さらに、語彙部門や語用論とも関係を持つという文法の構成を表す。この文法の内部構成は、順序を規定しておらず、あくまでもそれぞれの部門間に相互関係があるものと想定する(狭義の生成文法の構成とは異なることに注意)。

2. 本書の構成要素

2.1 ドイツ語個別文法

本書は、現代ドイツ語文法を共時的に捉えることを目的としており、分析道具も上に見た現代の文法理論に立脚している。しかし、過去の時代に行われたドイツ語の文法記述を無視するのではなく、過去の遺産を踏まえて他の言語と比較し得る共通の観点を設定する。実際、過去にもドイツ語の文法的特徴を把握した優れた個別文法はあった。ドイツ語の文配列で問題になる前域(Vorfeld; pre-field)、中域(Mittelfeld; middle field)、後域(Nachfeld; afterfield)、文枠(Satzrahmen; sentence frame)などの位置概念を提案した文域(Stellungsfelder; positional fields)の考え方(Drach 1937)は非常に重要である(☞第2章)。そして、文域と関連する配列上の特徴が動詞第2位現象(V2: verb second)であるが、動詞第2位の現象はドイツ語のみならず、オランダ語、デンマーク語などゲルマン語共通の統語的特徴である(Wackernagel 1892)。また、Helbig and Buscha(1986)、Engel(1982)などの結合価文法(Valence Grammar)、依存関係文法(Dependence Grammar)は、文を構成する文成分(主語や目的語、前置詞句等)を決定する中心を動詞として捉え、動詞がいくつの文成分、どのような種類の文成分と結合するかという観点から動詞の結合価(valence)を分析した。結合価とは、化学式になぞらえ、動詞を中心にそれが必要とする要素を捉えたもので、必須のものを補足語(Ergänzung)、そ

うでないものを添加語(Angabe)と呼び区別した。

例えば、verkaufen(売る)という動詞は、(6)で示すように3つの名詞をとって使うことができるが、それは主格補足語、与格補足語、対格補足語をとって使う動詞として特徴づけられる。その際、与格補足語は、随意的なのでverkaufenの結合価は、2価＋1価(随意的)として表される。

（6）　Ich verkaufe ihm　　　eine Zeitung.
　　　I　 sell　　him-DAT　 a　 newspaper-ACC
　　　私は彼に新聞を売る。

2.2　生成文法

統語論は、語から句・文に至るまでの配列構造を記述し、説明することを目的とする。文を構造体として分析する方法もさまざまあるが、個別言語を越えた文法の共通性を意識する統語理論として生成文法が知られている。N. チョムスキー(Noam Chomsky: 1928–)が提唱した生成文法の中心をなす統語論は、変形文法(句構造文法と変形規則)から始まり、原理とパラメータ理論(Xバー理論、束縛理論など)を経て、極小理論へと理論の枠組みが変化してきた。生成文法が目指すのは、基本的に人間の言語知識の解明であるが、その言語知識は生得的であり、人間の言語としての普遍性を反映していると考える。その意味では、言語獲得を可能にする仕組みを説明することを究極的には目指しているが、「生成」という言葉に込められたもう1つの意味は、再帰性(recursiveness)であり、繰り返し同じ構造を適用することでより大きな構造体を作り出せる仕組みである。時を隔てて変わってきた生成文法は、その時々で使われる「装置」や全体的構図が異なるものの、個別言語を越えて言語現象を説明できる仕組みを提供してきたと言える。

本書では、生成文法を唯一絶対の正しい枠組みとは考えていないが、言語現象を説明するために十分に定義された術語と仕組みを提供しているという限りにおいて、積極的に言語現象の説明に利用するという立場を取る。なお、各章の担当者によって、生成文法への関与の仕方は当然異なっている。

2.3　機能主義、認知言語学

生成文法が言語現象の記述・説明において形式を重視するのに対して、機

能主義 (functionalism) や認知言語学 (cognitive linguistics) では、形式面よりも言語機能の多面性に目を向ける。言語心理学者 K. ビューラー (Karl Bühler: 1879–1963) のオルガノン・モデル (Organonmodell) は、言語の機能をモノと記号の関係だけでなく、話し手と記号の関係 (表現)、聞き手と記号の関係 (訴えかけ) を含めて考えた。オルガノンとは、そもそも「道具」の意味だが、道具として言語を見たとき、記号 (symbol) が果たす役割は、後で見る形式意味論が問題とするような、世界の中のモノと記号としての言語の関係だけに縛られず、言語使用者である話し手や受け手との関係を含めて考えたところが特徴的であった。言語学で機能主義という時、言語それ自体がさまざまな機能 (働き) を内在しているというように捉えがちだが、それを使う人間が言語を「どのように使うか」という面が、現実には多層的に関連し合っているところが重要である。

1980年以降に盛んになった認知言語学も、人間という認知の主体に焦点を当てた点では、機能主義的な言語観と重なるところがある。当初の認知言語学は、形式主義的な生成文法に対峙する形で登場し、人間の認知能力が単に形式的な記号操作ではないことをさまざまな形で訴えた。本書では、直接的に認知言語学的分析は示されないが、言語の多面的な構造がクローズアップされる箇所では、背後に認知言語学的な考え方が潜んでいると考えてよい。

2.4　形式意味論

時間的には、生成文法や機能文法よりもさらに遡るが、論理学での意味研究の流れがあり、文の意味を論理記号で表す試みが古くから存在した。命題論理、述語論理を経て、洗練された形式意味論 (formal semantics) が発展したきっかけは、R. モンタギュー (Richard Montague: 1930–1971) による「モンタギュー文法 (Montague Grammar)」であった。このアプローチは、フレーゲの原則 (Frege's principle)、すなわち「文の意味は、その文を構成する語の意味を、統語構造に従って合成したものである」という考え方を採用する。合成性の原則 (compositionality principle) とも呼ばれるが、簡単に言えば、統語論に従って文の意味が積木のように組み立てられるという強い要請である。近年、この原則には、さまざまな反論が寄せられている一方で、基本的なところで合成性を認めなければ、言語は獲得不可能であるという認識も依然として根強い。生成文法が統語論の自律性を前面に打ち出したのとは対照的

に、形式意味論では、多くの場合、統語論と意味論の平行性を求め、範疇文法だけでなく、他の形式文法との融合の試みも行われている。

一方、形式意味論で捉えられない意味を扱うきっかけとなったのは、日常言語学派の言語研究で、L. ヴィトゲンシュタイン（Ludwig Wittgenstein: 1889–1951）の考え方は認知言語学にも大きな影響を与えた。また、J. L. オースティン（John. L. Austin: 1911–1960）による発話行為論の流れもここから始まり、語用論的展開へと発展していった。形式意味論の発達は、言語学では、意味論の道具立ての整備（後で見る語彙分解）にも寄与しているだけでなく、語用論の重要性も指摘する結果となった。

3. 押さえておきたい基本概念

3.1 カテゴリー（範疇）

カテゴリー（category：範疇）とは、もともと哲学用語であるが、共通の性質を持ったものの集合を指す。何が1つのカテゴリーをなすか、という問題は単純なようで実はそれほど簡単ではない。まず、何をもって共通の性質と考えるか、ということを形式主義的に考えると、必要十分条件により定められるように思われるだろう。

例えば1つの名詞の意味を考えてみよう。「母（Mutter）」というのは、1つのカテゴリーを成しているだろうか？［女性］であり、［子供にとって親である］、［子供と血縁関係がある］、という3つの性質から、「母」を定義できるように思える。しかし、血縁関係がなくとも母にはなれる（育ての親としての母）。では、［子供を育てる］という性質を新たに導入すればよいかというと、世の中には子供を育てない母もいて、それでも一般的には母として認められる。

言語におけるカテゴリーを考える際には、このように必要十分条件を探して、それを共通の性質とするというのではなく、判断する人間がいて、その人が典型的に思い抱いている基準を適用していると考えられる。すなわち、人間は、言語を使ってモノを認識する際には、カテゴリーに分けることで（カテゴリー化することで）、そのモノを認識する。

〈リンゴ、ピーマン、ミカン、バナナ、ブドウ〉があったとき、その中でどれか1つが仲間はずれです、それは何ですか、と問われれば、日本語の話者

なら即座に〈ピーマン〉という答えが出るだろう。その背後には、「果物」というカテゴリーが意識され、〈ピーマン〉がその中に含まれないという判断がなされる。そこでは、言語を使った積極的な判断が含まれている。しかし、「果物とは何ですか？」と尋ねられると、その言葉の背後にある共通の特徴をそう簡単に挙げることはできない。〈ピーマン〉が「野菜」というカテゴリーに属すると判断するのは、やはり同様に瞬時に可能だろう。しかし、マクワウリとメロンを掛け合わせて作られた「プリンスメロン」は果物だろうか？この事実を知っている人は、判断に苦しむかもしれない。ここでわかるのは、「果物」と「野菜」のような2つのカテゴリー間の違いに、人間は素早く反応できるということと、それぞれのカテゴリーの特徴を列挙するのは難しいということ、さらに即座に特定のカテゴリーに対する帰属性を述べるのが難しいケースがある、ということである。

3.2 有標と無標

有標性(markedness)という概念は、言語学の中でよく用いられる。ある表現が有標である、とは、その表現が「普通ではない」ということである。では、「普通ではない」とはどういう意味か、というと、普通の場合と比べて、より多くの情報を持っている場合、より複雑な構造をしている場合、より限定的な条件の元に成り立っている場合などが考えられる。

(7a, b)のドイツ語の文は、どちらも文法的な文だが、どちらが無標(unmarked)かと言えば、明らかに(7a)である。

(7) a.　Ich bin Berliner.
　　　　I　am Berliner
　　　　私はベルリン人です。
　　b.　Ich bin ein Berliner.
　　　　I　am a　Berliner.

ドイツ語では、社会的身分・職業・立場を表す表現では、冠詞を付けない、とドイツ語の最初の頃の授業では習う。では、(7b)は不可能な表現なのだろうか？　実は、この文はJ. F. ケネディー(John F. Kennedy)が1963年6月23日にベルリンで行ったスピーチで用いた文としても有名である。「私は、1人

のベルリン人です」と直訳して分かるように、身分を表す文ではなく、「ある集団に帰属する1人」という意味になる。ここでは、普通に自分の立場を表明するときに、最初の段階で帰属集団の一員である、と述べるのではなく、自分がある種の特性を持っていると述べるのがドイツ語では無標なのではないか、と考えられる(☞第8章)。

3.3　Xバー(X-bar)構造

　名詞N、動詞V、前置詞P、限定詞D(determiner)といった品詞に相当するものを統語範疇という。語はまとまって句(phrase)を作るが、その際、必ずその中心となる語があり、その語が句の性質を決定する。そのような部分を主要部(head)と呼ぶ。(8)は名詞句(NP: noun phrase)の例で、主要部は名詞Brüder(男兄弟)で複数形になっているので、この名詞句全体は複数という文法的性質を持つ。

（8）　　die Brüder　　　　meiner Mutter
　　　　the brothers-NOM　my　　mother-GEN
　　　　私の母の男兄弟たちが

　名詞句は、限定詞＋名詞の形に展開できるので、それを句構造規則(phrase structure rules)で書くと、NP→(D)Nとなるが、(8)は、その繰り返し、つまりNP→(D)N(NP)によって成り立っている((8)は、右辺のNPに左辺のNPを展開して得られる)。このような句内部の構造を抽象化したものがXバー構造で、名詞句以外に、動詞句、形容詞句、前置詞句などを同じひな形で取り扱うことができる。(9)がXバー構造の一般形で、(8)はカッコで書けば(10)、樹形図で書けば、(11)のようになる。

（9）　　Xバー構造(X-bar structure)
　　a.　XP →［指定部(限定)］X′　　(X′：中間投射)
　　b.　X′ →［補部］X［補部］　　(X：主要部)
　　　　(ただし、X = {N, A, V, P, D, I(時制), C(補文標識)...})
（10）　［NP die [[N Brüder] [NP meiner Mutter]]]

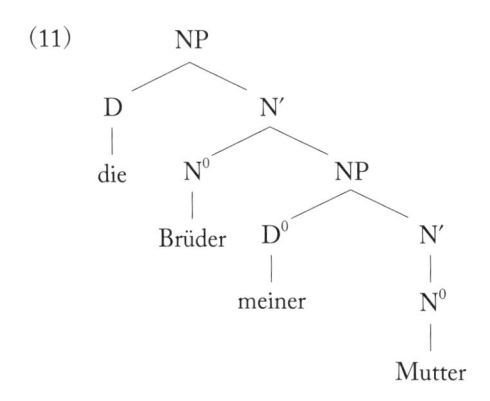

(11)
```
         NP
        /  \
       D    N′
       |   /  \
      die N⁰   NP
          |   /  \
        Brüder D⁰  N′
               |   |
             meiner N⁰
                    |
                  Mutter
```

　(11)で、N⁰ は語彙範疇と呼ばれ、上位の NP(N″ とも書く)は句である。語と句の間には中間投射(X′：シングルバー)がいくつあってもよい(反復可能)。(11)の定冠詞 D は、指定部(SPEC: specifier)と呼ばれる位置で、隣り合う範疇(ここでは N′)を指定・限定する。N⁰ の Brüder の右隣にある NP の位置を補部(COMP: complement)と呼ぶ。

　(11)は、句全体が名詞句 NP で、主要部は名詞 N⁰ の Brüder である。しかし、これは 1 つの可能な構造分析の方法であり、別の見方も可能である。(11)の名詞 N に補部として埋め込まれた名詞句である meiner Mutter の主要部は、名詞の Mutter(母)であるが、この名詞句は単数属格という文法特徴を持っている。ところが、名詞の Mutter は単数情報がマークされているが、属格情報(英語の of 相当)は形態的には見えない。単数属格情報は、むしろ指定部の D に対応する meiner に示されている(単数・女性・属格)。そこで見方を変えて、限定詞 D が句の主要部であると分析すると、句全体の構造が限定詞句(DP: determiner phrase)であり、主要部が D であることになり、文法情報の点でより明確になる。

(12)　　[DP [D die] [NP [NP Brüder] [DP [D meiner] [NP Mutter]]]
　　　　　　　　　　　NOM. PL.　　　　　　GEN. FEM.

(13)
```
            DP
     ┌──────┴──────┐
    ( )            D'
            ┌──────┴──────┐
           D⁰             NP
           │              │
          die             N'
                   ┌──────┴──────┐
                  N⁰             DP
                   │      ┌──────┴──────┐
                 Brüder  ( )            D'
                                 ┌──────┴──────┐
                                D⁰             NP
                                │              │
                             meiner            N'
                                               │
                                              N⁰
                                               │
                                            Mutter
```

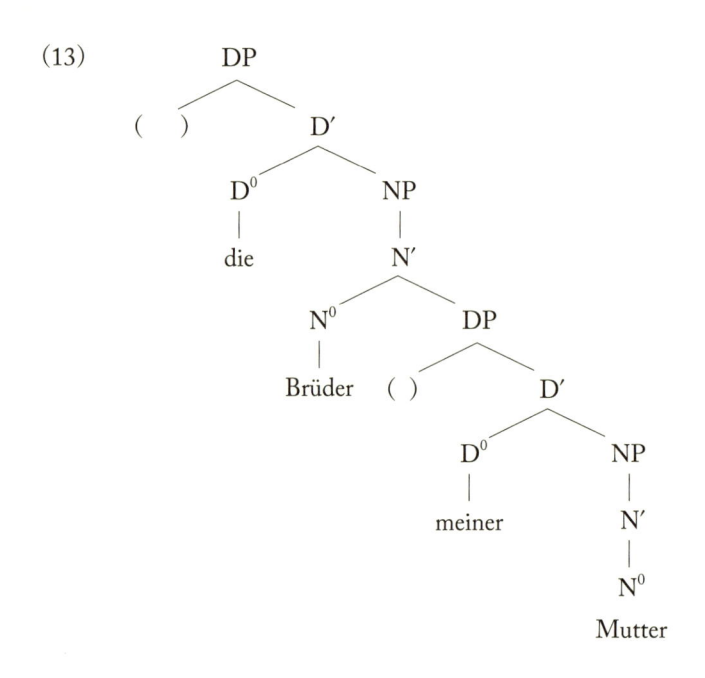

　(12–13)では、限定詞 D が主要部となり、(11)で名詞句とされていた句が限定詞句 DP として投射している(☞第8章)。これによって、句の文法関係が明示される。句全体の文法情報を担うものが定冠詞 die であり(複数・主格)、その指示対象のカテゴリーが名詞句 Brüder によって表される。さらにそれが、埋め込まれた限定詞句 DP によって修飾されており、その主要部が限定詞 meiner(所有冠詞)となっている。

3.4　機能範疇

　名詞・動詞・形容詞・前置詞などが実質的な意味を持つ語彙範疇である一方、3.3 節で述べた限定詞 D は、性・数・格に関連している点で文法情報の中心を担っているが、逆に実質的意味が希薄である。生成文法では、こうした抽象的な文法情報を主として担う範疇を、機能範疇(functional category)と定義している。機能範疇に属すものは、限定詞以外にも、時制や人称要素、文ムードなどがある。

　従来の句構造文法では、文 S は、主語 NP と動詞句 VP からなると分析された。しかし、これでは文の主要部は定かではない。正確に文(平叙文や疑問

文)を見ると、文には時制があり、また、ドイツ語や英語など印欧語の多くで主語・動詞の人称・数の一致があり、それらは動詞の屈折語尾として現れる。そこで、時制標識と一致標識を併せた屈折辞(I: inflection)を文の主要部と分析することによって、時制文もXバー構造に合致させることができるようになる。

(14)　　[IP Er [I' [I hat] [VP　　den Apfel　　　gegessen]]]
　　　　 he-NOM　has [+T, 3. p. sg.]　the apple-ACC　eaten
　　　　 彼がリンゴを食べたんだ。

　(14)は現在完了文だが、文IPの主要部である助動詞hat 'has'は現在時制・3人称単数の屈折Iを表し、主語である指定部と一致する。
　しかし、ドイツ語に典型的な動詞第2位文(V2)は、主語でない要素(目的語や副詞)を前域にとることができるので、(14)のような構造では分析できない。(15)では、主語er 'he'はI範疇の助動詞hatの右にあり、両者は(14)のような指定部―主要部の関係にはないからである。

(15)　　[DP Den Apfel] [hat] [er gegessen]
　　　　　the apple　　has　 he eaten
　　　　 そのリンゴを彼は食べたのだ。

　(15)は(14)と構造的に等価か、あるいは別の構造なのか？　これについては生成文法の間でも議論が分かれているが、時制文IPより1つ階層の高い節(clause)を表す補文句(CP: complementizer phrase)として捉えることによって、解決の糸口が開かれる。ドイツ語ではdass (that相当)やob(whether相当)などの従属接続詞(補文標識C: complementizerと呼ぶ)がある節では、V2ではなく、SOV語順になる。

(16) a.　Ich glaube [CP [C dass] [IP er den Apfel gegessen [I hat]]]
　　　　 I　think　　　　that　　 he the apple eaten　　has
　　 b.　Weißt du [CP [C ob] [IP er den Apfel gegessen [I hat]]]?
　　　　 know you　　 whether he the apple eaten　　has

(16a)では dass 'that' が導く補文が事実確認の文ムードを表すのに対して(16b)では ob 'whether' が現れる補文が ja-nein 'yes-no' の疑問ムードを表す。文自体は同じだから、文のムードに関する情報を担うのは機能範疇としての補文標識 C だということになり、節は CP として展開される。(16a, b)は補文標識が存在するために SOV 順序となるが、主文では接続詞がないため、C 位置が空白になる。(17a)のような裸の SOV はドイツ語では非文とされる(幼児期にはこのような語順が利用されることもある)。そこで主文が成り立つために、空いた C 位置を I 範疇の動詞が移動して埋め、話題(topic)や疑問詞がその指定部を埋める。

(17) a. *[CP [＿] [C ＿] [IP er den Apfel gegessen [I hat]]]
　　 b. 　[CP [den Apfel] [C hat] [IP er ~~den Apfel~~ gegessen [I ~~hat~~]]]

　(17b)では、目的語が前域に移動し、機能範疇としての屈折辞に属する助動詞 hat が、機能範疇としての C 位置に移動することによって、V2 文が導かれる。ここで、前域に位置する要素が移動によって生成されたのか、ドイツ語にも主語の特権を認めるのか否か、文内部の自由な語順をどう分析するか、といった問題が生じる。こうした問題が、統語構造内部の分析だけで解決できるのか、それとも意味論や語用論とも関連するのか、といった問題が議論の対象になるのである(☞第 2 章、第 3 章)。

3.5　外延と内包
　ある語の外延(extension)とは、その語が指示する事物の集合を指し、内包(intension)とは、その語が指示する事物の共通な性質の集合を指す。「ヒツジ」という語の外延とは、世界に存在する「ヒツジ」と名づけられた個々の生き物の集まりを言い、「ヒツジ」の内包とは、おそらく[全身毛で覆われ]ていて、[草食性]で[人に飼われる][動物]というように「羊」の持つ共通の特徴を集めたものになる。本来は、[　]内で示した意味素性で、元の語が過不足なく定義できなければならないが(必要十分条件と考えた場合)、[全身毛で覆われ][草食性][人に飼われる][動物]だけではヤギやアルパカも含まれてしまう。
　一般的に「…とは何ですか？」という疑問に対して、外延的にも内包的に

も答えることができる。例えば、「キウイ(kiwi)」とは何ですか、と言われた時に、目の前に「キウイ」を持ってきて「これがキウイです」と言えば、それで聞き手をある程度満足させることができる。それが果物のキウイだろうと、動物のキウイだろうと見せられれば不思議に納得する。「キウイとは果物です」という答え方も可能であるが、そうすると答えた側は、キウイを果物の一種というようにカテゴリー化したことになり、果物という種は内包的な概念ということになる。

　言語には、内包だけしかない語もある。一角獣(ユニコーン)のような架空の動物は、その実体を集めてきて、これが一角獣ですと示すことはできない(外延がないらしい)。内包的な定義づけ、つまり、［角が一本ある］［動物］という説明は可能である。では、外延しかない語はあるだろうか？ 例えば、「正体不明の物」が目の前にある場合、それはモノとして存在していても、正体不明なのだから特性を示すことができないという意味では、内包がない、とも言える。しかし、人間は、特徴づけすること無しにモノを放置しないので、やがていろいろな調査、検査が行われ、内包的な定義がなされ、その定義に対応した名前がつけられてしまうだろう。

　語を文の中に入れると、事態はさらに複雑化する。「私は日本人です」と言うと、この文の中の「私」は、この語を使った外界に存在する人を指示するが、誰なのかを特定するためには、実世界を覗いて見ないと分からない(指標的表現)。「日本人(です)」というのは、内包的表現で、特定の種の人間の集団を指すが、その構成要素を言語的レベルで決定するのは意外に難しい。名詞であっても内包を示す場合も多く、さらに助動詞や副詞が絡むと、外延的な意味の文もどんどん内包化していく。

3.6　意味役割

　意味役割(semantic roles)とは、またの名を主題役割(thematic roles)と呼び、文中の名詞が担う意味上の役割のことである。名詞は、動詞の語彙分解においては変項となるが(次節参照)、もし厳密に語彙分解を行えば、意味役割を指定する必要はなくなる。しかし、動詞中心の文の基本的意味構造に、どこまで詳細な分析を与えるべきか、という問題がある。動詞中心の意味構造において、その項である名詞句の意味を十分に規定すれば、以下に示す意味役割を完全に排除できるだろうが、そうすると語彙分解がより一層複雑な

ものになってしまう。

以下に、一般的に想定されている意味役割を示す。

表1　主な意味役割とその特徴

意味役割名	特徴
動作主(agent)	動作を行う主体、意志を持つ
対象／主題(theme)	移動や状態変化を受ける
被動者(patient)	動作の影響を受ける
経験者(experiencer)	感情や感覚の担い手
起点(source)	移動の出発点
目標(goal)	移動の到達点(「受け手(recipient)」とも言う)
経路(path)	移動中に通過する場所
場所(location)	対象の存在するところ
道具(instrument)	行為を行う際に用いる
受益者(beneficiary)	特定の行為によって利益を受ける

　これらの意味役割は、実際の文の分析において、必ずしも明白でないケースが起きることが知られている(特に対象という意味役割)。生成文法でのシータ役割(θ-roles)では、構造的に特定の名詞句と特定のシータ役割が1対1で対応するという仮説を設けているが、実際のシータ役割が何なのかについては問題にしていない。また、Dowty(1991)は、典型的な動作主と被動者を設定することはできるが、それ以外の意味役割は両者の中間的な「段階的」(gradable)なものではないか、と指摘している。また、意味役割上、1つの名詞に複数の意味役割の層(tier)が設定できるという立場もある(Jackendoff 1990)。

3.7　語彙分解

　述語と項の関係として文の意味を捉えるアプローチは、生成意味論(generative semantics)ではじめて導入され、モンタギュー文法に語彙分解(lexical decomposition)を取り入れた Dowty(1979)の試みをきっかけに、さまざまなバリエーションを生むことになった。Dowty(1979)は、Vendler(1967)のアスペクトの分類にヒントを得て、従来の形式意味論では問題としてこなかった文のアスペクト(aspects)に注目し、状態を表す述語 BE、状態変化を表す述語 BECOME、使役を表す述語 CAUSE、活動を表す述語 DO などの

限定した数の述語に動詞を分解できる可能性を示した。

　例えば、(18)の文は、簡単な述語論理的な記法を用いると、(19a)のようになるが、これでは、3項動詞であるということ以外、動詞 geben（与える）の意味について言及できない。そこで、geben という動詞を語彙分解する方法を考える。(19b)は、この動詞の意味を「xが、zをある場所(TO)へ移動(GO)するように働きかける(CAUSE)」という関係を中心に意味を分解している。(19c)では、「xがyに対してある行為(DO)をし、その結果(CAUSE)、yがzを所有(POSS)するようになる(BECOME)」と捉えている一方、(19d)では、「xがzに働きかけをし(ACT-ON)、その結果(CAUSE)、zがyの位置に存在(BE)するようになる(BECOME)」と分析している（このようにCAUSE を中に入れる書き方もある）。

(18)　　Ich gab dem Mann den Brief.
　　　　I   gave the man   the letter
　　　　私はその男にその手紙をあげた。
(19) a.　 GIVE (x, y, z)
　　 b.　 [CAUSE (x, [GO (z, [TO (y)])])]
　　 c.　 [CAUSE ([DO (x, y), BECOME (POSS (y, z)])]
　　 d.　 [[ACT-ON (x, z)] CAUSE [BECOME (BE (z, y)]]]

　ここで注意すべき点を、3点挙げておこう。第一に、(19b–d)の例で分かるように、語彙分解にはさまざまな提案がなされるが、その違いは、どの述語を基本とするか、どこまでをこの構造で示すか、という立場の違いによる。第二に、動詞の語彙分解は、すべての動詞を分解して区別するものではなく、むしろ結果的には項構造に従って動詞を分類するものでしかない。例えば、(18)の geben の替わりに übergeben（［正当な受取人］に手渡す）を使っても、項構造は変わらない。つまり、ここで捉えられているものは、文の基本的意味構造であり、どこまでを基本的な意味構造と捉えるかによって語彙分解で捉える部分が変わってくる。第三に、このような動詞の語彙分解に使われる述語は、その項の数だけでなく、その項にどのような値が入るか、すなわち、変項の変域(domain)が規定されねばならない。述語は、数学的な見方をすると特定の数の入力があった場合に、特定の結果を出力する関数

(function)と捉え直すことができる(かつては、「函数」と書き、比喩的にはある種の「はこ」であることが漢字から読み取れた)。その場合、どのような種類の入力があるかを規定する必要があるが、これが変項の変域である。以下に、おおよその合意ができている関数と変項の変域を示す。

表2 語彙分解に用いられる基本的な関数とその特徴

関数名	関数が示すもの	変域(項に入るもの)
BE(x, y)	存在	x＝もの、
BE-AT(x, y)		y＝場所、状態
BECOME(x)	状態変化	x＝状態、特性
CAUSE(x, y)	使役	x＝出来事、
		y＝出来事
DO(x)あるいはACT(x)	活動	x＝行為者
ACT-ON(x, y)	(結果を伴わない)働きかけ	x＝行為者、
		y＝被動者

なお、何を基本的な述語と認めるかは、拠って立つ理論により異なる。POSS(x, y)によって「xがyを所有する」を表すことで、「所有」が基本的単位となり、そこから意味が組み上げられていくと考える立場もあれば、BE-AT(x, y)で「xがyに存在する」という関係で所有は表せるという立場もある。また、CAUSEの第1項に「行為者」を認めるべきか否か、という議論もある。(☞第7章)

4. まとめ

本書は、ドイツ語の文法を扱うが、ドイツ独自の発展を遂げた文法理論を中心的に扱う訳ではない。このことは、すでに最初に述べたとおりであるが、ドイツ語圏での研究成果を取り入れつつも、言語学という普遍的な視野からドイツ語を分析することで、ドイツ語の特徴を洗い出そうとする。興味深い文法現象の分析を通じて、ドイツ語の特徴を他言語や普遍的な視野から見るとどうなるか、という答えを示すことが本書の目的である。これまでと違った視野からさまざまな現象を見ることができれば、その役目は半分果たされたと言える。

なお、執筆の過程で、「語彙分解文法(LDG: Lexical Decomposition

Grammar)」の発展、ドイツにおける機能文法や生成文法研究の現状など、踏み込めなかった点が多々あることに気づいたが、説明のために必要な紙面を考えると今回は断念せざるをえなかったことをお断りしておく。

(第1章執筆：岡本順治・吉田光演)

第2章
動詞の位置

> **ポイント** ドイツ語では、英語のように語順が固定的ではなく、また定動詞(時制・主語に応じて変化した形の動詞)の位置も3通りある。この章では、定動詞が占める位置のパタンによって文の解釈がどのように変わるのか、また定動詞の位置を決める要因となっているものはなにかについて考察する。

実例 (1)a. (Annette) Sind dir diese 24 Kerle, die hinter einem einzigen Ball herrennen, wichtiger als die Hochzeitsreise mit deiner Frau?

b. (Paul) 22. <u>Hätte</u> jeder einen Ball, wäre ja auch langweilig.

(映画『ベルンの奇蹟(Das Wunder von Bern)』第6幕より)

［訳］
(1a)「奥さんとの新婚旅行よりも、ひとつのボールを追いかけまわしている24人の男どものほうが大切だというの？」
(1b)「22人だよ。それに、全員がそれぞれボールをひとつずつ<u>持っていたら</u>、それはそれでまた退屈だろうね。」

(訳は執筆者による)

説明 ドイツ語において定動詞が文頭に置かれるのは、疑問文か

命令文を表すときの特徴である。文(1b)は「もし〜だとすれば」という条件文である。条件文は、標準的には副文(従属節)の構造を持つ。副文の構造とは、定動詞を文末に持ち、従属接続詞に導かれるものである。副文には原則として文ムード(発話力において、その文が疑問文であるか命令文であるか、あるいは平叙文であるかを示すこと)はない。ところが、この例では、条件文でありながら hätte が文頭にある。副文の構造を持たず、動詞が先頭に置かれている条件文では、「選手全員がそれぞれボールを１つずつ持っていることにしてみよう。そうしたら…」という命令文の文ムードが示される。

問題提起
・定動詞が占める位置のパタンによって文の解釈がどのように変わるのか？
・ドイツ語の定動詞位置を決める要因は何か？

＊＊＊

1. はじめに

　本章では、動詞の位置、とりわけ定動詞(finite verb)が文中に占める位置について取り扱う。「定動詞」とは、定性(finiteness)を持った動詞を指し、「定性」とは次の(2)に挙げる素性(features)の束として理解される。

（２）a. 人称(person)　b. 数(number)　c. 時制(tense)

　例えば、(3b)における動詞(sie)kamen の形は、「人称」、「数」、「時制」の点において(3a)の(du)kommst とは区別される。

（３）a.　du　　　kommst {2人称、単数、現在時制}　（きみが来る）
　　　　 you-NOM come-2SG
　　　b.　sie　kamen {3人称、複数、過去時制}　（彼らは来た）
　　　　 they came-2PL

c. kommen {定性の素性が未指定}　（来る（こと））
　　(to) come-INF

　その一方で、(3c)に挙げる不定詞(infinitive)には「定性」がなく、(2)のすべての素性について未指定(non-specified)であると言える。
　第1章で文を主要部I(屈折辞：inflection)の投射IP(inflection phrase)であるとするXバー理論アプローチを紹介した。この理論的枠組みによれば、主要部(head)Iには素性［±I］、すなわち「動詞が主語の人称・数、および時制と一致するかどうかの素性」があるか（［＋I］）ないか（［−I］）のスイッチがあるとされる(Chomsky 1986, Ouhalla 1999)。不定詞はIの位置にあり、素性の設定が［−I］（Iの素性が未指定）である。定動詞は、Iの位置にあり、スイッチが［＋I］であると考えればよい。
　定動詞の位置について、ドイツ語文法で最初に目にする記述は、伝統的には次のようなものである。

(4) a. 平叙文では、定動詞が文の2番目に置かれる。
　　b. 決定疑問文(*yes-no*-question)では、定動詞が文頭に置かれる。
　　c. 補足疑問文(*wh*-question)では、定動詞が文の2番目に置かれる。
　　d. 命令文では、定動詞が文頭に置かれる。
　　e. 副文(従属節)では、定動詞が文末に置かれる。

　(4)を見ると、ドイツ語では文の種類(文タイプ)を定動詞の配置によって区別していることは分かる。しかし、この記述は、たしかにドイツ語の定動詞位置の特徴をよく捉えたものではあるが、定動詞がともに文の2番目にあっても、ある文は平叙文であり、また別の文は補足疑問文であり得るなど、文タイプと定動詞位置の相関は一対一ではない事実までは反映していない。なお、以下では、定動詞の構造上の位置が変わることを「移動(movement)」、とりわけ文の前方に移動させることを「前置(fronting)」と呼ぶことにする。
　英語では、定形(finite form)の一般動詞の前置はできないものの、(5a)の平叙文の先頭にdo(es)を置くことで(5b)のような決定疑問文が表されることになっている。上述のXバー理論の枠組みで言えば、挿入されたdoが屈折辞Iの位置にあり、doesへと人称変化(定形変化)をし、定形の素性は二重に

示される必要がないことから dislikes の定形語尾 -s は消えている。さらに、補足疑問文では、この do(es) の前に疑問詞 (*wh*-phrase) が置かれる。他方、be や助動詞としての have などは、それ自身が主語よりも前の位置に置かれることで (6b) のような疑問文を表す。この場合も、補足疑問文では (6d) のように、さらに文頭 (sentence initial position) に疑問詞が置かれる。

(5) a. She dislikes him.
  b. **Does** + she dislikes him?
  c. *Why* + **does** + she dislikes him?
(6) a. She is working in Paris.
  b. Is she working in Paris?
  c. ***Does** + she be working in Paris?
  d. *Why* is she working in Paris?

　(6a) と (6b) を見比べる限りにおいては、主語と助動詞が倒置 (inversion) しているだけに見えるが、(5a) と (5b)、さらに (5c) を比べてみると、do(es) が導入された疑問文の構造のほうが平叙文の構造よりも 1 つ大きな X バー構造 (= 投射：projection) になっている直感が得られるだろう。さらに、ドイツ語では、中性名詞を受ける人称代名詞である es が主格 (nominative case) のものは (7a) に示すように文頭に置けるが、対格 (accusative case) のものは (7b) に示すように文頭に置けない。線形順序 (linear order) で定動詞が (相対的に) 2 番目にあっても、実際の X バー構造の大きさ (広がり) が違うと仮定することができれば、es の振る舞いの非対称性も、構造の違いを示すことによって説明を与えることができる。

(7) a. Der Pkw erfasst das Mädchen, es erlitt Verletzungen
   the car-NOM catches the girl-ACC she suffered-PST injuries

   am linken Bein.
   on.the left leg
   その車がその少女を巻き込み、少女は左足を負傷した。

       (Burgenländische Volkszeitung, December 16, 2010)

b. Der Pkw erfasst das Mädchen,

　*es　　　hat der Wagen　trotzdem　　nicht verletzt.
　her-ACC has the car-NOM nevertheless not injured-PP
　その車がその少女を巻き込んだが、傷を負わせることはなかった。

　本章では、Xバー構造において、①定動詞が占める位置のパタンによって文の解釈がどのように変わるのか、②ドイツ語の定動詞位置を決める要因は何かという疑問を明らかにすることを目的とする。

2.　枠構造と動詞の位置

　ドイツ語の動詞の位置を記述する上で、ドイツ語やオランダ語の語順に関わる基本原理の1つである枠構造(文枠：sentence frame)の考え方は非常に重要である。枠構造とは、文を3つの文域(positional fields)に分割するもので(Drach 1937)、ドイツ語における語順はこの文域によって記述することができる。定動詞(述語句)とそれに意味的・統語的に密接に関連する語句が文の左右で「枠」となって挟み込む。

　文域については第1章で説明があるので、ここでは簡略化する。主文では定動詞が文枠の開始位置(左枠)に置かれる。左枠の直前の文域を「前域」と呼ぶ。また、右の文枠を閉じる位置は「右枠」と呼ばれる。さらに、右枠に後続する文域を「後域」と呼ぶ。左枠と右枠に挟まれた部分は「中域」と呼ばれる。

(8)　　枠構造(文枠)：
　　　　［前域］　［左枠］　［　中　域　］　［右枠］　［後域］
　　　　　　　　　└────── 文枠 ──────┘

　枠構造においては、(4a)で記述されていたように「定動詞が文の2番目に置かれている」という言い方をするときは、定動詞が「左枠」にあり、かつ前域が埋められている状態のことを言う。他方、定動詞が(4b)や(4d)で書かれていたような文頭(文の第1位)に置かれる構造は、定動詞が左枠に置かれ

た上で、前域が空白になっている状態を指す。また、定動詞が後置されるという(4e)の状態は、定動詞が右枠に置かれていることと同義である。

「動詞」は、1節で、「不定詞」と「定動詞」に区別できることを見た。以下では、不定詞と定動詞のそれぞれの構造上の位置を見ていくことにする。

2.1 枠構造における不定詞の位置

言語類型論上、世界の大多数(およそ96%)の言語で主語が目的語に先行(S＞O)することが知られており、主語S、動詞V、目的語Oに関して6通りある組み合わせ(SVO, SOV, VSO, VOS, OSV, OVS)のうち、4%程度の例外(O＞S)を除いて、世界中の言語がSOV／SVO／VSOのうちいずれかのパタンに分類される(Tomlin 1986: 18ff.)。ドイツ語の類型論上の文型がどのタイプなのかについては、研究者間の一致を見ていない。ドイツ語がSVOの配列(word order)を基本とする立場はRoss(1970)、Vennemann(1973)などに代表されるが、VSOを基底語順とする立場(McCawley 1970, Zwart 1993)もある。本章では、(9)のデータが示しているとおり、ドイツ語の不定詞句がOVの配列を示しているため、ドイツ語の類型はSOV型(Thiersch 1978, Haider 1993)であると仮定する。

(9) a. [für meine Oma [die Tasche [kaufen]]]
 for my grandma-ACC this bag-ACC buy-INF
 私のおばあちゃんにそのバッグを買ってあげる(こと)
 b. Deutsch lernen macht Spaß.
 German-ACC (to) learn-INF makes fun-ACC
 ドイツ語を学ぶことは楽しい。
 c. Es macht Spaß, Deutsch zu lernen.
 it-NOM makes fun-ACC German-ACC to learn-INF
 ドイツ語を学ぶことは楽しい。

(9a)において、動詞kaufenにとって最も密接な要素は直接目的語die Tascheである(☞基本語順の詳細は第3章)。そのため、[DP V]という最初のかたまり(V′)が形成される。動詞と直接目的語がまず合わさって中間範疇を形成することは、Behaghel(1923–1932)によって「意味的に密接なもの

は、統語的にも隣接して置かれる」と示唆されている言語普遍的な特性とも合致する。その後、さらに修飾語句があれば、それを組み合わせていく。そこで、(9a)では、前置詞句(PP)für meine Oma が［DP V］のかたまりに付け加えられている（[PP [DP V]]）。(9a)の構造を図示すると(10)のようになる。

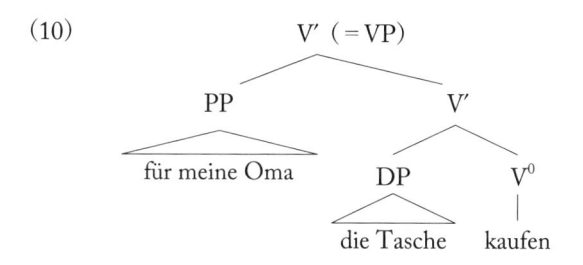

(10)
```
                V′ ( = VP)
               /         \
             PP            V′
              |           /  \
       für meine Oma    DP    V⁰
                        |     |
                    die Tasche kaufen
```

　［PP [DP V]］は、全体として動詞句(VP)である。主要部である動詞(V^0)が、意味的に密接な要素を取り込みながら、句 VP へと投射していく。

　(10)における不定詞の位置、すなわち V^0 の位置は、(11)に示すように、枠構造における「右枠」部分に対応する。右枠は、範疇素性(categorial feature)の［＋V］を格納する位置である。範疇素性とは、統語範疇(中でも、名詞、動詞、前置詞、形容詞の4つを実質的・記述的内容を持つものとして語彙範疇 lexical category と呼ぶ)の範疇上の区別を、素性の集合、すなわち［±V］「動詞的／非動詞的」と［±N］「名詞的／非名詞的」によって行うものである(Chomsky 1972)。語彙範疇の範疇素性は(12)のとおりである。

(11)　　［前域］［左枠］［　　　中　　域　　　］［右枠］［後域］
　　　　　　　　　　für meine Oma　die Tasche kaufen
　　　　　　　　　　for my　　grandma this bag-ACC buy-INF
(12)　　形容詞［＋V, ＋N］、動詞［＋V, －N］、名詞［－V, ＋N］、前置詞
　　　　［－V, －N］

　その一方で、定動詞は、主語の数・人称・時制に応じて形を変えるもので、不定詞とは決定的に異なる。

2.2 枠構造における定動詞の位置

　定動詞の位置は、次の3種類に区分される。副文では定動詞位置は文末(verb final、以下 VE と記す)であり、平叙文と補足疑問文では定動詞が第2位(verb second、以下 V2 と記す)、決定疑問文と命令文では定動詞が第1位(verb first、以下 V1 と記す)にある。定動詞の位置は、文ムード(sentential mood)の区別の他、それと部分的に重なる形で文タイプ(主文、副文)の区別にも働いている。「文ムード」は「文の発話力(sentential force)」とも呼ばれ、文のモダリティ(文が指す内容に対する話し手の判断や心的態度＝文の叙法)を言う。どの文も、文の真偽に関わる部分、すなわち「命題(proposition)」と「モダリティ」の2つのアスペクトを持つ(Fillmore 1968)。多くの言語において、文ムード(文の叙法)は「陳述(declarative)」、「疑問(interrogative)」、「指図(directive)」または「命令(imperative)」がコアであり、そこに「感嘆(exclamative)」や「希求(optative)」などが拡張的に加わる。なお、モダリティの表現を表す文法形式を「法(mood)」と呼び、動詞の語形変化も「法」である(☞モダリティと法についての詳細は第6章)。ドイツ語には直説法(indicative mood)と接続法(仮定法 subjunctive mood)がある(Searle et al. 1980)。

　(13)を見ると、文の右枠の位置にある不定詞とは対照的に、定動詞(下線部)が第1位に前置されていることが分かる。不定詞の位置は、Iの素性が未指定であり定性を持たないことから、文ムード(文の発話力)の区別に働くとは言えず、定動詞が文の左枠の位置に前置されることではじめて文ムードの存在が示されるのである。

(13) a. <u>Kommen</u> Sie　　morgen? (↗)　明日来られますか？
　　　　come-2SG you-NOM tomorrow
　　b. <u>Kommen</u> Sie morgen! (↘)　明日来てください！
　　c. <u>Kommen</u> Sie　bitte　morgen!　明日どうか来てください！
　　　　come-2SG you-NOM please tomorrow

　前置された(左枠に置かれた)定動詞のさらに前の文域(前域)に任意の要素が置かれれば V2 となり、その一方、前域に音声的に具現化する要素がないものを V1 文であると言う。V1 は決定疑問文と命令文を表すが、この両者

は、定動詞の位置、すなわち統語的な情報だけでは区別がつかないので、イントネーション((13a–b)における矢印の向き)を補って区別する。イントネーションの他、(13c)における bitte 'please' のような語彙的手段など、発語力発語内的指標(illocutional indicators)を用いた文ムードの区別もある。

　ここで定動詞が左枠を占めているXバー構造も見ておこう。第1章ではブラケット(角括弧)で記述されていたが、本章では樹形図(tree)で示しておこう。定動詞は、定性(主語の人称・数に呼応)を持った動詞であることはすでに見たので、定動詞をめぐる構造には主語の存在が前提されることは言うまでもない。

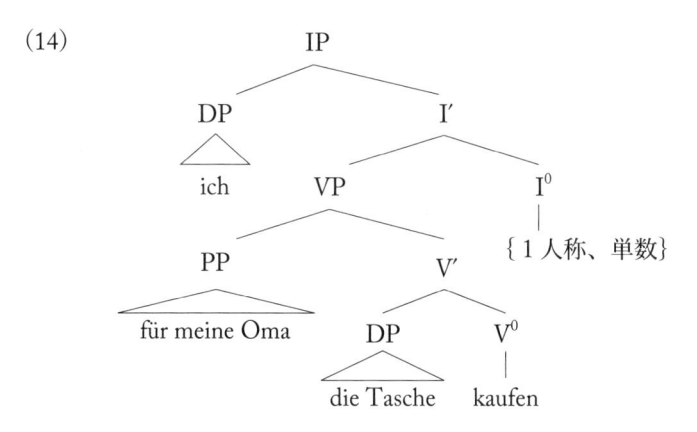

(14)
```
              IP
           /      \
         DP         I′
         △       /    \
        ich    VP       I⁰
              /  \       |
            PP    V′    {1人称、単数}
            △   /  \
    für meine Oma DP   V⁰
                  △    |
              die Tasche kaufen
```

　主要部 I⁰ は、すでに見たとおり(2a–c)の素性の束を持ったものである。N⁰、V⁰、A(djective)、P⁰ が語彙範疇と呼ばれているのに対して、I⁰ は実体的意味を持たず、素性の束だけを持つことから、機能範疇(functional category)の1つに数えられる。その範疇素性は［+V］である。主語 DP が生じている位置は指定部(specifier)と言うが、これはその句の投射を閉じるものであると理解すればよい。IP 構造の場合、I⁰ が VP を選択してできた中間範疇 I′ に、この IP を閉じる(完結させる)ためのものとして主語名詞句(限定詞句)が指定されている(☞名詞句の統語構造については第8章)。初期状態として未指定であった I⁰ の素性の束｛人称、数｝は、主語 DP が指定されることによって、値が決まる。具体的に言えば、V⁰ kaufen(［+V］)が、同じ［+V］の I⁰ の位置に繰り上がり(raising)、(**ich**)kauf-**e** の人称変化が生じる。なお、定性には、実際は人称と数だけの素性ではなく、時制や法なども含まれるが、簡

便のためにここでは人称変化の有無でもって定動詞と不定詞を区別することにしておく。

(14)の構造は、本章で仮定したドイツ語の基本配列のセッティング SOV を示すものである。

ただ、(14)のままでは、(4a)に示されているような「定動詞第2位」がまだ実現されていない。言い換えれば、(14)の構造には右枠はあるものの、左枠がまだ目に見える形になっていない。左枠に相当する範疇は C^0 である(補文標識 complementizer)。C^0 の句、すなわち CP の指定部に来る1つの候補は主語 DP である。(15)を見てみよう。

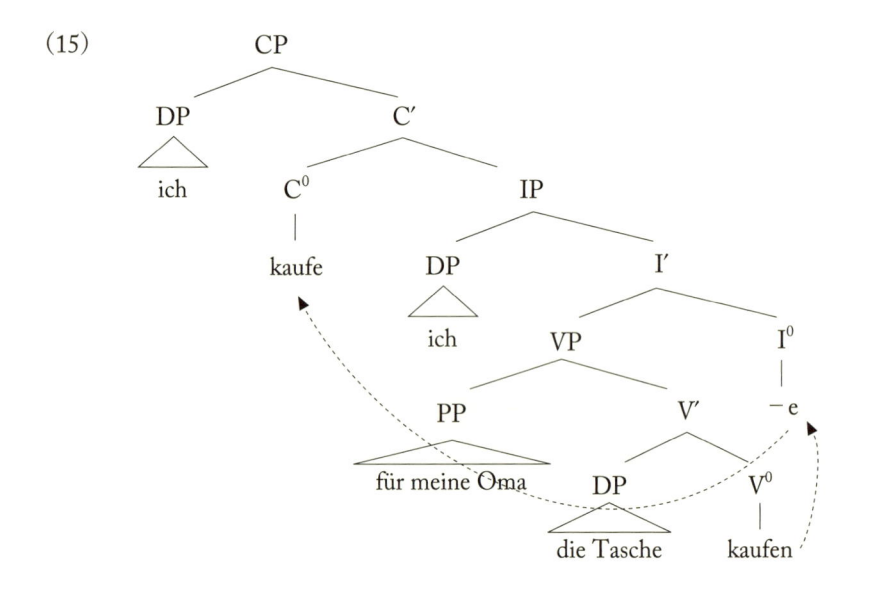

(15)

```
              CP
          ╱        ╲
        DP          C'
        │        ╱     ╲
       ich     C⁰        IP
                │      ╱    ╲
              kaufe   DP      I'
                     │      ╱   ╲
                    ich   VP     I⁰
                         ╱  ╲     │
                       PP    V'   −e
                       │    ╱  ╲
                 für meine Oma DP  V⁰
                              │    │
                           die Tasche kaufen
```

C^0 は［＋V］素性を持つ。「補文標識」という名称は、補文(ドイツ語文法で言う副文、英文法で言う従属節)を導く接続詞を格納するという意味で、文のタイプ(主文か副文か)を決めるものであり、動詞的である。$V^0 \to I^0$ と移動した複合体(動詞そのものと、それに付随する素性の束)がさらに C^0 に繰り上がることによって X バー構造が広がっていく。

文枠が定まることによって、文域(前域、中域、後域)を比較的自由に利用できるのがドイツ語の特徴である。上で、「CP の指定部に来る1つの候補は主語 DP である」と書いたが、他にも中域(つまり IP)にある任意の句を前域

c.　[die Tasche]₂ kaufe₁　ich für meine

に配置することもできる。この操作は「話題化(topicalization)」として知られる(Altmann 1981)。Xバー構造と文域の対応をまとめておく。

(16) a.　前域 = CP の指定部　b.　左枠 = C⁰[+V]　c.　中域 = IP
　　 d.　右枠 = I⁰[+V]

(17) a.　[前域]　　　[左枠]　[　　中　域　　]　[右枠] [後域]
　　　　　　　　　　　　　ich für meine Oma die Tasche kaufe
　　 b.　ich₂　　　　kaufe₁　t₂ für meine Oma die Tasche　t₁
　　 c.　[die Tasche]₂ kaufe₁　ich für meine Oma t₂　　　　t₁
　　　　 this bag-ACC　buy-1SG　I　for my　grandma

(18)　　[　前　域　]　[左枠]　[　中　域　]　[右枠] [後域]
　　　*[die Tasche]₂ ich₃　kaufe₁　t₃ für meine Oma t₂　t₁
　　　　this bag-ACC　I　　buy-1SG　　for my　grandma

　話題化では、(18)が示すように、前域に2つ以上の文成分が配置されることはできない。話題化は、操作としては、主語ではない構成素を1つ、定動詞(左枠)の前の位置、すなわち前域に配置することである。(17)および(18)に示す t は痕跡(trace)の記号であり、下付きの同じ番号の要素が t の位置から別の統語位置に動かされたことを示す。

　以下、同様に、決定疑問文、補足疑問文、命令文、副文の定動詞位置は、次の図のとおり、枠構造と関連づけることができる。

(19)　　[　前　域　] [左枠]　[　　中　域　　] [右枠] [後域]
　　 a.　　　　　　　kaufst₁　du　die Tasche　　t₁　　(?)
　　　　　　　　　　 buy-2SG　you-NOM this bag-ACC
　　　　きみはこのバッグを買うの？
　　 b.　[was]₂　　　kaufst₁　du　t₂　　　　　　t₁　　(?)
　　　　 what-ACC　 buy-2SG　you-NOM
　　　　きみは何を買うことにしたの？
　　 c.　　　　　　　Kauf₁　　d̶u̶ die Tasche　　t₁　　(!)
　　　　　　　　　　 buy-IMP.2SG　this bag-ACC
　　　　このバッグを買いなよ！

　　　　d.　　　　　　　dass　　　　du　　　die Tasche　kaufst
　　　　　　　　　　　　that-c　　　you-NOM　this bag-ACC　buy-2SG
　　　きみがこのバッグを買うということ

　(19d)では、他のパタンでは定動詞が来ている「左枠」の位置に、従属接続詞 dass が来ているために、定動詞が右枠にとどまっている。右枠に動詞が配置されているのは、不定詞句の構造(10)と同じである。動詞の基本位置は右枠に相当する場所であって、VE は V1 や V2 から定動詞が右方向へ繰り下げ(後置：lowering)されたのではなく、むしろ反対で、V1 や V2 が VE から定動詞の繰り上げ(前置)とともに派生的に構成されたと考えられる。次節では、定動詞が右枠(にとどまるか)と左枠(に移動するか)を使いわける動機づけについて見てみることにする。

3. 定動詞移動の動機づけ

3.1 定動詞前置の手続き

　定動詞位置が違うことが、文ムードの違いを表しているという事実は、言い換えれば、文にはその発話力(文ムード)の種類(陳述、疑問、命令)が統語的に示されることが不可欠であり、定動詞が移動(前置)できることがそれを可能にしているということを意味する。

　示されるべき文ムードを持つのは主文(matrix clause)のみである。副文(embedded clause)には文ムードがないため、その帰結として、定動詞の移動も不要であることになる。動詞の基底位置は VP 内部の主要部位置 V^0 であり、これが枠構造における右枠に相当することは(10)および(14)で見た。ドイツ語は SOV を基本的な順序として持つことから、主要部後続型(head-final)のセッティングになっている。そのため、基底位置(右枠の位置)で人称変化が起こる手続きは、すなわち、定動詞の VE(定動詞末尾)を生み出す操作である。これは、(15)の $V^0 \rightarrow I^0$ の移動を示す矢印…を見ればよい。

　すでに見たように、右枠と左枠は、いずれも動詞［＋V］に関わる部門である。実際、(20)に例示するように、定動詞が左枠に置かれたときでも、右枠には分離動詞の前綴りや複合動詞の不定詞など、動詞に関わる要素が来る。

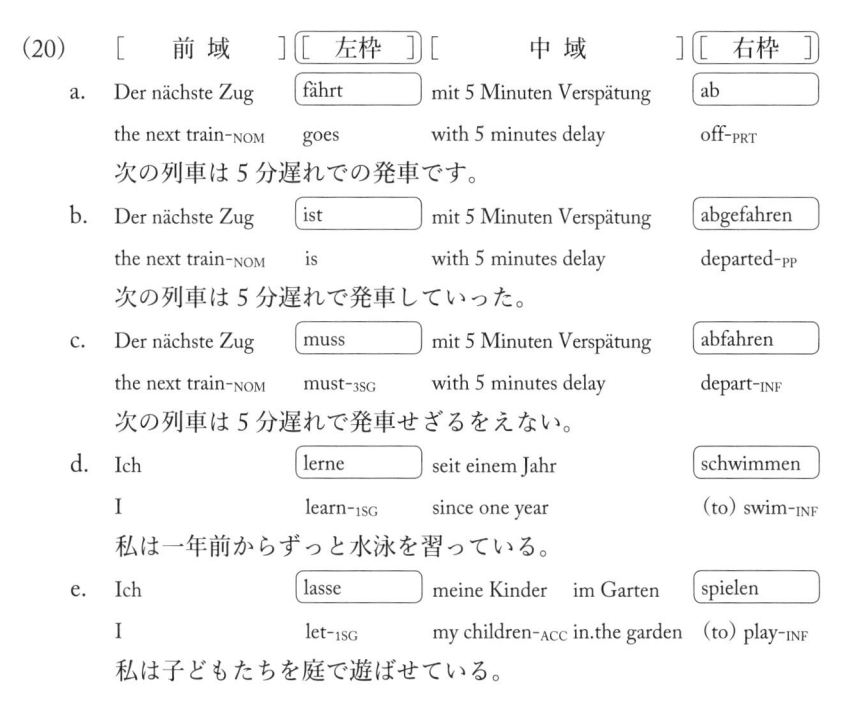

(20)　　　[　前域　][　左枠　][　　　　中域　　　　][　右枠　]

a. Der nächste Zug　｜fährt｜　　mit 5 Minuten Verspätung　｜ab｜
　　the next train-NOM　goes　　with 5 minutes delay　　off-PRT
　　次の列車は5分遅れでの発車です。

b. Der nächste Zug　｜ist｜　　mit 5 Minuten Verspätung　｜abgefahren｜
　　the next train-NOM　is　　with 5 minutes delay　　departed-PP
　　次の列車は5分遅れで発車していった。

c. Der nächste Zug　｜muss｜　　mit 5 Minuten Verspätung　｜abfahren｜
　　the next train-NOM　must-3SG　with 5 minutes delay　　depart-INF
　　次の列車は5分遅れで発車せざるをえない。

d. Ich　｜lerne｜　seit einem Jahr　｜schwimmen｜
　　I　　learn-1SG　since one year　　(to) swim-INF
　　私は一年前からずっと水泳を習っている。

e. Ich　｜lasse｜　meine Kinder　im Garten　｜spielen｜
　　I　　let-1SG　my children-ACC　in.the garden　(to) play-INF
　　私は子どもたちを庭で遊ばせている。

　左枠には定動詞 fährt, ist, muss, lerne, lasse が、右枠には分離動詞の前綴り (20a) ab、過去分詞 (20b) abgefahren、不定詞 (20c, d, e) abfahren、schwimmen、spielen が入っていることが見てとれる。いずれも動詞的 [＋V] な要素である。(20) の例はいずれも平叙文であり、V2 文である。

　V1 文を作り出すには、左枠に定動詞を入れた後、前域を空白にしておけばよい (21)。これで、当該文は決定疑問文 (またはイントネーションによって命令文) になる。

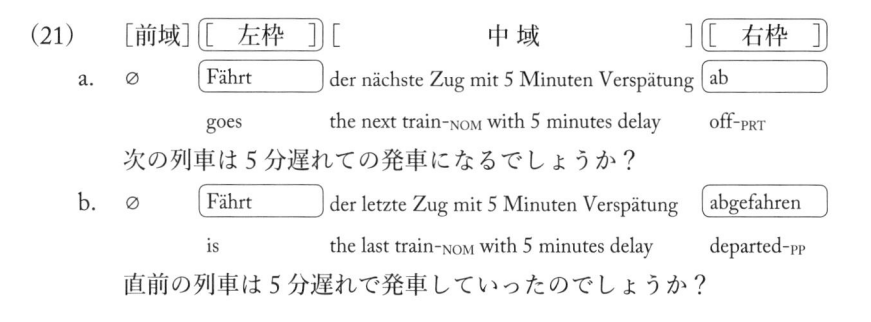

(21)　[前域][　左枠　][　　　　中域　　　　][　右枠　]

a. ∅　｜Fährt｜　der nächste Zug mit 5 Minuten Verspätung　｜ab｜
　　　　goes　　the next train-NOM with 5 minutes delay　off-PRT
　　次の列車は5分遅れでの発車になるでしょうか？

b. ∅　｜Fährt｜　der letzte Zug mit 5 Minuten Verspätung　｜abgefahren｜
　　　　is　　　the last train-NOM with 5 minutes delay　departed-PP
　　直前の列車は5分遅れで発車していったのでしょうか？

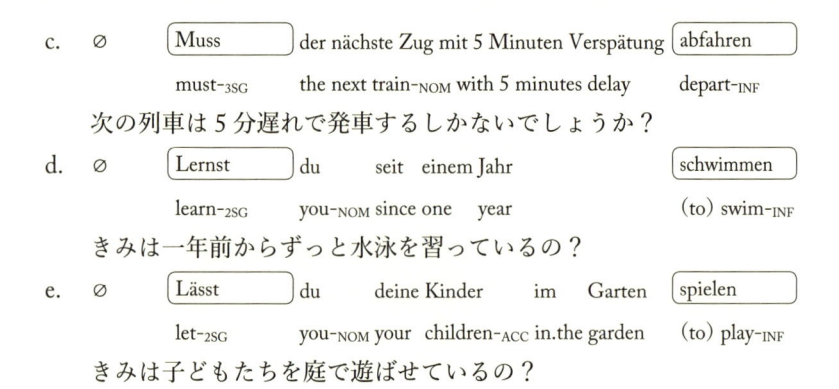

c. ∅ [Muss] der nächste Zug mit 5 Minuten Verspätung [abfahren]
must-3SG the next train-NOM with 5 minutes delay depart-INF
次の列車は5分遅れで発車するしかないでしょうか？

d. ∅ [Lernst] du seit einem Jahr [schwimmen]
learn-2SG you-NOM since one year (to) swim-INF
きみは一年前からずっと水泳を習っているの？

e. ∅ [Lässt] du deine Kinder im Garten [spielen]
let-2SG you-NOM your children-ACC in.the garden (to) play-INF
きみは子どもたちを庭で遊ばせているの？

前域に疑問詞が来ると、定動詞の位置は相対的にV2になり、かつ、文全体は補足疑問文となる。同じV2でも前域の様相は少し違う。平叙文の前域にあるのは話題化された要素であり、補足疑問文の前域にあるのは焦点をあてられる句が疑問詞として配置されているからである。これを、Rizzi(1997, 2004)は「分離CP仮説(split CP hypothesis)」として、焦点化標識(focus marker)と話題化要素(topic)はそれぞれ別個の主要部の投射句内に含まれる要素として分析されるべきであると提案している。談話の観点からすると、焦点化を受ける要素は新情報(new and/or indefinite information)であり、話題化された要素は談話の中ですでに言及されているか(old information)、その場の状況で聞き手にとって知られていると考えられる情報(definite information)である。この話題要素と焦点要素は相補分布(complementary distribution)ではなく、(22)に示すように、補足疑問文で前域を占めている疑問詞の前に、さらに話題要素が置かれることもある(cf. D'Avis 2002)。これはRizzi(1997)が提案する構造(23)と合致している。

(22) a. Radios wer weiß, wer
Radios-TOP.ACC who-FOC.NOM knows who-NOM
reparieren kann?
repair-INF can-3SG
ラジオは、誰に聞けば、誰が直せるか分かりますか？

b. Am Dienstag wer weiß, ob er kommt?
on.the Tuesday-TOP who-FOC.NOM knows whether he comes

火曜日は、誰に聞けば、彼が来るかどうか分かりますか？
(23)　　[ForceP [TopP [FocP [IP ………]]]]　「分離 CP 仮説」

　(23)の中の、ForceP(文の発話力の句)、TopP(話題化句)、FocP(焦点句)の部分が、伝統的に CP とされていたもので、Rizzi(1997)の提案は、これらを別個の句として分離するものである。(22)のような特殊な例でなくても、(23)の構造を前提に置くならば、平叙文の前域(話題要素)と補足疑問文の前域(焦点句)はXバー構造的にはステータス(句のラベル)が違うことになる。

3.2　定動詞前置と前域の活性化

　VE の構造では、従属接続詞(あるいは関係代名詞などの従属節を導く補文標識)があることで、それ以上の定動詞の繰り上げが阻止(ブロック)される。(24)では、英語の that に相当する接続詞 dass を用いて例示している。

(24)　　[前域]　[　左枠　] [　　　中域　　　] [　　右枠　　]
　a.　∅　　[dass]　der Zug mit 5 Minuten Verspätung　[abfährt]
　　　　　　that-C　the train-NOM with 5 minutes delay　depart-3SG
　　　この列車が 5 分遅れて発車すること
　b.　∅　　[dass]　der Zug mit 5 Minuten Verspätung　[abgefahren ist]
　　　　　　that-C　the train-NOM with 5 minutes delay　departed-PP is
　　　この列車が 5 分遅れて発車したこと
　c.　∅　　[dass]　der Zug mit 5 Minuten Verspätung　[abfahren muss]
　　　　　　that-C　the train-NOM with 5 minutes delay　depart-INF must-3SG
　　　この列車が 5 分遅れて発車せざるをえないこと
　d.　∅　　[dass]　du seit einem Jahr　[schwimmen lernst]
　　　　　　that-C　you-NOM since one year　(to) swim-INF learn-2SG
　　　きみが一年前からずっと水泳を習っていること
　e.　∅　　[dass]　du deine Kinder im Garten　[spielen lässt]
　　　　　　that-C　you-NOM your children-ACC in.the garden　(to) play-INF let-2SG
　　　きみが子どもを庭で遊ばせていること

左枠を接続詞が埋めてしまっていることで、定動詞がそれ以上繰り上がるための着点(landing site)がなくなってしまい、定動詞は右枠の中(I^0 の位置)にとどまっているというわけである。(25c)の質問文には、聞き手は「はい」か「いいえ」で答えられるだろう。

(25) a. Weißt　　du,　　wer　　　Radios reparieren kann? (cf. 22a)
　　　　know-2SG you-NOM who-NOM radios repair-INF can-3SG
　　　　誰がラジオを修理できるか、きみは知っている？
　　b. Seit wann wissen　　Sie,　　dass　Sie　　Krebs haben?
　　　　since when know-2SG you-NOM that-C you-NOM cancer have-2SG
　　　　体に癌細胞があるということをいつ知ったのですか？
　　　　　　　　　　　　(*Der Spiegel*, March 27, 1995: "Cool bleiben, nicht kalt")
　　c. Wissen　　Sie,　　seit wann Sie　　Krebs haben?
　　　　know-2SG you-NOM since when you-NOM cancer have-2SG
　　　　いつから体に癌細胞があるのか、それをご存じですか？

　一方、「疑問詞でたずねる疑問文には「はい・いいえ」で答えられない」というのはよく知られたことである。(25c)の副文には疑問詞が使われている。それにもかかわらず、(25c)には全体としては「はい・いいえ」で答えられる(例えば「いいえ、癌が見つかったのは知っていましたが、それがいつからなのかは知らないのです。」と答えられる)。それはなぜだろうか？　それは、副文が主文に埋め込まれているので、副文そのものには文ムード(発話力としての文タイプ)がないからである。補文標識の語彙的な意味によって、[± wh]「疑問ステータスか陳述ステータスか」は示されるが、文全体としての文タイプが補足疑問文であるというところまでいかないのである。それに対し、(25b)のように、疑問詞句 seit wann が主文にまで繰り上がっていれば、主文には文ムードがあるので、補足疑問文として理解される。この場合、聞き手はもはや「はい・いいえ」では答えられない。
　定動詞位置の配語法が、文ムード(平叙文、疑問文、命令文)の区別と同時に文タイプ(主文、副文)の区別と部分的に重なり合っていると先に述べたのはこの部分であり、V1 および V2 が主文の事例、VE は副文の事例となる。VE は、その文自体に文ムードを表さないときに用いられる配語法と言える。

4. 定動詞位置をめぐるさまざまな配語法

　本節では、定動詞位置をめぐる構文のうち、さらに有標(marked)のものを見る。規範的なパタンからはずれる有標性(markedness)がなぜ保持されているのかを見ることで、定動詞の位置(移動)と談話や主文への「埋め込み標識」について再確認できることが期待できる。

　第一に、主文についておさらいする。主文は、先行する文脈の中にダイナミックに埋め込まれていく。前域を活性化し、そこに文の主題や直示詞、疑問詞など、当該の文が談話の中に直接リンクするための要素を配したものがV2構文である。主題は意味論的もしくは語用論的な概念でありながら、文のさまざまな統語上の属性にもコントロールされる。強い傾向としては、文の主題は、統語上の主語として具現化される(Kuroda 1972)。主語を表す代名詞のうち、1人称の ich 'I' と wir 'we'、および2人称の du/ihr/Sie 'you' は、その発話の場に居合わせている人を指すものであり、直示的な代名詞(deictic pronouns)である。直示的な代名詞とは、その表現が指し示す対象物が文脈に依存してはじめて決まる表現を言う。文には先行する文脈とのつながりを保証するための主題要素が必要なので、発話の内容が新情報だとしても、その場に居合わせている人にとっては既知情報(given information)であることから、文の(唯一の)主題として前域に置く。主語がだめなら、heute 'today' や hier 'here' など、時間(temporal)や場所(local)を表す直示表現を使えばよい。ここに、主語の優位性(priority)がある。(7a)の例——(26a)として再掲する——で、das Mädchen を指す代名詞 es が主語として前域に置かれたのは、主題を表すためであり、この場合の前域は主題句(TopP)の指定部である(=(27))。

(26) a. Der Pkw　　erfasst das Mädchen,　es 　erlitt　　　Verletzungen
　　　 the car-NOM catches the girl-ACC 　she suffered-PST injuries

　　　 am　　linken Bein.
　　　 on.the left　 leg
　　　 その車がその少女を巻き込み、少女は左足を負傷した。

　b. Der Pkw erfasst das Mädchen, *es　　　hat der Wagen
　　　　　　　　　　　　　　　　　 her-ACC has the car-NOM

trotzdem   nicht verletzt.
nevertheless not   injured-PP
その車がその少女を巻き込んだが、傷を負わせることはなかった。

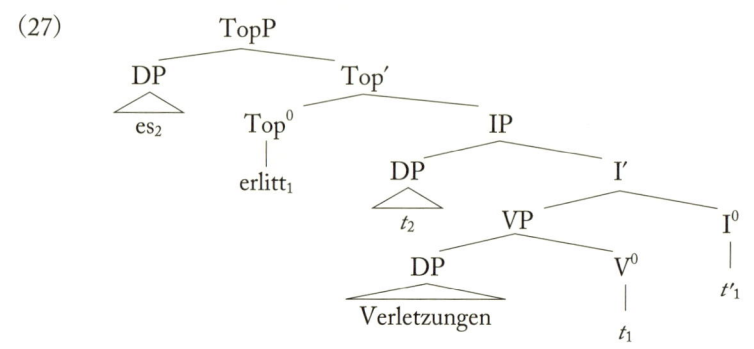

(27)

```
           TopP
          /    \
        DP      Top'
        |      /    \
       es₂  Top⁰     IP
             |      /  \
          erlitt₁  DP   I'
                   |   /  \
                  t₂  VP   I⁰
                     /  \   |
                    DP   V⁰ t'₁
                    |    |
              Verletzungen t₁
```

同じく das Mädchen を指す es が目的語の場合、(26b)に示されるように、主語を飛び越えて前域に置かれることは許されない。主題になりやすい主語を飛び越すということは、主題よりも強い素性があることになる。

(23)に示されているように、通常、主題は焦点よりも高い位置にあるとされているが、主題よりも強い素性は「対比的焦点(contrastive focus)」と呼ばれており(Rooth 1985)、実際、Rizzi(1997, 2004)は(28)のように焦点よりも低い位置の下位主題も想定している。

(28)   [ForceP [TopP* [FocP [TopP* [IP ……]]]]](Rizzi 1997, 2004)
        発話力   上位主題 焦点 下位主題 命題

対比的焦点句は、音韻上も対比的強勢(contrastive stress)を受ける(Bolinger 1961)。代名詞 es は指示性(referentiality)も低く、音韻的には弱形(weak form)なので、強勢を置くことはできない。目的語が前置されて対比的焦点を受けるには、(29)のように普通名詞句などの指示性の高い名詞句であればよい。

(29)   Das Mädchen hat der Wagen trotzdem   nicht verletzt,
        the girl-ACC has the car-NOM nevertheless not   injured-PP

nur eine Ampel   wurde   komplett
only a   traffic light-NOM became-3SG completely

kaputt gemacht.
broken made-PP

その乗用車はその少女を巻き込んだが、少女にはケガはなく、信号機が1機完全に壊されたのみだった。

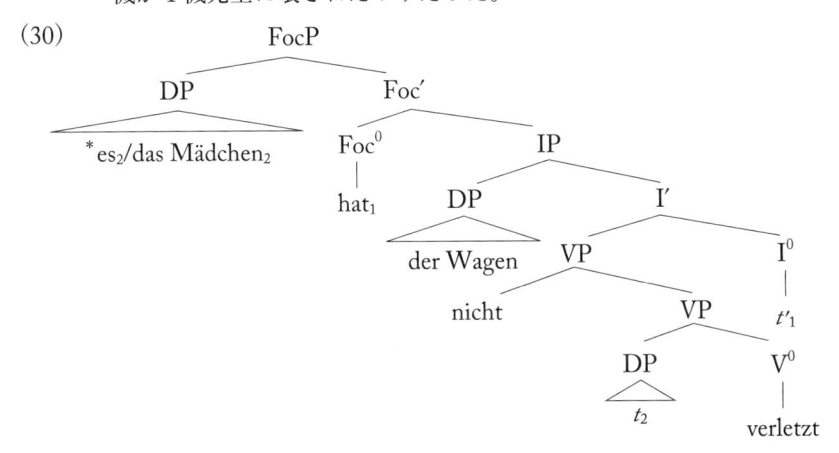

(30)

```
                    FocP
                   /    \
                 DP      Foc'
                /  \     /   \
         *es₂/das Mädchen₂  Foc⁰    IP
                             |     /  \
                           hat₁   DP    I'
                                 /  \   /  \
                            der Wagen VP   I⁰
                                     /  \   |
                                  nicht  VP t'₁
                                        /  \
                                       DP   V⁰
                                       △    |
                                       t₂  verletzt
```

前域を活性化するためには定動詞の移動が不可欠である。次の例(31)は、定動詞が前置されることが文脈への埋め込みの標識になっている（文の叙法を表す）ことを示すものである。

(31)   Er muss   schon   zu Hause sein, weil   sein Fahrrad
        he must-3SG already at home be   because his bike-NOM

        ist hier angelegt.
        is here anchored-PP

        彼はもう帰宅しているに違いない。というのは、彼の自転車が家の前にとめてあるからだ。

(31)の主文には「彼はもう帰宅しているに違いない」という話し手の主観

的な判断があって、さらにその主観に対する理由づけがなされている。「彼が
もう帰宅しているので自転車も戻ってきている」と述べるのと、「自転車が戻
ってきているので彼がもう帰宅しているのではないか」と主張するのは、内
容として違うことに注意されたい。(31)における weil 文では、補文標識を用
いた副文としての文タイプが用いられつつ、判断の根拠が存在することを表
すため、定動詞が繰り上げられている。文ムードが明示されない(32b)のよ
うな weil 文と性質が違うことは、(32a)に示すように判断の根拠を示す文が
判断内容を示す文に先行できない事実で確認できる。

(32) a. *Weil   sein Fahrrad ist hier angelegt,   muss
       because his bike-NOM is here anchored-PP must-3SG

       er schon zu Hause sein.
       he already at home be
    b. Weil der Zug   Verspätung hatte, habe
       because the train-NOM delay   have-PST have-1SG

       ich meinen Flug   verpasst.
       I   my   flight-ACC missed-PP
       電車が遅れたので、フライトに間に合わなかった。

　さて、このあたりで、はじめに提示した例文(33a)の種明かしをしよう。映
画『ベルンの奇蹟』(原題：*Das Wunder von Bern*)の中の一節である。ある新婚
の男性が、スポーツ記者としてサッカーワールドカップの記事を書く名誉あ
る任務を与えられ、妻に対してそのことを告げたところ、愛する妻との一生
に一度の新婚旅行よりも、男たちが１つのボールを追いかけまわすような試
合の取材のほうが大事なのか、と切り返される場面である。

(33) a. Hätte   jeder   einen Ball,   wäre   ja auch
       had-SBJ2 everyone-NOM one   ball-ACC were-SBJ2 MP also

       langweilig.
       boring

全員がそれぞれボールを1つずつ持っていたら、それはそれでまた退屈だろうね。
　b.　Wenn jeder　　　　einen Ball　　hätte,　wäre　　ja
　　　if　everyone-NOM one　ball-ACC had-SBJ2　were-SBJ2 MP

　　　auch langweilig.
　　　also boring

　(33a)はV1の構造をしている。動詞hätteが接続法(subjunctive mood)になっているため、「もし〜であると仮定したら…」という仮定法(非現実話法)が表現されている。V1は、「談話への直接リンク」(文の叙法の存在)を示すため、定動詞を前置し、前域を空のままにしておく。この文はいわゆる条件節(conditional clause)であり、本来であれば(33b)のように従属接続詞(＝補文標識)wenn 'if' が左枠に来ることで、副文であることが示される。副文には、談話の中に直接リンクするための文ムード(文の叙法)はなく、副文は主文に対してリンクされる。

　補文標識に導かれた副文であることは、それが主文に埋め込まれていることを示すものであり、条件節の真理値(truth value)は全体の真理値に影響しない。真理値は、「真(1)」と「偽(0)」の2値からなる。他方、V1文であることは、そこに疑問文または命令文としての文の叙法が存在していることを示すものである。疑問文と命令文は、文の発話力としては均質的である。

(34) a.　疑問文とは、話し手が聞き手に「何かを教えてほしい」と依頼する行為を表す文である。
　　b.　命令文とは、話し手が聞き手に「何かをしてほしい」と依頼する行為を表す文である。

　叙述文(平叙文)とは違って、疑問文と命令文は(34)に示すとおり、聞き手からの何らかの反応(リアクション)を期待するものであり、その反応には文の意味に関連する変数 x の値を決めよという演算子(operator)が関わっていると分析できる。この場合、x の値になり得るのは1(真)か0(偽)のいずれかである。疑問文は、命題(p: proposition)の真偽について値を返すように依頼

する((35)(Truckenbrodt 2004, 2006))。

(35) I request you to answer which value of 1 or 0 the variable x in $p(x)$ can have.
「変項 x には 1 と 0 のどちらの値がはいるのかを答えてくれるようあなたに要求する」

　命令文は、命題変数の値が 1 になるように実行してほしいと依頼するものである(=(36))。依頼されたほう(聞き手)は、値を 0 で返すこと(依頼を断る)ことも可能であろう。

(36) I request you to perform p with value of 1 for the variable x in $p(x)$.
「変項 x に 1 を入れることで、p を実行してくれるようあなたに要求する」

　(33a)は、「選手全員がそれぞれボールを 1 つずつ持っていることにしてみようか？　そうしたら…」という疑問文の叙法か、あるいは「選手全員がそれぞれボールを 1 つずつ持っていることにさせてほしい。そうしたら…」という命令文の叙法が示される。
　(33b)は、明示的な補文標識に導かれた副文なので、文ムードはない。実際、(33a)のような V1 条件節が、意味論的にも統語的にも主文に埋め込まれていない(non-integrated)ことを主張する先行研究もある(Axel and Wöllstein 2009)。それに従えば、(33a)は(33b)の単なる異形ではない。

5.　まとめ

　定形動詞の前置の有無(V1／V2 vs. VE)は、文タイプ(主文・副文)の区別に働くということが挙げられる。ただし、それは単に文タイプの弁別にとどまらず、「そもそも主文(副文)とは何か？」を考えなければならない問題でもある。主文とは、談話の流れに直接埋め込まれるものであり、副文とは主文に埋め込まれる構造を言う。どちらも(抽象的には)「埋め込み」構造をしており、その「埋め込み」を保証する機構が必要である。主文においては、それ

は前域に主題句や疑問詞などの焦点句のような情報構造に関わる、すなわち談話に直接リンクするための句を配することであり、副文においては補文標識を文頭に配することである(☞情報構造については第10章)。補文標識は、語彙的に「埋め込み」を表せるが、主文では統語的なマーキングが問題となるので、定動詞を前置させることで前域を活性化(可視化)させ、そこに主題句・焦点句を配置する。これが定動詞前置の駆動力となっている。

定動詞の前置は、さらなる統語領域(前域)を活性化するための、投射を拡張するための機能的な操作であると結論づけられる。

(第2章執筆：田中雅敏)

(読書案内)

ドイツ語のV2についてはThiersch(1978)は必読。ドイツ語の基本語順をSOVとし、V2を定動詞の前置による派生現象であると分析した基本文献。定動詞位置を文のムードと関連づけて分析する文献としては、Lohnstein(2000)やBrandt, Reis, Rosengren et al.(1992)が詳しい。Zwart(1997, 2005)は、文の左端にあって当該文を談話にリンクさせる機能のことをリンカー(連結子)と呼び、文のムードを機能的に説明している。なお、Zwartは動詞をリンカーとして文の先端に置くVSOを基本語順としている。weil-V2についてはRedder(2004)が機能的語用論の枠組みで、話者の主観的判断の有無が定動詞の位置を決めると論じている。最近では、Müller(2011)らが、ドイツ語の語順を「最適性理論」の枠組みで記述しようと試みている。

> **コラム**　「だって彼が私を裏切ったんだもん…」(従属節の主文用法)

　ドイツの作家エーリヒ・ケストナー(Erich Kästner)が書いた『ふたりのロッテ(原題：*Das doppelte Lottchen*)』という作品がある。双子のシャルロッテ(Charlotte)とルイーゼ(Luise)は、離婚した両親にそれぞれ引き取られて、互いの存在を知らないまま暮らしていたが、あるとき偶然に出会う。2人は両親を仲直りさせるために、自分たちがそっくりであることを利用して入れ替わる作戦を思いつく。このシーンでルイーゼがつぶやいた(1)のセリフは、従属接属詞 ob で導入されているので、文タイプとしては従属節であると言える。

(1)　Luise: Aber ob　　　das　　　klappen würde!
　　　　　　but　whether this-NOM succeed would-SBJ2
　　　　　　　　　　　　　(映画『Das doppelte Lottchen』より)
　　　でも、うまくいくかしら。(字幕翻訳：古田由紀子)

　しかし、同時に(1)が単独で主文的に用いられていることも注目に値する。主文には、文の叙法(ムード)が示され、(1)ではルイーゼの不安な気持ちが見え隠れする。日本語対応訳で終助詞「～かしら」が用いられている点にも同じ効果が見てとれる。主文的従属節において、(1)のように、接続詞が語彙的に文の叙法(ここでは「疑問」)を表せるような場合、定動詞(下線部)の前置は起こらない。

　その一方で、次の(2)は、接続詞 weil が語彙的には「理由・根拠」を表すものの、それで「疑問」や「命令」や「叙述」といった文の叙法を表せるわけではない。そこで、定動詞(下線部)を前置することが可能であり、それによってその主文性(matrixhood)とでも言うべきものを可視的にする。

(2)　Weil　er　hat　mich　betrogen.
　　　because he-NOM have-3SG me-ACC deceive-PP
　　　だって彼が私を裏切ったんだもん。

　(2)が、「根拠」を挙げる単独の主文的な用法であることを考えると、例えば、彼のところに行って平手でその頬を打ってきた帰り道などに、自分の行動を悔いる気持ちと正当化する気持ちとで揺れ動いている中で「～なんだからいいよね」と、つぶやいているというような場面が想像できるだろう。

　このように、従属節を主文的に用いるしくみが備わっている言語があり、ドイツ語もその1つであると見ることができる。

第3章
ドイツ語の語順変動（かきまぜ）

> **ポイント**　ドイツ語や日本語では、主語や目的語などの位置が文中で変動するかきまぜ(scrambling)という現象がある。かきまぜとは生成文法の用語で、A-B から B-A のように、(意味変化を伴わずに)2つの句の位置が随意的に入れ替わる語順変動をいう(Ross 1967)。この章では、中域内部のドイツ語の基本(無標)語順と、かきまぜを中心とする語順変動について考察する。

実例　(1) Er versuchte es daher, zuerst den Oberkörper aus dem Bett zu bekommen, und drehte vorsichtig den Kopf dem Bettrand zu.

(F. Kafka. *Die Verwandlung*『変身』)

［訳］「そのため彼は、まず上半身をベッドから出そうと試みて、慎重に ｛頭をベッドの端の方へ／ベッドの端の方へ頭を｝ 向けた。」

(訳は執筆者による)

説明　多くの文法書は、ドイツ語の基本語順が「主語―与格目的語―対格目的語」であると述べている。しかし、実際は上の …den Kopf dem Bettrand zu(drehte)のように、対格―与格語順に変わることもある。なぜ基本語順と異なるのか？　基本語順は本当にあるのか？　この問いに答えるには、主語・目的語といった文法機能に加えて、文の構造、動詞の意味役割、名詞句の特徴(定冠詞・不定冠詞の有

無)、情報構造(新・旧)といった要因も考察する必要がある。上の例では、den Oberkörper(上半身)への言及があり、その一部であるden Kopf(頭)と比べて、与格の目標 dem Bettrand(ベッドの端)の方が新しい情報を担うので、これが対格目的語 den Kopf の後に置かれる(旧情報—新情報)。

問題提起
- ドイツ語の基本語順は、主語—与格目的語—対格目的語と言えるか？
- 項や副詞の語順変動にはどのようなものがあるか？　不可能な語順とは？
- 項の語順変動(かきまぜ)の文法的な原理・意味的な要因は何か？

＊＊＊

1. はじめに

　英語の語順は、SVO、SVOO、SVOC というように主語・動詞・目的語などの順序が決まっている。一方、第2章で見たように、ドイツ語では定動詞位置による文タイプの違い(V2、V1、VE)が前提とされる。この文タイプに基づいて文域(topological field)あるいは配語的文モデル(topological sentence model)と呼ばれる文モデルに従って、定動詞(左枠)の前にある前域、左枠に続く中域、右枠の後に続く後域という3つの域(field)が区分され、それぞれの域内の語順について検討される(Engel 1988)。

（2）　　［前域］　［左枠］　［　中　域　］　［右枠］　［後域］
　　　　Ich　　　habe　　heute ein Buch　gekauft
　　　　I　　　　have　　today a book　bought
　　　　Heute　　habe　　ich ein Buch　gekauft
　　　　today　　have　　I   a book　bought
　　　　今日、私は本を1冊買った。

本章では特に中域の語順を考察する。前域には、主語・目的語・副詞などが現れるが、従属接続詞に導かれた従属節(VE：副文)では、従属接続詞が左枠を占めるため、定動詞は左枠ではなく右枠の端に位置し、前域は空となり、主語や副詞は中域に現れる。SOV 語順の文((3)の中域＋右枠)は、命題の核となる部分を明示するので、ここでは従属節の中域語順に限定し、SOV 語順で議論する。V2 語順の平叙文の場合は、(3)の右枠の定動詞に定動詞第2位移動を適用し、さらに中域内の句を前域に移動させればよい(＝(4))。

（3）　　［前域］　［左枠］　［　　中　域　　］　［右枠］
　　　　　　　　　weil　　ich heue ein Buch　　gekauft habe (VE)
　　　　　　　　　because I　today a book　　bought have
　　　　　　　　　私が今日1冊の本を買ったので。
（4）　　Heute　［habe］　［ich heute ein Buch］　［gekauft habe］(V2)

では、中域語順にはどのような規則があり、基本語順とはどのようなものか？　格と項(動作主・対象など)の関係はどうなのか？　「ポイント」に挙げた主格―与格―対格語順は厳格なものではなく、実際には揺れがある。英語など語順が比較的固定した言語に対し、ドイツ語、日本語のように語順が比較的自由な言語を「かきまぜ言語」と呼ぶこともある。かきまぜは、生成文法で意味変化を伴わず自由に句の順序が交替する現象を指すが、ドイツ語ではどんなかきまぜが可能か？　かきまぜを規定する要因はどんなものか。かきまぜ以外の語順変動はあるか。これらを生成文法の枠組みを軸として統語論・意味論・語用論の観点から考察することが本章の目的である。

2.　基本語順(無標語順)とは？

2.1　主格―与格―対格語順

まず、基本語順について検討する。左と右の枠にはさまれた中域内部の基本語順は、一般に(5)のような配列になると言われる(Duden 1984, Engel 1988)。これを、(6a–d)の文で具体的に例示してみよう。

（5）　　主格―与格―対格―斜格目的語(属格／前置詞句)

nominative dative accusative oblique (genitive/PP)
（主語―間接目的語―直接目的語―それ以外の要素）

(6) a. dass der Vater   dem Kind   die CD   schenkt.
       that the father-NOM the child-DAT the CD-ACC gives
       父が子に CD をあげること。

   b. dass das Kind   die CD   auf den Tisch legt.
      that the child-NOM the CD-ACC on the table puts
      子供が CD を机に置くこと。

   c. dass man   den Mann   des Mordes   anklagt.
      that one-NOM the man-ACC the murder-GEN charges
      その男を殺人のかどで告訴すること。

   d. dass er   das Auto   in   die Garage bringt.
      that he-NOM the car-ACC into the garage brings
      彼が車をガレージに入れること。

　(5)の順序は、日本語の語順（「が―に―を」）に類似している。斜格目的語（oblique object）は、anklagen（X-ACC を Y-GEN の罪で告訴する）、gedenken（X-GEN を思い出す）など少数の動詞によって固有の格として属格を与えられた目的語を表す。また、移動動詞は目標を示す前置詞句（bringen「X-ACC を Y-PP に運ぶ」など）を選択するが、これも斜格目的語と見なす。斜格目的語は、動詞との関係が密接であり、語順も右枠の直前位置で固定している。

　(5-6)の順序が、格の序列によって決まるのか（主格―与格―対格―斜格）、それとも文法機能の階層によって決まるのか（主語―間接目的語―直接目的語―斜格目的語）については議論があり、決定的答えは出ていない。さしあたり便宜的に、格を用いて主格―与格―対格と表すことにしよう。

　(5)の順序は絶対ではなく、入れ替えもできるので、この基本語順は無標語順（unmarked word order）と呼ぶべきものである。語順 A-B について、A-B も B-A も両方可能である場合、B-A では条件 X が必要だが、A-B 語順は条件 X の有無にかかわりなく成立する場合、A-B は無標語順である。他方、B-A は有標語順である（Lenerz 1977, Höhle 1982）。つまり、基本語順と呼ばれる語順は、特殊な条件がないときに通常容認される無標語順のことである。他方、有標語順の方は、条件の数が増えるに従って有標性が増大していく。

(5)が無標語順であることは、いくつかの方法で確かめられる。1つは、これがテーマ・レーマ条件という条件に左右されないことである(Lenerz 1977)。テーマ・レーマ条件とは、テーマ要素(Thema)の後にレーマ要素(Rhema)を配置することを優先する語用論的条件である。テーマとは何か、レーマとは何かという定義上の問題はあるが(☞第10章)、ここではテーマは、既知情報・旧情報(given/old)として話者・聞き手が前提する情報と考える。人称代名詞・固有名詞・定冠詞付き名詞句は、定(definite)の名詞句であり(☞第8章)、テーマになりやすい。他方、レーマは、談話状況に新たに登場する新情報や情報価の高い要素である。WH疑問の答えとなり得る部分で、文アクセントを担う焦点要素(focus)はレーマになる。また、不定冠詞(またはゼロ冠詞)付きの名詞句は不定(indefinite)の表現であるが、不定表現も新情報としてレーマになる傾向が高い。無標語順である(5)の場合、テーマ・レーマ条件を満たす定―不定の順の(7a)は問題ないが、この条件に違反する不定―定の順の(7b)も、(最適ではないが)無標語順であるので容認される。他方、(7c–d)のように無標語順でない文(主格―対格―与格)では、テーマ・レーマ条件を満たす定―不定の順の(7c)は容認されるが、不定―定の順序の(7d)は、(非文ではないが)容認度が落ちる(無標語順にもテーマ・レーマ条件にも違反)。つまり、主格―対格―与格語順は、テーマ・レーマ条件に一致する場合にのみ許される有標語順なのである。

(7) a. weil   der Mann   dem Mädchen <u>eine CD</u>   gab
       because the man-NOM the girl-DAT a   CD-ACC gave
       （下線部がレーマ）
       その男がその少女に<u>ある1枚のCD</u>をあげたので。
　　b. weil der Mann <u>einem Mädchen</u> die CD gab　ある少女にそのCDを…
　　c. weil der Mann die CD <u>einem Mädchen</u> gab　そのCDを<u>ある少女に</u>
　　d. ?weil der Mann <u>eine CD</u> dem Mädchen gab
       <u>あるCD</u>をその少女に…

　2つめとして、無標語順の文はさまざまな文脈に対応する中立的な文だと言える。無標語順の文は、複数の質問に対する答えとして機能する。他方、それ以外の有標語順の場合には、可能な質問の数が制限されてしまう。

(8) a. Gestern hat der Mann   dem Mädchen die CD   geschenkt.
      yesterday has the man-NOM the girl-DAT the CD-ACC given

   NOM-DAT-ACC
   昨日その男がその少女にその CD をあげた。
   b. Gestern hat der Mann die CD dem Mädchen geschenkt.
   NOM-ACC-DAT
   昨日その男がその CD をその少女にあげた。
(9) a. Was ist passiert? 何が起きたの？［8a］
   b. Was hat der Mann gemacht? その男は何をしたの？［8a］
   c. Was hat der Mann dem Mädchen geschenkt?
      その男はその少女に何をあげたの？［8a］
   d. Wem hat der Mann die CD geschenkt?
      誰にその男がその CD をあげたの？［8a/8b］

　無標語順の(8a)は、(9a–d)の４つの質問に対する答えとして適切である。他方、対格と与格が入れ替わった(8b)は、(9d)の疑問への答えにはなるが、その他の疑問(9a–c)の答えとしては適切ではない。(8b)は、与格目的語が新情報として狭い焦点解釈(F_1)を受ける状況においてのみ容認される有標語順である(＝(10))。言い換えれば、与格以外の部分は文脈的に前提されている（「男が CD を誰かにあげた」が情報として前提される）。一方、(8a)の無標語順では新情報の焦点は、(11)の下線のように、対格目的語（「何を」→ die CD 'the CD'）から始まって、動詞句の一部（「（子供に）どうした」→ die CD geschenkt 'given the CD'）、動詞句（「男がどうした」→ dem Mädchen die CD geschenkt 'given the girl the CD'）、さらに文全体（「何が起きたの？」）へと拡大していく。これは焦点投射（focus projection）と呼ばれる（Höhle 1982）。

(10(＝8b))　Gestern hat der Mann die CD [dem Mädchen]$_{F1}$ geschenkt.
(11(＝8a))　[Gestern hat der Mann [dem Mädchen [[die CD]$_{F1}$ geschenkt]$_{F2}$]$_{F3}$]$_{F4}$.

　このように無標語順の文は、多様な文脈で使えるマルチ対応型の文なので

ある。以上の議論は、次のようにまとめることができる。

(12) (i) 無標語順は「主格―与格―対格―斜格」である。
　　(ii) 無標語順の文は、テーマ・レーマ条件の有無に影響を受けず、文脈的・語用論的な制限が少ない(さまざまな文脈に対応)。

2.2 「主格―与格―対格」語順の例外(他の無標語順)

　主格―与格―対格語順は、授与動詞(geben 'give')のような3項動詞では一般的である。ところが、(12)の一般化に反する語順も見受けられる。

(13) 　dass　der Mann　　ein Kind　　der Gefahr　　ausgesetzt hat
　　　　that　the man-NOM　a child-ACC　the danger-DAT　exposed　has
　　　　その男がある子供を危険にさらした。(定―不定―定)
(14) 　weil　　einer Frau　　　das Bild　　　gefällt
　　　　because　a　woman-DAT　the picture-NOM　pleases
　　　　ある女性にその絵が気に入っているので。(不定―定)

　(13)の文は主格―対格―与格、(14)は与格―主格の順であるが、これらはテーマ・レーマ条件とは関係しない語順で、無標である(不定―定の順)。(13–14)のようなタイプの動詞では、(5)とは異なる語順が無標になっている。

(15) 　動作主(主格)―対象(対格)―目標(与格)タイプ
　　　　aussetzen(さらす)、unterstellen(従属させる)、überlassen(任せる)、vorziehen(～を～より優先する)、unterwerfen/unterziehen(受けさせる)

　このタイプでは授与動詞の語順と違い、目的語の配列が逆転し、対格―与格の順になる。その理由は、対格目的語が対象(主題)、与格目的語が目標に対応し、全体で〈使役＋方向移動〉という意味が表されているからである。(15)タイプは、どれも使役的な複文構造となり、(16)のような意味を表す。

(16)　　［使役主 -NOM 使役［対象物 -ACC V　目標 -DAT］］
　　　　der Mann（男）　CAUSE Kinder（子供）　GO（into）Gefahr（危険状況）
　　　　（その男が、子供が危険状況へと移動することを引き起こす）

　もう1つのタイプの語順としては、経験者が関与するものがある。

(17)　　経験者（与格）―対象（主格）タイプ
　　　　gefallen（気に入る）、unterlaufen（紛れ込む）
(18)　　ob　　einem　dieses Bild　　gefällt
　　　　whether one-DAT this　　picture-NOM pleases
　　　　ある人にこの絵が気に入るかどうか。

　このタイプでは、主語になるのは感情・感覚の対象（Bild「絵」）であり、感情の所有者（経験者：experiencer）は、主格でなく与格になる。(18)のように不定―定の順でも、与格経験者は主格の対象よりも左側に生じてよい。
　しかし、(15)(17)の独自の無標語順を仮定せず、主格―与格―対格か主格―対格―与格のいずれかを唯一の無標語順とし、(15)(17)は、無生物よりも有生物が優先されるという有生原則から一般的に導かれるとする分析もある。これによって、有生対格目的語か有生与格目的語が前置される（Müller 2000a, b）。
　いずれにせよ、こうした分析から、特定の構造位置（例えば動詞と隣接する補部位置）に対して特定の格が付与されるのではないことが分かる。対格が動詞補部（目的語）に付与され、与格も動詞句内の一定の位置（対格の上位）に付与されるなら、与格―対格が無標語順となる（[vp 与格 ［対格 V］]）。あるいは逆の構造を仮定すれば、[vp 対格 ［与格 V］] となる。しかし、どちらも無標語順になり得るので、格（例えば対格）は動詞句内のどの位置にでも与えられることになる。主格も同様に、与格の後でも付与される（= (14)）。つまり、語順は、格の序列によってではなく、(15)(17)のような項構造（動詞が項に与える意味役割の配列）の序列によって規定される。したがって、(5)の主格―与格―対格語順も、実際は「動作主―目標（受け手）―（動作を被る）対象」という3項動詞の項構造の階層と結びつくと分析することができる。

以上の無標語順の議論を、(19)のようにまとめておこう。

(19) 　ドイツ語の中域の無標語順は、動詞の項構造によって決定され、3つの語順パターンに区別される(そのうちAパターンが最も多い)。
　　(A)動作主(主格)－受け手(与格)－対象(対格)－その他(斜格)
　　　(動作主(主格)－対象(対格)の他動詞タイプも含む)
　　(B)使役主(主格)－対象(対格)－目標(与格)
　　(C)経験者(与格)－対象(主格)

3. 無標語順のバリエーション？ －動詞句の基底構造

3.1 Engel(1988)の「基本語順」と語順のずれ

　2節で無標語順を見たが、名詞句の種類(定・不定名詞句、代名詞)や副詞は考慮していなかった。これらを含めると語順はやや複雑になる。例えばEngel(1988)は、中域語順を(20)のように説明している(記号は若干改変)。

(20) 　中域の「基本語順(basic order)」
　　　アクセントなし代名詞　　定表現　　　不定表現
　　　nom/Nom-acc-dat-NOM-Dat-Acc-gen-DAT-ACC-GEN-SO
　　　　　　　　　　　A_{ex}/A_{sit} (副詞)　↑ A_{neg} 　　　↑ A_{mod}

　　　nom：代名詞主語　dat：与格代名詞　acc：対格代名詞　gen：属格代名詞
　　　Nom/NOM：定の主語／不定主語　Dat/DAT：定の与格／不定の与格名詞句
　　　Acc/ACC：定の対格／不定の対格　GEN：属格名詞句(定・不定)
　　　SO：その他
　　　A：副詞　A_{ex}(発話関連)　A_{sit}(時・場所・理由)　A_{neg}(否定)　A_{mod}(様態)

(21) 　(20)に基づく基本語順の例(Engel 1988)
　　a. Schließlich hat | man meinen Eltern　　doch noch

finally　　 has one-nom my　　 parents-Dat MP　still

Briketts | geliefert.
briquette-ACC delivered
　　　　　　nom（代名詞）Dat（定）A_ex ACC（不定）
最後には人々は私の両親になお練炭を配給した。

b. als | ich damals　　meiner Freundin die Geschichte |
　 when I-nom at that time my　　friend-Dat the story-Acc

erzählt habe
told　　have
　　　　　nom（代名詞）A_sit　 Dat（定）Acc（定）
私が当時私の友人にその話を語ったとき。

c. als | ich es ihr damals | erzählt habe （(21b)と基本的な意味は同じ）
when I-nom it-acc her-Dat at that time told　have
　　　　　nom acc dat　A_sit　私がそれを彼女に当時語ったとき。

d. weil | sich　　　daran viele　　die Finger | verbrannt
because themselves-dat with-it many-NOM the finger-Acc burned

haben
have
　　　　　dat（代名詞）A_sit　 NOM（不定）Acc（定）
多くの人がそれによって指をやけどしたので。

　(20)で注目すべきは、第一に、アクセントのない代名詞（弱代名詞：weak pronounとも言う）が中域左に位置し、次に定表現、その後に不定表現というように、同じ項でも位置が変わることである（例えば対格がacc、Acc、ACCと3つに分散）。第二に、副詞の位置は緩やかで、中域中央で定表現が現れる場所の前後に生じることである（様態の副詞はかなり後ろ）。これらがすべて基本語順とされる。ただし、Engel(1988)は、ある表現が(20)に示された位置よりも右側にずれて現れる場合は、それが強調されると分析する。

(22)　　weil ｜ ich [　] keinem Menschen diese GESCHICHTE ｜
　　　　because I-nom　　no　　people-DAT this　STORY-Acc

　　　　erzählt habe
　　　　told　　 have（nom-DAT-**Acc**）
　　　　私は誰にもこの話は話さなかったので。（不定与格の右側の定対格
　　　　を強調）

　Engel(1988)の記述はほぼ妥当だが、(22)のような逸脱(強調)の説明には問題がある。どんな要素も右に移すことで強調できるわけではない。再帰代名詞は右に移動すると、強調されずに不適切になってしまうこともある。

(21d´)*??weil ｜~~sich~~｜ viele daran die Finger SICH ｜ verbrannt haben
　　　　((21d)から再帰代名詞 sich(自分自身)を中域右端に移動)

　(20)の問題は、項(例えば対格目的語)が、代名詞・定・不定位置(acc、Acc、ACC)と3つの位置に分かれているので、どれが対格目的語の基底位置で、どれが移動によって表層で派生されたものか、どれが義務的移動によるもので、どれが随意的移動で派生されるかということが区別できないことである。もちろん、基底構造を仮定せずに多様な語順を想定する文法もある(Engel(1988)はその1つ)。生成文法でも、ドイツ語について自由語順を仮定する分析もある(Fanselow 2001)。ここでは、標準的な生成文法の考えに立って、固定語順の言語との共通性を仮定して、基底構造と、移動などで派生される表層構造の2つのレベルを区別して、語順の変異の問題を考えていこう。

3.2　動詞句(VP)の基底構造

　まず、動詞の項の基底位置は、動詞句(VP：verb phrase)内部で不定名詞句が生じる位置、つまり、(20)の中域の右端部分である(属格目的語や斜格前置詞句は動詞と隣接)。定名詞句や代名詞は、そこから左側に移動する。

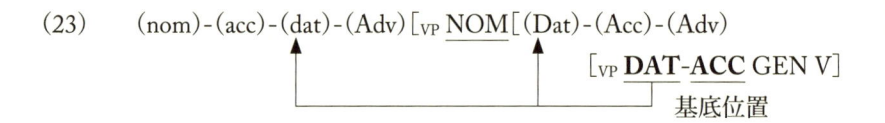

(23)　　(nom)-(acc)-(dat)-(Adv) [_VP NOM [(Dat)-(Acc)-(Adv)
　　　　　　　　　　　　　　　　　　　　　　　　[_VP **DAT-ACC** GEN V]
　　　　　　　　　　　　　　　　　　　　　　　　　　　基底位置

　与格目的語(DAT)や対格目的語(ACC)、属格目的語は右枠に位置する動詞Vの内項(目的語)であり、動詞に一番近い補部位置(中域右端)に生成される。これらが不定表現でレーマである場合、表層で何も移動する必要はない。ドイツ語を習得する幼児が習得初期段階で、O-V 語順の文((ich) Milch trinken「僕ミルク飲む」)を発するのを見ても、SOV のまとまりが基本であることが理解できる。他方、それらが旧情報で代名詞や定冠詞付き表現になる場合には、(23)のように中域内で左方向に移動する。左方移動は、ich(私)やhier(ここ)など、情報性の軽い要素が談話で話題(topic)になるのと類似した傾向といえる。(23)のように、右から左側への移動を設定することによって、(21d′)のような不適格な移動も排除できる。中域右端の要素は基底位置であり、中域内左端の位置は移動による。(21d)の基底位置は次の(21d″)のようになっており、与格再帰代名詞 sich(「自分」)は左方向に移動することはあっても、右方向移動はないので、(21d′)は生成されないのである。

(21d″)　weil|[　] viele_(NOM) daran sich_(dat) die Finger_(Acc) | verbrannt haben

　(20)に従って、主語は不定表現の先頭に生成されると仮定するが、与格—主格の無標語順を考慮すると、DAT-NOM という基底語順もある。(23)の線形語順は、生成文法の枠組みでは次のような階層構造として記述できる。

(24) a.　　VP
　　　　NOM_<AG>　V′
　　　　　　　DAT_<GO>　V′
　　　　　　　　　ACC_<TH>　V′
　　　　　　　　　　　geben（与える）

b.　　VP
　　DAT_<EX>　V′
　　　　NOM_<TH>　V′
　　　　　　gefallen（気に入る）

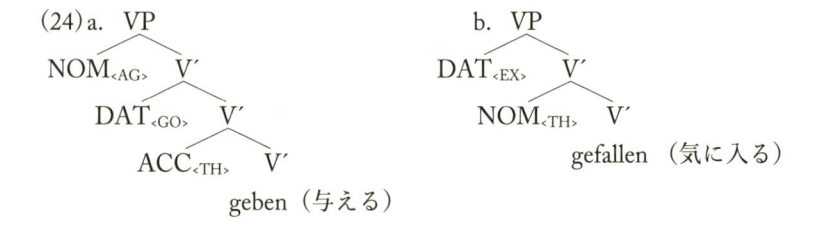

　(24a)は授与動詞タイプの語順を持つ動詞句 VP の構造であり、主語(動作主 agent: <AG>)も動詞句内、すなわち VP 最上位(VP 指定部)に生成されると

仮定する。その下の V′ 内には内項(与格目標 goal: <GO>、対格対象 theme: <TH>)が補部位置に生成される。動作主と対格対象だけを取る他動詞の場合、内項は1つ(ACC<TH>)になる。主格―対格―与格語順の場合、(24a)の DAT-ACC 位置が入れ替わる。他方、gefallen(気に入る)タイプの動詞の場合、(24b)のように、VP 指定部に経験者与格 DAT<EX>が生成され、補部に主格対象が来る(NOM<TH>)。一般に主語は VP 最上位(指定部)に生じ、主語が下位に現れる(24b)のような構造は、動作主がない場合に限定される(経験者与格を持つ心理動詞や unterlaufen 「～に～が紛れ込む」などの非対格動詞)。

　動詞の項ではない副詞は、移動の必然性はなく、意味階層に従って(25)のように、基底構造で動詞句のどこかに生成(付加)される。(話者の発話態度を表す)心態詞 ja、doch(MP ☞第11章)や文副詞 wahrscheinlich(「たぶん」)は、主語が不定表現である場合には、主語の左側に生じることもある(26a)。それ以外の副詞は、基本的に状況(時・場所)―理由―(動作の)様態の順になる(26b)。しかし、これもさまざまな変異がある(26c)。

(25) 　…[$_{VP}$ Adv$_{(Aex)}$ [$_{VP}$ NOM [Adv$_{(Asit)}$ [$_{VP0}$ Adv$_{(Amod)}$ DAT ACC V]]]]
　　　　心態詞(文副詞)　　　　状況副詞　様態副詞

(26) a.　weil 　ja 　viele Leute 　anscheinend Angst 　haben
　　　　because MP many people-nom apparently　worry-acc have
　　　　多くの人々が見たところ不安を抱いているので。

　　 b.　Er 　geht heute wegen 　der Prüfung schnell 　zur 　Schule.
　　　　he-nom goes today because-of the test 　　quickly to-the school
　　　　彼は今日(時)、試験のため(理由)急いで(様態)学校に行く。

　　 c.　Wir 　werden heute wahrscheinlich im Freien 　　essen.
　　　　we-nom will　　 today probably　　　　out-of-doors eat
　　　　我々は今日(時)たぶん(文副詞)野外で(場所)食事するだろう。

4. 語順変動の分析

4.1 機能領域への代名詞の義務的移動

　(24a–b)は項の基底構造であったが、代名詞や定表現が中域左側に現れる語順は、この基底構造から左方向への移動を適用することによって派生した

ものと考えられる。次に、この語順変動について分析しよう。まず、代名詞の位置であるが、中域内左端の人称代名詞の位置は、(絶対的というわけではないが)かなり頻繁に生じる代名詞の優先位置である。代名詞語順は、動詞タイプに関係なく、主格―対格―与格の順で固定している(27)。

(27)　　　[接続詞／定動詞] [nom] [acc] [dat] …(Adv) [VP NOM [v·…V]]
(28) a.　dass ja　 doch irgendwer 　{die Frau/*sie}　 gesehen hat
　　　　 that MP MP someone-nom {the woman-acc/*her-acc} seen　　has
(Haider 2010)
　　b.　dass sie　 ja　 doch [irgendwer (sie) gesehen] hat
　　　　 that her-acc MP MP　 someone-nom　 seen 　 has
　　　　(その女性／彼女を)誰かある人が見たこと。

　文(28)で心態詞 ja doch は動詞句 VP の左端をマークしているが、(28a)のように弱代名詞 sie 'she' は、VP 基底位置にとどまれず、(28b)のように ja doch を越えて中域左端に移動する。代名詞移動についてはさまざまな説があるが、ここでは VP を支配する機能投射(functional projection)である文(IP: inflection phrase)の指定部に移動すると考える。文の主要部は、実質意味の希薄な機能範疇としての屈折辞 I(inflection：時制と人称変化)であり、文はこの屈折辞が投射した機能投射である。文 IP の最上位の指定部は(29)のように複数の位置が用意されており、統語的移動の着地点として機能する機能領域である。
　中域左端は、(V2位置に後続する接語的要素について論じた19世紀の研究者の名前に由来する)「Wackernagel 位置」と呼ばれ、アクセントのない弱代名詞や再帰代名詞が現れる典型的な場所である(das 'this/that')のような強勢可能な指示代名詞・アクセントを伴う代名詞は後方の基底位置にとどまれる)。

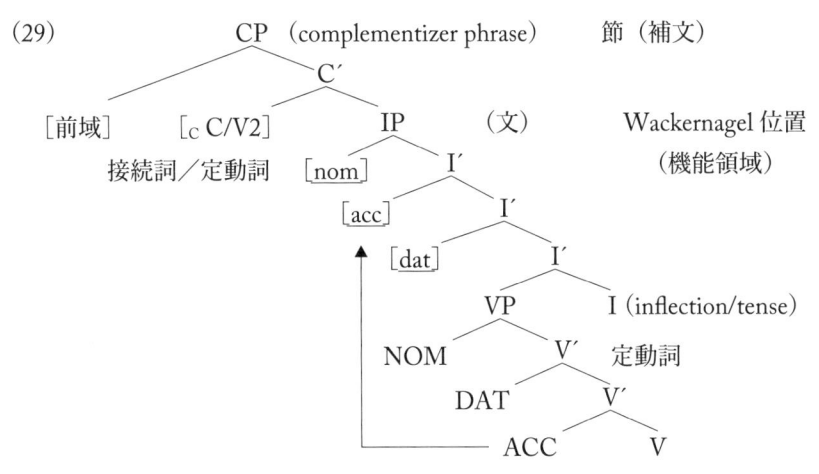

(29)
```
                    CP (complementizer phrase)      節（補文）
                   /  \
    ［前域］    ［c C/V2］   C´
              接続詞／定動詞  / \
                           IP    （文）         Wackernagel 位置
                          /  \                    （機能領域）
                       [nom]  I´
                         [acc] / \
                          [dat]   I´
                             /  \
                           VP     I (inflection/tense)
                          /  \
                        NOM    V´     定動詞
                             / \
                           DAT   V´
                               / \
                             ACC   V
```

(30) a. als [IP ich es   ihr [VP damals   erzählt] [I habe]]
        when I-nom it-acc her-dat at that time told   have
        当時それを彼女に話したとき。
     b. *als ich ihr es damals erzählt habe （与格―対格順は非文）
     c. als ich ihr das-Acc damals erzählt habe （das：指示代名詞）

　Wackernagel 位置は、(29)のように VP 内の項の位置から機能領域への移動によって生じる。これは、フランス語の *tu* 'you' や *le* 'him' のような接語(clitic)代名詞が目的語の位置から定動詞の左(機能範疇としての時制位置)に移動して付加するのとよく似た現象と言える(31)。

(31)　Il [I le parle] {le/l'anglais} bien. 彼は、それ／英語を上手に話す。
      he   it speaks {it/English} well

　VP からの代名詞移動は、項構造と無関係に、常に主格―対格―与格である。これは、(29)のように、主格・対格・与格代名詞を格納する位置が IP 左端の多重指定部として決まっているからである。それぞれの格は元の VP 内で認可されるので、代名詞移動にはアクセントのない弱代名詞が持つ定の素性［π］(pronoun/def(＝definite))が関与すると考える。つまり、IP 指定部には π 素性があり、同じ素性 π を持った代名詞を引き寄せるのである。

(32)　　[IP [[nom] [acc] [dat]π] ←[VP NP(nom/π) NP(dat/π) NP(acc/π) V]]

4.2　随意的移動としてのかきまぜ

　Wackernagel 位置への代名詞移動は義務的移動である。では、かきまぜと呼べる随意的移動はどのようなものか？　既に見たように、定名詞句が不定名詞句の左側に位置する場合にかきまぜが起きている可能性がある。つまり、Engel の図式(20)で見た定表現の位置は VP 基底位置からの移動として分析できる(33)。また、(20)にはないが、(34)のような語順も定表現のかきまぜと見なせる(主格主語 NOM の左側に与格・対格の定表現が現れる)。

(33)　　[nom-acc-dat [VP NOM-Dat-Acc-gen [V' DAT-ACC-GEN...V]]]
　　　　　Wackernagel 位置　　　かきまぜ　　　　　　　　基底位置
(34)　　[nom-acc-dat {Dat, Acc} ... [VP NOM [DAT-ACC-GEN...V]]]

　基底構造は、動詞の項構造に従って項が生成された構造である。主語は通常 VP 最上位に生じる。ドイツ語では名詞句の格は、der, das, die, ein などの定(不定)冠詞によって形態的に標示されており、目的語は基底位置で動詞が与える格と照合され認可される(24a-b)。時制 I の主語情報(主格・人称・数)も VP 内で照合される。したがって、かきまぜによる移動には格の認可は関係しない。かきまぜの要因は次節で分析することにして、ここではその統語的特徴を見ると、かきまぜは同一節の中での左方向への移動であり、句の左付加によって移動の着地点ができる。例えば、(35a)は主語―与格―対格の基底語順だが、(35b)では、定の対格目的語 das Buch(本)は与格目的語の左側に移動し、das Buch と元の V' を支配する節点 V' が新たにできる(35b-36)。このように、元のレベルと同じ節点を再度作って直下に内部要素を置く移動を付加(adjunction)という。一方、代名詞移動や中域左端への主語移動は、統語構造の中に空所として存在する位置(IP 指定部)への代入移動である。どちらの場合も、移動元には痕跡 t を残す(j は同一指示付与の指標)。

(35) a.　　dass Anna [V' einem Kind [V' das Buch　　gegeben]] hat
　　　　　 that Anna　a　　child-dat　the book-acc given　　　 has
　　 b.　　dass Anna [V' das Buchj [V' einem Kind [V' tj gegeben]]] hat

第 3 章　ドイツ語の語順変動(かきまぜ)　63

アンナがその本をある子供に与えたこと。

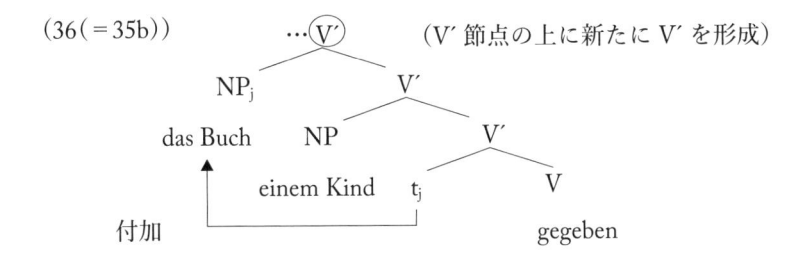

(36(=35b))　　　…V′　　(V′ 節点の上に新たに V′ を形成)

```
          NPⱼ        V′
       das Buch   NP        V′
                einem Kind  tⱼ    V
   付加                           gegeben
```

付加としてのかきまぜは、左方向に向かっては許容されるが、同一文の内部という条件があり、文を越えた移動は許されない。

(37) a. Ich glaube, dass [VP Anna [V′ das Buchⱼ [V′ einem Kind
　　　　 I   believe that　 Anna 　 the book-acc 　 a 　 child-dat

　　　　[V′ tⱼ gegeben]]] hat].
　　　　　given   has
　　　　私は、アンナがその本をある子供にあげたのだと思う。
　　 b. Ich glaube, dass [VP das Buchⱼ [VP Anna [V′ einem Kind tⱼ gegeben]]] hat.
　　 c. *Ich glaube [VP das Buchⱼ [VP [CP dass Anna einem Kind tⱼ gegeben hat]]]
　　　　　　　　　　　　　　　　　*

(37b)は、目的語 das Buch 'the book' を主語の左に移動させて、動詞句 VP の左に付加したもので、この付加は同じ文の投射内である。しかし、(37c)のように、埋め込み文の中から das Buch を取り出して主節 ich glaube(「私は思う」)の動詞句に付加した場合、das Buch はもはや埋め込み文の内部にはなく、この長距離移動は非文となる。この制限を次のように確認しておく。

(38)　　かきまぜは、同一投射(文)の中で左方向においてのみ許容される。

(38)のように、かきまぜが同一投射(文・動詞句)内部での左方向への移動であるとすると、ドイツ語や日本語などの SOV 語順の言語においてかきま

ぜが起きるということが自然に説明できる。SOV語順(主要部末尾型)では、主要部Vが主語・目的語に対して左方向に意味役割を与えており、主語・目的語が左に移動しても方向性は変わらない(39a)。一方、SVO語順の言語の場合、目的語を右側に取る主要部先端型(VO)なので、目的語を左方向に移動すると、主要部と目的語の方向性が逆転してしまう(39b)。

(39) a.　［S O←V］⇒［(O) S←V］主要部と項の方向性が同じ
　　 b.　［S V→O］⇒*［(O) S (O)V→］主要部と項の方向性が変化

4.3　かきまぜの意味論的・語用論的要因

　かきまぜは中域内での左向きの移動であるが、その移動には統語的必然性はない(随意的移動)。それでは、中域内部のかきまぜを引き起こす意味論的・語用論的な要因とはどのようなものなのだろうか？

　既に見たように、かきまぜには定・不定、焦点のような情報構造が関係する。有生物を無生物より優先して前置する傾向もある。無論、基底語順(無標語順)やWackernagel位置への代名詞移動も優先される。重要なことは、さまざまな要因が関与して、ときには競合し合い矛盾しながら語順の容認度に影響を与えていることである。多くの議論があるが、中域語順とかきまぜに関連する条件には以下のものがある(Müller 2000a, b, Wöllstein 2010)。

　まず、かきまぜとは区別される中域左端への移動規則について述べる。

(40)　　語順変動を起こす要因
　　　 (I)代名詞移動
　　　 ・基底語順(無標語順順守)Base: {Nom-Dat-Acc, Nom-Acc-Dat, Dat-Nom}
　　　 ・弱代名詞移動(弱代名詞 pronoun を中域左端に前置)PRON: [+π]
　　　 ・PRON＞＞Base(代名詞移動PRONは基底語順Baseより強い。＞＞)

　無標語順Baseは守られるべきだが、アクセントのない弱代名詞が現れれば、代名詞移動PRONが優先されて中域左端に代名詞が移動する。代名詞の順序は、基底語順にかかわらず、主格―対格―与格となる((27), (29))。この条件は義務的であり、基底語順Baseより強いので、代名詞移動が必然的に

なる。
　一方、かきまぜに関する優先条件もある。次の5つの条件は、一定程度かきまぜと関連するが、これらは完全に順守されるべきものではなく、個々の条件に違反しても非文とはならない(したがって語順の変異が生じる)。

(41)　かきまぜ(語順変動)の条件
　　a.　主格条件(主格が他の要素より前置)NOM: [＋NOM] > [-NOM]
　　b.　定性条件(定の句 def を不定句より前置)DEF: [＋def] > [-def]
　　c.　焦点条件(焦点 foc はより後方に置く)FOC: [-foc] > [＋foc]
　　d.　有生条件(有生物 animate をより前置)ANI: [＋ani] > [-ani]
　　e.　SCOPE 条件(作用域の大きい句を前置)SC: [＋SC$_1$] > [＋SC$_2$]

　主格条件(41a)は主格主語を優先する条件であり、2つの形で現れる。1つは、代名詞でなくても主語は、基底の VP 内部の位置を離れて中域左端の代名詞主格位置［nom］に移動する可能性がある。つまり、代名詞目的語と普通の名詞句の主語が存在する場合には、2通りの語順が可能である。

(42) a.　*weil　　der Großvater　　　　ihr$_{(PRON/dat)}$ es$_{(PRON/acc)}$ schenkt　　　(Base)
　　　　　because the grandfather-NOM her-dat　　　it-acc　　　gives
　　b.　weil [es-acc ihr-dat der Großvater-NOM_schenkt]　　　　　　(PRON)
　　c.　weil [der Großvater-NOM es-acc ihr-dat] _schenkt]　　(PRON, NOM)
　　　祖父がそれを彼女にプレゼントするので。

　基底構造 Base(=(42a))のままでは、代名詞が与格─対格語順で非文になる。そこで基底条件 Base より強い代名詞移動 PRON を適用したものが(42b)であり、代名詞が対格─与格語順で中域左端に移動する。(42c)では代名詞条件に、さらに随意的規則として、主格条件 NOM を適用して主格主語が中域先頭の位置に移動したもので、(42b-c)の文は両方適格で、容認される。
　基底位置での主語の右側でのかきまぜは問題ないが、主語の左側への移動は主格条件の違反となり、容認度は少し下がる。

(43) a.　dass Hans　　einem Kind　　das Buch　　gegeben hat　　　　(Base)

　　　　　that Hans-nom a　　　child-dat the book-acc given　　has
　　　　　ハンスがある子供にその本をあげたこと。
　　b.　dass Hans das Buch_j einem Kind t_j gegeben hat　（NOM, DEF, *ANI）
　　c.　?dass das Buch_j Hans einem Kind t_j gegeben hat　（*NOM, *ANI, DEF）

　(43a)は基底語順(無標)である。(43b)では、対格目的語 das Buch が与格目的語の左にかきまぜで移動し、有生条件 ANI に反するが、主格条件は守っている(定性条件も順守)。一方、対格目的語を(43c)のように、主語の左に移動すると、有生条件にも主格条件にも違反し、(43b)より容認度が下がる(条件に違反する度に＊印を１つ付ける)。しかし、定性条件を守っており、非文になるわけではない。このように１つの条件に違反しても、他の条件に合えば、かきまぜは容認される。
　定性条件(41b)は、不定名詞句よりも定名詞句を前置することを優先する条件である。逆に焦点条件(41c)は、焦点でない句より焦点が置かれた句を右に置く条件であり、この２つでテーマ・レーマ条件に対応する。(41d)は生物を無生物より前置する有生条件である。これらは(主格条件も含めて)相互に矛盾する場合があるが、その優先順位は上から下になる。ただし、どれか１つでも満たされれば、かきまぜとしては意味があり、容認可能になる。

(44)　　かきまぜの変異(☞は完璧。?? は容認度低。cf. Wöllstein(2010))
　　a.　☞dass Hans　　gestern　dem Kind　　ein Buch　　geschenkt hat
　　　　（基底）
　　　　that Hans-nom yesterday the　child-dat　a　book-acc given　　has
　　　　Hans が昨日子供に本を１冊送ったこと。
　　　　　　　　　　　　　　　　　　　　　　　　　（NOM, DEF, FOC, ANI）
　　b.　dass Hans gestern einem Kind das Buch geschenkt hat　（基底）
　　　　Hans が昨日ある子にその本を送ったこと。
　　　　　　　　　　　　　　　　　　　　　　　　（NOM, *DEF, *FOC, ANI）
　　c.　☞dass Hans gestern das Buch einem Kind geschenkt hat
　　　　Hans が昨日その本をある子に送ったこと。
　　　　　　　　　　　　　　　　　　　　　　　　（NOM, DEF, FOC, *ANI）
　　d.　dass dem Kind Hans gestern ein Buch geschenkt hat

その子に Hans が昨日本を1冊送ったこと。
(*NOM, DEF, FOC, ANI)

e. dass ein Buch Hans gestern dem Kind geschenkt hat
1冊の本を Hans が昨日その子に送ったこと。
(*NOM, *DEF, (FOC), **ANI)

f. ??dass dem Kind ein Buch Hans gestern geschenkt hat
その子に本1冊を Hans が昨日送ったこと。
(**NOM, *DEF, *FOC, *ANI)

g. ??dass ein Buch dem Kind Hans gestern geschenkt hat
本1冊をその子に Hans が昨日送ったこと。
(**NOM, **DEF, *FOC, **ANI)

h. ?dass dem Kind ein Buch HANS gestern geschenkt hat
その子に本1冊を Hans が昨日送ったこと。
(**NOM, *DEF, FOC, *ANI)

基底語順の(44a)は4つの条件を満たしており完璧である。(44b)の場合は基底語順であるが、定性条件と焦点条件に違反する（主格条件は満たしており、容認できる）。(44c)では与格と対格目的語がかきまぜられているが、定性条件も焦点条件も満たし、完璧である。(44d-e)のように主格の左側に目的語がかきまぜられた場合には、主格条件に反するため、容認度は若干下がるが、許容される。特に、(44e)の先頭の不定名詞句 ein Buch が対比アクセントを担う場合には、焦点条件が緩和され（対比的焦点は左側にあってもよい）、容認度が上がる。他方、主語の左側に2つの目的語をかきまぜ移動させた(44f-h)は、（非文ではないが）容認度はかなり下がる（NOM条件に2回違反しているので**NOMと表記する）。

無標語順が与格―主格の場合、基底（無標）語順の方が容認度が高いが、これは有生条件によっても説明できる。基底語順の(45a)は主格条件 NOM に反するが、無標語順であり、有生条件 ANI も満たす。他方、主語を前置する(45b)は NOM を満たすものの、無標語順ではなく有生条件にも違反する。

(45) a. dass dem Lehrer der Fehler unterlaufen ist
that the teacher-dat the mistake-nom occurred is

(Base₂, *Nom, DEF, ANI)
その教師にその間違いが起きたこと。(与格―主格)
b. ?dass der Fehler-nom dem Lehrer-dat unterlaufen ist
(*Base₂, Nom, DEF, *ANI)

さらに、(41)のかきまぜ条件は基底語順の適格性の判断にも使える。

(46(=22))weil ich keinem Menschen diese GESCHICHTE erzählt habe
私が誰にもこの話は話さなかったので。
(NOM, *DEF, FOC, ANI (Base))

Engel(1988)によれば、(46)は標準語順ではないが、本章での分析では基底語順である。(46)は定性条件に違反するが、焦点条件を満たすので問題ない。
上の観察から、中域移動とかきまぜの要因の優先順序が導き出される。

(47)　　PRON＞＞{NOM＞, DEF＞, FOC＞, ANI＞}＞＞Base

基底語順(無標語順)に対して、代名詞が存在する場合は代名詞条件を適用する。それ以外ではかきまぜ条件{NOM＞, DEF＞, FOC＞, ANI＞}が適用される。かきまぜ条件のどれか１つを満たせば、かきまぜは許される。その容認性の序列は、NOM＞DEF＞FOC＞ANI の順である(２回の NOM 違反があると容認度がかなり落ちる)。
(44b–c)から、主格条件の他に、定性条件や焦点条件がかきまぜの重要な要因になっていることが分かる(テーマ・レーマ条件)。他方、(44f, g)はかきまぜ条件のどれにも違反するが、(判断は揺れるが)非文ではない。これらは文法的に可能な語順であるが、こうした変異が現れることは少ない(実際コーパスでは、(44f, g)タイプはほとんど現れない。(Kempen and Harbusch 2005)。
(41)(47)の語順変動条件と、条件の優先順位についての考え方は、最近脚光を浴びている最適性理論(OT : optimality theory)の分析方法と似ている

が、違いもある。OT理論では、いくつかの表現(表示)の候補に対して、どれが適格かを決める制約・条件の集合があり、制約の順位づけがなされる。表現の候補は、いくつかの制約に違反してもかまわないが、最も違反の度合いが低い表現が1つだけ最適候補(optimal candidate)となる(Prince and Smolensky 2004)。文法性を決める条件が相互に矛盾し合う場合があるという考えは、本章の分析も基本的に同様である。しかし、最適候補は1つとは限らず、いくつでも可能であるという点がOT理論とは異なる。かきまぜのように複数の候補がある場合には、どの要因(例えば定性条件DEFや有生条件ANI)が決定的かは決められない。むしろ、個々の語順が一定の特性(情報構造、項構造など)において適していると考えた方がよい(Müller 2000a, b)。本章で分析したもの以外にも、数量詞の作用域によるかきまぜ(作用域の広い表現が前置される傾向)などがあり、通言語的な比較を含めて語順(変異)の研究はまだこれから解明すべき課題が多数あり、それゆえに研究の意義も大きいと言える。

5. まとめ

本章では、動詞句と文の階層構造を分析しつつ、ドイツ語の中域の無標語順と語順変動を考察した。無標語順としては、主格―与格―対格が優勢だが、それ以外にも動詞の項構造によって、主格―対格―与格、与格―主格の無標語順もある。中域左端には弱代名詞のためのWackernagel位置があり、代名詞がそこに移動する。語順変動には、動詞句内部の基底構造からの左方向への移動が関与する(中域内での右方移動はない)。文法的には中域語順はかなり自由で、かきまぜが可能であるが、これはSOV語順言語の特徴である。かきまぜには主格条件や有生条件など、さまざまな要因が関連するが、特に既知(旧)情報を前置するテーマ・レーマ条件が大きな要因であると言える。

(第3章執筆:吉田光演)

> **読書案内**

　Engel(1988)は、生成文法ではなく、結合価文法の枠組みであるが、語順の記述では非常に詳細な内容があり、語順の部分は一読の価値がある。Lenerz(1977)は、テーマ・レーマ条件などを考慮した語順の詳しい説明の先駆的な研究。分厚くなく、議論展開も分かりやすい。Stechow and Sternefeld(1988)は、生成文法を含め、かきまぜについても明快に説明しており、内容的にやや古くなったとは言えドイツ語生成文法の最高の解説書の1つである。Haider(2010)は、かきまぜを含むドイツ語のさまざまな統語現象(格付与、WH疑問、外置、不定詞句)を生成文法の枠組みで分析したもので、英語で書かれており、ドイツ語の専門家でない人にも読みやすい。Wöllstein(2010)は、配語的文モデル(Topologisches Satzmodell)を含めて、語順変動について平易に説明したコンパクトな入門書で、一読の価値がある。

コラム 「自由語順と基本語順の間」

「ドイツ語に基本語順はあるが、語順はかなり自由だ」。(本書もそうだが) 多くの文法書ではこの類の主張がなされるが、これでは極端に言えば、語順は何でもありということになる。例えば、他動詞の項として主語・直接目的語(S、O)の順序を考えると2通りしかないが、er 'he'、sie 'she' などの代名詞と普通の名詞句は区別しなければならない。すると、出現パターンは8つの可能性がある。p で代名詞を表せば、S-O、S-Op、Sp-O、Sp-Op、O-S、O-Sp、Op-S、Op-Sp の組み合わせとなり、geben 'give' のような3項動詞まで広げるとパターンは一挙に増える。実際は、Op-Sp 順序は起こらないというように不可能な組み合わせは除外される (dass er sie liebt vs. *dass sie er liebt 'that he loves her')。それでも仮定上多くの可能性が残る。そこで、理論的に制約を定めて語順の文法性の尺度を付け、自由度を狭めるなどの方法を検討する (良い語順>許される語順>あまり許されない語順>容認しがたい語順など)。

しかし、最近ではコーパスで実際の文例を大量に調べることが容易になっており、語順の組み合わせ頻度は大きな偏りがあるという報告がなされている。Kempen and Harbush (2005) は、Stuttgart 大学の NEGRA、TIGER という新聞書き言葉コーパスで従属節語順を調査したところ、2項動詞、3項動詞の項について3462例(トークン)が得られたと報告している。第1出現項と第2出現項の組み合わせとして24通りあるが、うち6つは出現例0個で(Op-Sp、Ip-Sp、Ip-Op、I-Sp、O-Sp、O-Ip：I は間接目的語)、3つの組み合わせは頻度が5個以下であった(I-Op、Op-Ip、O-S)。結局、主語―直接目的語、主語―間接目的語が圧倒的に多く(3462例中2815個)、それ以外では Op-S (302)、Op-I (23)、Ip-S (89)、Ip-O (93)、I-S (53)、I-O (67)、O-I (9) などの例が見つかったという。つまり、実際のコーパスでは主語が最初に現れる文が大多数であり、目的語が主語より前に現れるのは代名詞がほとんどで(Op-S、Ip-S)、それ以外では I-S、I-O が目立つ程度である。ここから Kempen and Harbush は、ドイツ語の語順には文産出に基づく線形順序が関与しており、それは S-I-O 語順に代名詞前置と主語優位性を組み合わせたものであると結論する。母語話者による文法性判断の方法が反証されたわけではなく、この主張が正しいかどうかは他のコーパスでさらに検証されねばならないが、(第1章でも触れたように)理論(仮説)と経験(データ分析)を突き合わせることによって、ドイツ語の運用に即した語順の実態が見えてくることが期待できる。

第4章
中間構文と結果構文

> **ポイント**　ドイツ語には主語の性質を表す「中間構文」や、出来事の結果状態を表す「結果構文」が存在する。この章ではこれらの構文に見られるいくつかの特徴を論じる。

実例
（1）　Es hörte sich an wie ein trauriges Wellenrauschen.　（中間構文）
［訳］それは淋しい波音のように聞こえた。(Wolfgang E. Schlecht 訳)
　　　　　　　　　　　　　　　　　　（吉本ばなな『キッチン』）
（2）　Der Dieb stiehlt sich selten reich.　（結果構文）
［訳］悪銭身につかず。

説明　(1)は吉本ばななの小説「キッチン」に用いられている文のドイツ語訳であるが、ここでは他動詞 anhören（じっと聞く）が再帰代名詞と共に用いられ、意味上の目的語「それ」が持つ性質について述べられている。また結果構文(2)の文字通りの意味は「泥棒が盗みを働くことによってお金持ちになることは滅多にない」であるが、これは日本の諺「悪銭身につかず」にほぼ対応する。

問題提起
・なぜ中間構文(1)が「それは淋しい波音のように聞こえた」の訳と

なり得るのであろうか。とりわけ(1)における再帰代名詞はどのような役割を果たしているのであろうか。
- 結果構文(2)には、「泥棒が自分自身を盗むことによってお金持ちになることは滅多にない」という奇妙な解釈を与えてしまいがちであるが、この文はその解釈を持たない。その理由はどこにあるのであろうか。

* * *

1. はじめに

　一般に動詞が与えられると、その項構造(argument structure)(☞第3章、第9章)により、文の統語構造の大枠が決まる。例えば、いわゆる動作主(agent)のみを持つ動詞が用いられれば(3a)のように自動詞として、また動作主と対象／主題(theme)を項に持つ他動詞が選ばれれば(3b)のように前者が主語として、後者が対格目的語として実現する。したがって自動詞 arbeiten(働く)が対格目的語を持つ(3c)や、対象／主題が主語として実現している(3d)は許されない。

(3) a.　Sie arbeitet.
　　　　she works
　　b.　Ich lese das Buch.
　　　　I read the book
　　c.　*Sie arbeitet mich.
　　　　she works　me
　　d.　*Das Buch liest mich.
　　　　the book reads me

ところが、このような動詞の項構造と文の統語構造の対応関係から逸脱する(4)のような構文が存在する。

(4) a.　Das Buch liest sich　leicht.

the book reads REFL easily　この本は簡単に読める。
 b. Sie arbeitete sich müde.
 she worked REFL tired　彼女は働いて疲れた。

　(4a)は対象／主題を主語に持ち、さらに他動詞 lesen(読む)の項構造に含まれない対格の再帰代名詞 sich が生起し、「この本は誰にでも簡単に読める」という意味を持つ。この「誰にでも」というのは他動詞 lesen(読む)の意味上の主語である動作主に対応する。すると(4a)では少なくとも意味的には動作主は存在していることになり、この点で(4a)は受動文に近い。形態的には能動文であるが、受動文に近い意味を持つ(4a)のような構文は「中間構文(middle construction)」と呼ばれている。また、(4b)では(3c)と同様に自動詞 arbeiten (働く)が用いられているが、(3c)と異なり対格目的語の生起が許されている。この(4b)においては形容詞 müde(疲れている)が生起している点が重要である。(4b)は、「彼女が働く」という出来事の結果、「彼女自身が疲れた」という出来事が生じたことを表しており、このような構文は「結果構文(resultative construction)」と呼ばれている。

　本章では、中間構文と結果構文について次の点を論じていくことにする。まず、中間構文に用いられる再帰代名詞について考察し、この再帰代名詞は動作主の生起を阻む働きをしていることを見る(2.1節)。次に、中間構文に認められる「総称性(genericity)」について議論し、この観点から中間構文に生起可能である動詞のタイプについて考察する(2.2節)。また、結果構文については、「他動詞から結果構文は形成できない」という Kratzer(2005)の主張を検討し(3.1節)、さらに結果構文に生起する動詞の種類について触れる(3.2節)。

2.　中間構文

2.1　再帰代名詞の働き

　ドイツ語の中間構文では、英語と異なり、再帰代名詞の生起は必須である。本節では、この再帰代名詞について考察する。

(5) a.　Das Buch liest *(sich) leicht.

       the book reads REFL easily　　この本は簡単に読める。
    b.　This book reads easily.

　英語と比較してみると明らかなように、ドイツ語の再帰代名詞にはさまざまな用法がある。

（6）a.　Peter hasst sich.　　　　　a′.　Peter hates himself.
　　 b.　Peter wusch/rasierte sich.　　b′.　Peter washed/shaved (himself).
　　 c.　Peter legte/setzte sich.　　　c′.　Peter lay/sat down.
　　 d.　Die Tür öffnete sich.　　　　d′.　The door opened.
　　 e.　Peter benimmt sich gut.　　　e′.　Peter behaves himself well.
　　 f.　Peter und Maria hassen sich/einander.
　　　　　　　　　　　　　　　　　f′.　Peter and Mary hate each other.

　(6a)の再帰代名詞は、通常の「再帰」というイメージに適合する他動詞の目的語である。この場合は(6a′)のように英語でも再帰代名詞が用いられる。(6b, c)の再帰代名詞は、主語の身体に対する行為を表す動詞と用いられている。英語では「体を洗う」や「髭をそる」を表す場合には、通常は再帰代名詞が用いられないのに対して、ドイツ語では再帰代名詞が必須となる。また、「横になる」「座る」を表す場合、英語では不変化詞動詞(☞第9章)である lie down、sit down が用いられるのに対して、ドイツ語では sich legen、sich setzen のようにやはり再帰代名詞が必須である。(6d)は、他動詞 öffnen(開ける)の意味上の目的語である「ドア」が主語となる構文に再帰代名詞が生起している。本来、他動詞 öffnen(開ける)はその主語として動作主を持つのであるから、(6d)では動作主が生起しないように何らかの操作が加わっていることになる。この操作は「抑制(suppression)」(☞第5章)と呼ばれるが、(6d)では他動詞主語の動作主を抑制することにより、「(自然に)ドアが開いた」という自発的な表現が可能になっているわけである。対応する英語の表現(6d′)には再帰代名詞は生起しない。さらに(6e)の再帰代名詞は、再帰代名詞以外の目的語を持たない「内在的再帰動詞(inherently reflexive verb)」と共起しており、また(6f)の再帰代名詞は「相互代名詞(reciprocal pronoun)」として用いられている。英語にも(6e′)のような内在的再帰動詞は存在するが、英語の

再帰代名詞は「お互いに」の意味を持ち得ない。ちなみに、(6a)の再帰代名詞は他動詞 hassen(憎む)の目的語としていわゆる意味役割を持つが、(6b)から(6d)に至るにしたがい、再帰代名詞が意味役割を失っていくことにも注意したい。すなわち、(6b)の再帰代名詞が主語の身体を指示し、対象／主題という意味役割を持つと見なすことは可能であるが、(6d)の再帰代名詞は項ではなく、したがって意味役割を持たない。このことは、(6a)や(6b)の再帰代名詞と異なり、(6d)の再帰代名詞は文頭に立つことができない(8a)、否定や焦点詞 sogar 'even'(☞第 11 章)の焦点にならない(8b)、他の名詞句と並列できない(8c)といった性質を持つことから示される(Steinbach 2002)。

(7) a. Sich　hasst/wusch/rasierte Peter.
　　　　REFL hates/washed/shaved Peter
　　b. Peter hasst/wusch/rasierte nicht sich,　(sondern Hans).
　　　　Peter hates/washed/shaved not　 REFL (but　　 Hans)
　　c. Peter hasst/wusch/rasierte sich　und Hans.
　　　　Peter hates/washed/shaved REFL and Hans
(8) a. *Sich　öffnete die Tür.
　　　　REFL opened the door
　　b. *Die Tür öffnete nicht/sogar sich.
　　　　the door opened not/even　 REFL
　　c. *Die Tür öffnete sich　und das Fenster.
　　　　the door opened REFL and the window

　さて、「この本は誰にでも簡単に読める」を意味する中間構文(9a)においても「ドアが開いた」を意味する(6d)と同様に動作主が完全に抑制されていると考えられる。このことは受動文(9b)と異なり、中間構文(9c)と「ドアが開いた」を意味する(9d)においては潜在的な動作主を von 'by' を用いた前置詞句により実現できないことから明らかである。

(9) a. Das Buch liest sich　leicht.
　　　 the book reads REFL easily
　　b. Das Buch wird von den Leuten/Peter leicht gelesen.

```
         the book is    by  the people/Peter easily read
   c. Das Buch liest  sich    (*von den Leuten) leicht.
      the book reads REFL (by   the people) easily
   d. Die Tür öffnete sich    (*von Peter).
      the door opened REFL  (by  Peter)
```

また、中間構文(9a)に用いられる再帰代名詞も「ドアが開いた」を意味する(6d)における再帰代名詞と同様に意味役割を持たない。このことは(9a)の再帰代名詞も、文頭に立つことはできない(10a)、否定や焦点詞 sogar 'even' の焦点にならない(10b)、他の名詞句と並列できない(10c)といった性質を持つことから示される。

```
(10) a. *Sich    liest  das Buch leicht.
         REFL reads the book  easily
    b. *Das Buch liest  nicht/sogar sich    leicht.
         the book reads not/even    REFL easily
    c. *Das Buch liest  sich    und den Roman leicht.
         the book reads REFL and the novel    easily
```

中間構文に用いられる再帰代名詞の役割については、これまでいくつかの提案がなされている。中間構文の主語が「動作の影響を受けている」ことを統語的に示すという分析(吉田 2002)や、主語と再帰代名詞が形成する連鎖(chain)に対象／主題という意味役割が付与されることを保証するという分析(Steinbach 2002)の他、単に動作主抑制のマーカーであるという分析(Lekakou 2005)などがある。もちろん、これらの分析は詳細な議論を経て生まれたものであるが、動作主の抑制と再帰代名詞が密接な関係にある他のヨーロッパ言語における分析との整合性にも配慮したい。ロマンス語を対象とした研究では、再帰代名詞が直接的に動作主の抑制に関与しているという分析が一般的である。詳細は省かざるを得ないが、例えば Labelle and Doron (2010)はフランス語の(11)に対して、再帰代名詞 se の存在により動作主が生起できなくなると分析している。

(11)　　La branche se　　cassa.
　　　　the branch REFL broke

　ドイツ語についても、Schäfer(2008)がおもに裸複数形(bare plural)(☞第8章)の振舞いを用いてこのタイプの分析を提案している。ドイツ語の裸複数形は、語順によってその解釈が変わることが知られている。例えば(12a)のPrimaballerinas(主役バレリーナ)は、「マックスが賞賛する(何人かの)主役バレリーナが存在する」という存在の解釈と、「マックスは主役バレリーナというものを賞賛する」という総称的な解釈の2つを持つが、(12b)のように「主役バレリーナ」が主語の前に位置すると「マックスは主役バレリーナというものを賞賛する」という総称的な解釈に限定されてしまう。

(12) a.　dass ja　Max Primaballerinas　bewundert (existential or generic)
　　　　 that MP Max prima-ballerinas admires
　　　b.　dass ja　Primaballerinas　Max bewundert (only generic)
　　　　 that MP prima-ballerinas Max admires
　　　　　　　　　　　　　　　　　　　(Haider and Rosengren 2003: 239)

　Schäferによれば(13a)の裸複数形「ドア」は「開くという状態に変わるドアが(いくつか)存在する」という解釈と「ドアというものは開くものだ」という2つの解釈を持つが、(13b)は後者のような総称的な解釈に限定されてしまう。このことは、(13a)が(12a)に対応する基本語順(☞第2章)を持った文であり、(13b)では(12b)と同様に裸複数形が移動、すなわち「かきまぜ(scrambling)」(☞第3章)を受けていることを示している。このことから再帰代名詞の基本語順は、(13c)に示すように裸複数名詞よりも左側(ないし構造的に高い位置)ということになる。この位置は、他動詞öffnen(開ける)の主語、すなわち動作主が生起する位置でもある。

(13) a.　weil　　sich　Türen öffnen (existential or generic)
　　　　 because REFL doors open
　　　b.　weil　Türen sich　　öffnen (only generic)
　　　　 because doors REFL open　　　　　　(Schäfer 2008: 205)

c. ［sich［Türen öffnen］］

　(14)に見るように、中間構文の主語が裸複数形を持った場合にも同様の観察が得られる。結局、「ドアが開いた」を意味する(13)のような自発的出来事を表す構文、ならびに中間構文に用いられる再帰代名詞は動作主の位置にいわばその代わりとして生起し、その結果として動作主の統語的実現を阻む働きをしているということになる。

(14) a.　weil　　sich　　hier Bücher gut verkaufen（generic or existential）
　　　　　because REFL here books　well sell
　　 b.　weil　　Bücher sich　hier gut verkaufen（only generic）
　　　　　because books　REFL here well sell　　　　（Schäfer 2008: 205）

　もちろん、動作主を抑制するためになぜ再帰代名詞が用いられるのか、ということが問題となる。例えばKoontz-Garboden(2009)は、「ドアが開く」のような自発的出来事を表す構文に用いられる再帰代名詞はその主語が使役的出来事（causing event）と被使役的出来事（caused event）の両方に関与していることを示すと指摘する。この分析によれば、例えば(15a)の「ドア」は、「ドアが開く」という結果的出来事のみならず、「ドアを開ける」という使役的出来事にも関与しており、結局、「ドア」自らが「ドアが開く」という出来事を引き起こしているということになる。この主張は、(15a)は概略、「ドア」の何らかの性質が「自らを開ける」という意味を持つとするChierchia(2004)の分析に近い。

(15) a.　Die Tür öffnet sich.
　　　　　the door opens REFL
　　 b.　Der Zweig biegt sich.
　　　　　the branch bends REFL

　この分析は、自発的出来事を表す文に再帰代名詞が用いられることに対する直感的な説明になり得るかも知れないが、再帰代名詞が用いられている(15)と、やはり自発的出来事を表すが、再帰代名詞が用いられていない(16)

には意味上の相違が存在しないことが説明できない(大矢 2008, Schäfer 2008)。Koontz-Garboden(2009)の分析に従えば、再帰代名詞が用いられない(16)の主語は使役的出来事に関与していないことになるが、(15)と(16)にそのような意味上の相違を見出すことは困難である。

(16) a. Die Butter schmilzt.
       the butter melts
    b. Die Wäsche trocknet.
       the laundry dries

英語のitやドイツ語のesのように統語的な機能を持つが、意味的には空である要素は虚辞(expletive)と呼ばれる。(15)や中間構文(14)に生起する再帰代名詞も、他動的な出来事に期待される動作主の位置を埋める一種の虚辞として分析すべきと考えられる(Schäfer 2008)。結局、この再帰代名詞は(17)のように動作主の生起を阻み、さらに直接目的語の位置に生起する対象/主題という意味役割を持つ名詞句と同一指示の関係を形成することにより、文中で意味役割を持つ名詞が1つしか存在しないことを保証する役割を果たしていることになる。

(17)   [sich$_i$ [theme$_i$ V]]

2.2 総称性と動詞の制約

本節では、中間構文に認められる総称的(generic)な意味について考察する。中間構文においては一体何が総称化されているのであろうか。

(18)の中間構文は「この本は誰にでも簡単に読める」という意味を持つが、このパラフレーズから示されるように、中間構文において総称的なのは「誰にでも」に対応する潜在的動作主であるという主張がある(Fagan 1992, Iwata 1999)。

(18)   Das Buch liest sich   leicht.
        the book reads REFL easily

一般に中間構文は主語の性質を表すため、出来事(event)を表す表現とは馴染まないとされることがある。例えば、英語の中間構文には出来事が生じた時間を示す yesterday のような副詞は生起しにくいという指摘がある。

(19) a. ?Yesterday, the mayor bribed easily, according to the newspaper.
  b. ?At Yesterday's house party, the kitchen wall painted easily.
(Keyser and Roeper 1984: 384)

しかし、Iwata(1999)が指摘しているように、英語の中間構文には進行形が生起し得る。

(20) a. These bureaucrats are bribing easily. (Iwata 1999: 531)
  b. This manuscript is reading better every day. (Fagan 1992: 53)

英語の進行形は、時間軸に沿って継続的に展開する出来事の表現なのであるから、(19)のみに基づき「中間構文は出来事の表現ではない」と主張することには慎重でなければならない。実際、英語でもドイツ語でも過去の副詞と共起している中間構文は存在する。

(21) a. The curry digested surprisingly easily last night.
(Rosta 1995: 137)
  b. Der Bach hat sich   gestern Abend ausnahmsweise mal ganz
    the Bach has REFL yesterday evening exceptionally   MP quite

   gut gespielt.
   well played   (Steinbach 2002: 276)
   昨晩はいつもと違ってバッハの演奏はとてもうまくいった。

ここで注目したいのが、Steinbach(2002)が指摘する(21b)と(22)の対立である。

(22) ??Der Bach hat sich   gestern   Abend genau einmal ganz
     the Bach has REFL yesterday evening exactly once   quite

   gut   gespielt.
   well played   (Steinbach 2002: 276)
   昨晩はバッハの演奏は一度だけしかうまくいかなかった。

　Steinbachによれば、genau einmal(まさに一度だけ)が用いられている(22)は許容されない。中間構文は、過去の副詞や進行形と整合することから「出来事」を表すことができるが、その出来事は「一回限り」のものであってはならず、繰り返し生じているものでなければならないことになる。このことから、中間構文において総称的なのは潜在的動作主ではなく、動作主を欠く出来事そのものであると分析されることになる(Steinbach 2002, Lekakou 2005, Schäfer 2008)。すでに見たように、ドイツ語の中間構文では再帰代名詞の生起は必須であり、この再帰代名詞は動作主の生起を阻む役割を持つ。すると(23a)の中間構文は、概略(23b)の統語構造を持つことになる。もちろんここには動作主は存在しないが、本来であれば動作主が生起する構造的位置は確保されている。中間構文では出来事そのものが総称化されているために、(23a)では「本が読まれる」という出来事が繰り返し行われていることが表現され、さらに(23b)のように動作主の位置が構造的に確保されていることから、「誰にでも」という潜在的動作主の存在が読み込まれることになる(Schäfer 2008)。

(23) a. Das Buch liest sich   leicht.
         the book reads REFL easily この本は簡単に読める。
    b. [sich_i [leicht das Buch_i liest]]

　中間構文では潜在的動作主ではなく、動作主を欠く出来事そのものが総称化されているという分析は、次のStroik(2006)の指摘に対しても回答を提供するだろう。Stroikは英語の中間構文に生起するfor句に着目し、中間構文では動作主が総称化されているなら(24a)は(24b)のように解釈されるはずであるが、実際には(24a)は(24c)のようにしか解釈できないと指摘する。

(24) a. No Latin text translated easily for me.
　　b. People in general translate no Latin text easily for me.
　　c. I (generally) translate no Latin text easily.

　このことからStroikは、中間構文に生起するfor句は受動文に生起するby句と同様に動作主の統語的な実現であると主張する。これに対して本章における分析では、中間構文では動作主が生起する構造的な位置は確保されているが、潜在的動作主の存在は出来事の繰り返しによってもたらされる含意でしかない。そのため、潜在的動作主は(24a)のように個別的・特定的な動作主であっても、「誰にでも」のような一般的な動作主であっても構わないわけである。
　次に中間構文では動作主を欠いた出来事そのものが総称化されているという観点から、Fagan(1992)で指摘されている動詞の制約について考察しよう。Faganは、ドイツ語の中間構文に生起する動詞は、動詞が表すアスペクト(☞第6章)により規定されると指摘している。彼女によれば、活動(activity)と達成(accomplishment)というアスペクトを持つ動詞は中間構文に生起できるが、到達(achievement)と状態(state)というアスペクトを持つ動詞は生起できない。

(25) 活動(activity)：
　　a. Der Wagen fährt sich　ausgezeichnet.
　　　 the car　drives REFL excellently　この車はとても運転しやすい。
　　b. Das Buch liest sich　leicht.
　　　 the book reads REFL easily　　　この本は簡単に読める。
(26) 達成(accomplishment)：
　　a. Dieses Buch verkauft sich　gut.
　　　 this book sells　REFL well　この本はよく売れる。
　　b. Das Zimmer heizt sich　leicht.
　　　 the room　heats REFL easily　この部屋は暖房しやすい。
(27) 到達(achievement)：
　　a. *Dieses Ziel erreicht sich　nicht leicht.
　　　 this　goal reaches REFL not　easily　この目標は達成しにくい。

b. *Deine Unsicherheit bemerkt sich   unschwer.
    your uncertainty   notices REFL easily
    君の自信のなさは簡単に気付かれる。

(28) 状態(state)：
    *Die Antwort weiß sich   leicht.
    the answer   knows REFL easily
    その答えは簡単に知ることができる。

　このうち(28)の状態(state)は、そもそも時間軸に位置づけられる具体的な出来事を表さないのであるから、動作主を欠いた出来事の総称表現である中間構文には生起できないことになる。では、なぜ(27)の到達動詞に関する制約が存在するのであろうか。Fagan(1992)は、一般に到達動詞はドイツ語の中間構文に生起できないと主張しているが、実はこの一般化は修正する必要がある。実際、Steinbach(2002)はこの一般化に異議を唱え、(29a, b)の例を挙げている。

(29) a. Der Fernseher schaltet sich   schnell aus.
        the TV   switches REFL quickly off   （Steinbach 2002: 28）
        このテレビはすぐに消せる。
     b. Der Weihnachtsmann trifft sich   nicht so leicht.
        the Santa-Claus   meets REFL not   so easily
                                               （Steinbach 2002: 100）
        サンタクロースにはなかなか会えない。
     c. Briefe Verflossener zerreißen sich   leicht.
        letters of-ex-lovers tear   REFL easily   （Schäfer 2008: 226）
        別れた恋人からの手紙は簡単に破り捨てることができる。

　(27)の動詞も(29)の動詞もともに「瞬間的」な出来事を表し、到達のアスペクトを持つ。しかし(27)と比較すると、(29)で表現されている出来事は繰り返し生じると想定することが容易であり、それにより誰にとっても妥当する主語の特性が示されていると見なすことができる。Fagan(1992)が指摘したアスペクトに関する制約は経験的に正しいものではないが、その主張の背

後には出来事の総称性という中間構文の持つ意味が関与していると考えられるわけである。

3. 結果構文

3.1 Kratzer(2005)の主張

　英語を対象とした結果構文の研究では、例えば(30)における the hikers や the metal は動詞 frighten や hammer に選択される直接目的語であるとされている。すなわち(30)の結果構文は、(31)と異なり他動詞から形成されているということである。

(30) a.　The bears frightened the hikers speechless.

　　　　　　　　　　　　　　　　　（Carrier and Randall 1992: 182)

　　 b.　He hammered the metal flat.
(31) a.　The joggers ran the pavement thin.
　　 b.　He ate himself sick.

　これに対して Kratzer(2005)は、ドイツ語における(32)のような対立をもとに、対格目的語を義務的に持つ他動詞からは結果構文を形成できないと主張している。

(32) a.　Er hat seine Familie magenkrank gekocht.
　　　　　he has his   family   stomach-sick cooked
　　　　　彼の料理により、家族がお腹をこわした。
　　 b.　*Er hat seine Familie magenkrank bekocht.
　　　　　he has his   family   stomach-sick PREF-cooked
(33) a.　Er hat gekocht.
　　　　　he has cooked
　　 b.　Er hat *(seine Familie) bekocht.
　　　　　he has his   family   PREF-cooked

　(32a)の動詞 kochen(料理をする)は(33a)のように自動詞として用いられ

るが、接頭辞 be- が付加された(32b)の動詞 bekochen(〜のために料理する)は(33b)のように常に直接目的語を伴わなければならない。同様の対立は(34)や(35)にも観察され、やはり直接目的語の脱落を許さない他動詞 berauben(〜から強奪する)および anbeten(〜を崇拝する)からは結果構文を形成することができない。

(34) a. Sie haben uns arm geraubt.
　　　　they have us poor robbed
　　　　彼らの窃盗により、我々は貧しくなった。
　　b. *Sie haben uns arm beraubt.
　　　　they have us poor PREF-robbed
　　c. Sie haben *(uns) beraubt.
　　　　they have us PREF-robbed

(35) a. Sie hat dich gesund gebetet.
　　　　she has you healthy prayed
　　　　彼女は君が健康になるようにお祈りをした。
　　b. *Sie hat dich gesund angebetet.
　　　　she has you healthy adored
　　c. Sie hat *(dich) angebetet.
　　　　she has you adored

さらに Kratzer(2005)は、(36)のような他動詞から形成されているように見える結果構文は、実は自動詞から形成されていると指摘する。(36)の動詞 gießen(水をやる)および wischen(拭く)は(37)のように自動詞としての用法を持つからである。つまり、(36a)の「チューリップ」ならびに(36b)の「テーブル」は動詞に選択されている直接目的語ではない。

(36) a. Sie hat die Tulpen platt gegossen.
　　　　she has the tulips flat watered
　　　　彼女が水をやったらチューリップがぺちゃんこになった。
　　b. Sie haben den Tisch sauber gewischt.
　　　　they have the table clean wiped

　　　　　彼らはテーブルをきれいに拭いた。

(37) a.　Sie goss　　 und goss.
　　　　　she watered and watered
　　 b.　Sie wischten und wischten.
　　　　　they wiped　　and wiped

　「他動詞から結果構文を作ることはできない」という指摘は、おもに英語の結果構文を対象とした研究(Jackendoff 1990, Carrier and Randall 1992, Goldberg 1995など)からすると違和感があるかもしれないが、この指摘はドイツ語の結果構文を対象とした研究では決して珍しくない。例えばWunderlich(1997a: 123)は、(38a)における「壊れた車」は必ずしも彼自身が運転していた車である必要はなく、また(38b)はズボンの上に布を置き、その布にアイロンをかけた結果、ズボンが乾いたという状況を記述できると指摘している。すなわち、(38)における「車」や「ズボン」は動詞と意味的な関係を結んでいるわけではない。

(38) a.　Er fuhr　das Auto kaputt.
　　　　　he drove the car　　broken　　　　　　(Wunderlich 1997a: 123)
　　　　　彼が運転して車が壊れた。
　　 b.　Er bügelte die Hosen　trocken.
　　　　　he ironed　the trousers dry　　　　　　(Wunderlich 1997a: 123)
　　　　　彼がアイロンをかけてズボンが乾いた。

　またKratzer(2005)は(39)や(40)についても論じている。これらの例では目的語の脱落を許さない他動詞bemalen(〜にペンキを塗る)やanbraten(〜を少し焼く)から結果構文が形成されているように見える。

(39) a.　Sie　haben *(die Wand) bemalt.
　　　　　they have　　the wall　　PREF-painted
　　 b.　Sie　haben die Wand blau bemalt.
　　　　　they have　the wall　　blue PREF-painted
　　　　　彼らは壁を青く塗った。

(40) a. Sie haben *(das Fleisch) angebraten.
        they have   the meat   PRT-roasted
   b. Sie haben das Fleisch braun angebraten.
        they have the meat   brown PRT-roasted
        彼らは肉を茶色に焼いた。

　しかし Kratzer によれば、(39b)における blau(青く)と(40b)における braun(茶色に)は直接目的語に対して叙述を行っているわけではない。通常の結果句は、(41)に示すように wie(どのように)という疑問詞に対する答えとなり得ないのに対して、(39b)の blau(青く)と(40b)の braun(茶色に)は(42)に示すように wie(どのように)という疑問詞に対する答えとなり得る。すなわち、これらの語句は直接目的語に対して叙述を行っているというより、むしろ副詞的に働いているということになる(Iwata 2006)。

(41) a. *Wie hat er seine Familie gekocht?   —Magenkrank.
         how has he his   family cooked   stomach-sick
   b. *Wie haben sie uns geraubt?   —Arm.
         how have they us robbed   poor
(42) a. Wie haben sie die Wand bemalt?   —Blau.
         how have they the wall PREF-painted   blue
   b. Wie soll ich das Fleisch anbraten?   —Braun.
         how shall I   the meat   PRT-roast   brown

　Kratzer によれば、例えば(43)における形容詞 magenkrank(胃を病む)が叙述する名詞句 seine Familie(彼の家族)に対格が付与されるためには、直接目的語の位置が空いていなければならない。したがってすでに目的語の位置が埋まっている他動詞から結果構文を形成できないというわけである。

(43)　　Er hat seine Familie magenkrank gekocht.
         he has his   family stomach-sick cooked

　このようなドイツ語を対象とした指摘はノルウェー語からも支持される。

ノルウェー語では、ドイツ語と異なり、形容詞が叙述的に用いられる場合も叙述する対象の性・数・既知に従って変化する。例えば叙述の対象が複数の既知形であれば、形容詞に -e が付加される。(44)では、形容詞 fin(すばらしい)に叙述の対象 husene(その家々)に一致する語尾 -e が付加されている。

(44) Husene er fine.
　　　houses.the are fine-e　それらの家はすばらしい。

　(45b)に見るように、ノルウェー語の動詞 bespise(〜に食事を提供する)は(45a)の spise(食べる)と異なり、必ず目的語を持たなければならない。自動詞用法を持つ spise は(46a)のように結果形容詞が叙述の対象である oss(我々)に一致する語尾 -e を伴って結果構文を形成することができるのに対して、自動詞用法を持たない bespise は(46b)のように結果構文を形成できない。

(45) a. Vi spiser.　　　　　b. *Vi bespiser.
　　　　 we eat　　　　　　　 we feed
(46) a. Vi spiser oss mette.　b. *Vi bespiser oss mette.
　　　　 we eat　us　full-e　　 we feed　us　full-e
　　　 私たちは満腹になる。

　一般に結果構文における結果句は直接目的語の位置に生起している名詞句を叙述するとされているので(Levin and Rappaport Hovav 1995)、Kratzer の主張は意味上の目的語を主語に持つ、いわゆる非対格動詞(unaccusative verb)(☞第5章)にも適用されることになる。実際、ドイツ語の(47a–c)およびノルウェー語の(47d)は許されない。

(47) a. ??Die Butter ist weich geschmolzen.
　　　　 the butter is soft　 melted　　(Kaufmann and Wunderlich 1998: 25)
　　 b. ??Das Wasser fror fest.
　　　　 the water froze solid　　(Kaufmann and Wunderlich 1998: 25)
　　 c. ?Die Wunde ist offengeplatzt.

the wound is open-burst　　　　　　　　　　（Kratzer 2005: 190）
   d. *Innsjøene frøs　solide.
      lakes.the　froze solid-e

　結局、ドイツ語とノルウェー語に対する考察から、意味上の目的語を義務的に選択する動詞からは結果構文は形成できないという一般化が得られることになる。

3.2　動詞の種類

　英語の結果構文を扱っている研究では、使役の意味を含む結果構文の主語は動作主という意味を持つとされるのが普通である。Rappaport Hovav and Levin(1998: 119)は(48a)の結果構文に(48b)の意味表示を与えているが、英語の結果構文における使役的出来事(causing event)には動作主が行う何らかの行為が含まれていなければならない。

(48) a.　Phil swept the floor clean.
　　 b.　[[x ACT$_{\langle sweep \rangle}$y] CAUSE [BECOME [y $\langle STATE \rangle$]]]

　しかし、ドイツ語の場合、使役的出来事に生起する動詞は英語よりも幅広い。行為を表す動詞のみならず、(49a, b)の liegen(横になる)や sitzen(座っている)のように主語の空間的ありようを表す動詞や、(49c)のように sehen(見る)や hören(聞く)といった主語の知覚を表す動詞からも結果構文を形成できる。さらに(49d, e)のように使役的出来事の主語が動作主ではなく、対象／主題である場合もあり、また(49f, g)のように天候動詞(weather verb)からも結果構文が形成可能である。英語の結果構文には(48b)の意味表示が与えられるのであるから、(49a–e)に対応する英語の表現は許されない。(49a–e)に対応する英語の表現が許容されない理由については、英語における再帰代名詞の性質に起因するという指摘があるが(大矢 2008)、天候動詞に見られる英語とドイツ語の相違が何に基づくのかについては明らかではない。

(49) a.　Der Patient lag sich　　wund.
　　　　the　patient lay REFL sore　その患者は床ずれした。

b. Er saß sich   lahm.
   he sat REFL lame   彼は座っていて足がしびれた。
c. Ich konnte mich   nicht satt sehen/hören.
   I   could REFL not full see/hear
   私は見飽きることはなかった／聞き飽きることはなかった。
d. Der Vorhang hing sich   glatt.
   the curtain hung REFL smooth
   カーテンのシワが延びた。　　（Kaufmann and Wunderlich 1998: 22）
e. Die Steine rollten sich   glatt.
   the stones rolled REFL smooth
   石が転がってすべすべになった。
f. Es regnete die Stühle nass.
   it rained the chairs wet　　　　　　（Wunderlich 1997a: 118）
   雨が降って椅子が濡れた。
g. Es schneite die Dächer weiß.
   it snowed the roofs   white　（Kaufmann and Wunderlich 1998: 27）
   雪が降って屋根が白くなった。

4.　まとめ

　本章では、1)ドイツ語の中間構文に生起する再帰代名詞は動作主の統語的実現を阻む働きをする、2)中間構文では動作主を欠く出来事が繰り返し生起するものとして表現される、3)結果構文は他動詞から形成できない、さらに 4)ドイツ語では英語よりも幅広い動詞から結果構文が形成できることを見た。以上を踏まえた上で、本章冒頭に挙げた例文(50)と(51)に戻ろう。(50a)の 2 番目の文「それは淋しい波音のように聞こえた」が(50b)のように過去形を持つ中間構文により訳出されている。

(50) a.　私は目を閉じて、なつかしい雄一の声の響きを聞いていた。
　　　　それは淋しい波音のように聞こえた。

b. Es hörte sich   an   wie ein trauriges Wellenrauschen.
   it heard REFL PRT as a   sad   wave-rush

　2節で示したように、中間構文では潜在的動作主そのものではなく、動作主を欠く出来事が総称化されている。すると(50b)では、「雄一の声が淋しい波音のように聞こえた」という出来事が繰り返し生起したものとして表現されていることになる。その繰り返しのニュアンスが、前文の「声の響きを聞いていた」という表現と絶妙に整合するわけである。また、結果構文(51a)には、既述のように「泥棒が自分自身を盗むことによってお金持ちになることは滅多にない」という奇妙な解釈を付与しがちであるが、これは動詞 stehlen（盗む）を他動詞と考えることに起因する。結果構文における結果形容詞は他動詞の目的語に対して叙述を行うことはできないのであるから、(51a)の stehlen（盗む）は自動詞であり、(51a)は「泥棒が盗みを働くことによってお金持ちになることは滅多にない」という意味しか持ち得ず、(51b)の諺に対応する表現になるわけである。

(51) a. Der Dieb stiehlt sich   selten reich.
        the thief steals REFL seldom rich
    b. 悪銭身につかず

　中間構文や結果構文に関する研究は英語を対象としたものが多い。しかし本章で見たように、そこで提唱されている一般化は必ずしもドイツ語に妥当するとは限らない。系統的に近いドイツ語を研究することにより、英語を基盤として構築された理論を相対化し、さらにより一般性の高いものへと精密化することが期待されるわけである。

（第4章執筆：大矢俊明）

〔謝辞〕ノルウェー語のデータについては、鈴村直樹先生にご教示いただきました。御礼申し上げます。

> 読書案内

　Kaufmann and Wunderlich(1998)は、ドイツ語、英語、オランダ語、イタリア語、日本語、中国語の結果構文を比較対照し、結果構文がゲルマン語内部でもヴァリエーションを示すことを明らかにする。Steinbach(2002)では、Fagan(1992)をはじめとする中間構文に関する既存の研究を概観し、ドイツ語の中間構文に生起する動詞のタイプを再検討する。さらに、既存の枠組みではドイツ語の中間構文に生起する再帰代名詞は扱えないことを指摘する。また、Schäfer(2008)は、ドイツ語の中間構文における再帰代名詞が動作主主語の位置にあることを明確に主張する。ドイツ語の再帰構文・中間構文を生成文法の立場から詳細に扱った最新の重要文献。

> **コラム** 搬動語法

　本章で扱った結果構文では、形容詞が対格目的語の結果状態を表示するが、前置詞句により対格目的語の移動が表示される次のような構文もある。

（1）　　Er trinkt seinen Freund unter den Tisch.
　　　　he drinks his friend under the desk

　このような構文は英語学では使役移動構文(caused-motion construction)と呼ばれているが、関口存男(1894–1958)はすでに80年前にこの構文を「搬動語法」と名付け、次のような創造性溢れる例を挙げている(日本語訳は関口による)。

（2）a.　Er hat seinen Vater an den Bettelstab musiziert.
　　　　あいつが音楽にばかり夢中になつたので、遂にはおやぢが路頭に迷はねばならなかった。
　　b.　Er hat mich aus aller Fassung herausgeschwiegen.
　　　　彼があんまり黙つてゐるので私はついに我慢の緒が切れた。
　　c.　Die Philosophen haben den lieben Gott aus der Welt hinausphilosophiert.
　　　　哲学者が理屈をこねて、折角の神さまを到頭存在しないことにしてしまつた。

　ここではmusizieren(音楽を演奏する)、schweigen(黙る)、philosophieren(哲学する)といった使役の意味を持たない自動詞が用いられている。関口は搬動語法にはbringen(持っていく)という使役的な意味が潜んでいると指摘するが、この考えは文の意味はその構成要素の総和に還元できないとする構文文法(Construction Grammar)や、統語構造に「見えない」使役動詞の存在を仮定する生成文法の想定を先取りしている。関口は例文の収集のみから「見えない使役動詞」の存在に気づいたと思われるが、先達の慧眼には全く恐れ入るばかりである。

　関口存男『独逸語大講座』(関口存男生誕100周年記念著作集ドイツ語学篇6)三修社

第 5 章
受動態と使役

> **ポイント**　ドイツ語には受動態の表現がいくつかある。そのうちもっとも高度に文法化された表現は助動詞に werden を使う werden 受動だが、非人称受動を生産的に形成するという点で、他の助動詞を用いた受動態とは性質が異なる。この章では、ドイツ語に複数存在する受動態を対比的に取り上げ、その背後に働く格とアスペクトの原理を明らかにする。また、この同じ原理が、受動と並ぶもう一つの態の表現である使役にもあてはまることを示す。

実例　（1）Die Bahn hat für Rollstuhlfahrer(innen) bei rechtzeitiger formloser（tel.）Information, <u>wann wo abgefahren und wann wo angekommen wird</u>, kostenlose Hilfspersonen.
（Yahoo!® Deutschland 知恵袋：URL http://de.answers.yahoo.com より）
［訳］「<u>いつどこを出発し、いつどこに到着するか</u>を、書面でなくても（電話で）前もって伝えれば、鉄道会社は車椅子利用者のために無料の介助者を手配してくれます。」　　　（訳は執筆者による）

説明　一般的に受動態では、能動態の主語にあたる項が主語から格下げされる代わりに、能動態の目的語にあたる項が主語に格上げされる。しかしこの実例では、そもそも目的語を取らない自動詞

abfahren（＞abgefahren：出発する）や ankommen（＞angekommen：到着する）が受動態に現れており、文法的な主語を持たない非人称受動が成立している。ドイツ語の場合、格下げに伴って格上げが自動的・義務的に起こるわけではないのである。

問題提起
・ドイツ語には werden 受動のほか、どのような受動態があるのか？
・それら受動態において格上げはどのように条件づけられているのか？
・werden 受動が他の受動態と異なり、広範に非人称受動を許すのはなぜか？
・もう1つの態・使役において格はどのような原則で付与されるのか？

＊＊＊

1. はじめに

　ドイツ語の受動態は、(2b–c)や(3b)のように本動詞の過去分詞形(repariert, verliehen)に助動詞 werden（＞wurde）、sein（＞ist）または bekommen（＞bekommt）を組み合わせて表現する。その構文上の特色は、動作主的な項の格下げ(demotion)と動作主的でない項の格上げ(promotion)にある。

（2）a.　Der Erzeuger　　**repariert**　　den Ofen.
　　　　the producer-NOM repairs-3SG the stove-ACC
　　　　メーカーが暖炉を修理する。

　　b.　Der Ofen　　**wird**　　（vom/durch den Erzeuger）　**repariert**.
　　　　the stove-NOM becomes-3SG （by.the/through the producer） repaired
　　　　暖炉は（メーカーによって）修理される。

　　c.　Der Ofen　　**ist**　　**repariert**.
　　　　the stove-NOM is-3SG repaired
　　　　暖炉は修理してある。

(3) a. Die Stiftung **verleiht** ihm den Orden.
    the foundation-NOM confers-3SG him-DAT the decoration-ACC
    財団は彼に勲章を授与する。
  b. Er **bekommt**（von der Stiftung）den Orden **verliehen**.
    he-NOM got-3SG （by the foundation）the decoration-ACC conferred
    彼は（財団から）勲章を授与される。

　受動文(2b–c)、(3b)の主語は、意味役割の点では被動者(patient)や受け手(recipient)であり、能動文(2a)、(3a)においては対格や与格の目的語として現れる。他方、動作主(agent)は、能動文では主語として必須の文成分であるが、受動文では必ずしも表示されなくなる。このため、受動態は一般的に「動作主から目をそらす(täterabgewandt)」表現とされる(Weisgerber 1963)。

　もっとも「動作主から目をそらす」だけなら、受動態でない表現にも該当するものは存在する。例えば(2a)に対する(4)の各文がそうである。

(4) a. Der Ofen **repariert sich** leicht. 暖炉は容易に修理できる。
    the stove-NOM repairs-3SG REFL-ACC easily
  b. Ich **ließ** den Ofen （vom Erzeuger） **reparieren**.
    I-NOM let-3SG the stove-ACC （by.the producer）repair
    私は（メーカーに）暖炉を修理させた。
  c. Ich **ließ** ihn den Ofen **reparieren**.
    I-NOM let-3SG him-ACC the stove-ACC repair
    私は彼に暖炉を修理させた。

　(4a)は中間構文(☞第4章)である。ここでは動作主が主語として示されない代わりに能動文の対格目的語が主語に格上げされており、文型的には(2b–c)の受動態と共通する。しかし、中間構文においては主語の交替が対格の再帰代名詞 sich によって示され、動詞の形態には反映しない。主語との一致を担うのは相変わらず(2a)と同じ定形の本動詞であり、過去分詞形も助動詞も必要ない。つまり中間構文は、動作主でない主語についての叙述という意味では広義の受動的な態(diathesis: Diathese)に属するものの、動詞の活用という意味での狭義の態(voice: Genus verbi)の点では、あくまで能動態の表現で

ある。

　(4b–c)は、そもそも広義の態として受動ではなく、使役を表している。これらの例で動作主に代わって主語に据えられている項 ich は、(2a)において目的語だった被動者ではなく、lassen（>lasse）によって新たに追加された使役主である。また、主語の座を追われた動作主も、(4b)の vom Erzeuger のような前置詞句のほか、(4c)の ihn のように対格で示されることもあり、受動態の場合とは事情が異なる。もっとも、動詞形態論に目を向ければ、受動態との共通性も見逃せない。何より本動詞が主語との一致を示さない非定形（不定詞）で現れるということがある。さらにこの非定形の本動詞は、lassen とともに必ず(5a)のような動詞複合体(verbal complex = vc)を形成する。これは、(5b)のとおり、受動態における助動詞＋過去分詞結合にもあてはまる。

(5) a.　weil　　ich [$_{VP}$ den Ofen　　(nicht) [$_{VC}$ [$_V$ **reparieren**] [$_V$ **lasse**]]]
　　　　because I-NOM　the stove-ACC (not)　　　　repair　　　　　let-1SG
　　b.　weil　　der Dieb$_i$　[$_{VP}$ t_i (nicht) [$_{VC}$ [$_V$ **verhaftet**] [$_V$ **wurde**]]]
　　　　because the thief-NOM$_i$　t_i (not)　　　　arrested　　　　became-3SG

　本章では、(2b–c)や(3b)のように、文法上の主語を動作主的でないものに変更する操作を動詞の屈折形態論で表示する表現を受動態と見なす。その際、助動詞の違いに応じて(2b)の werden 受動、(2c)の sein 受動、(3b)の bekommen 受動を下位区分する。以下では、これら受動態が主語の交替に関して相互にどう異なるのか明らかにするとともに、(4b–c)のような使役にも触れながら、ドイツ語における態の統語論的輪郭を示す。

2.　ドイツ語の受動態—概観

　本節では、前節で導入したドイツ語の3つの受動態が、格上げと格下げに関して相互にどう異なるのかを確認する。

2.1　werden 受動
　werden 受動はたいていの他動詞（＝対格目的語を取る動詞）から形成することができるほか、それ以外の動詞にも広く適用することが可能である。そ

の意味において、werden 受動はドイツ語の最も典型的な受動態であると言え、どの文法書にも必ず受動態として取り上げられている表現である。

2.1.1　werden 受動における格上げ

　意味論的に見ると、主語に格上げされる項は、(6a)のように本動詞が表す行為の影響を被る存在のことも、(6b–c)のように行為の結果、状態や位置が変化する存在のことも、(6d)のようにその他の存在のこともあり得る。

(6) a. **Die Gäste**　　　wurden　　(vom　Gastgeber) begrüßt.
the guests-NOM became-3PL (by. the host)　　welcomed
来賓は(招待主から)歓迎のあいさつをされた。

b. **Der Ofen** wird (vom/durch den Erzeuger) repariert. (= (2b))

c. **Die illegal geparkten Autos** wurden　　schließlich abgeschleppt.
the illegally parked cars-NOM became-3PL at. last　　towed. away
不法に駐車された車はしまいにはレッカー移動された。

d. **Der Bahnhof Pasing** wird　　　von fast allen S-Bahnen
the station P.-NOM　　becomes-3SG by almost all S-bahns

durchfahren.
passed.through
パージング駅はほとんどすべての都市高速鉄道路線が通っている。

　ただし、所有物や尺度を表す項を取る他動詞は、werden 受動そのものが非文であり、受動態によってこの種の項を主語にすることはできない。

(7)　　*__Das Haus__　　wird　　　von einem Italiener
the house-NOM becomes-3SG　by an Intalian

gehabt/besessen/bekommen.
had/possessed/gotten

　対格目的語の表示が任意であるような他動詞の場合、werden 受動の主語

は空でも構わない。この場合、助動詞 werden は、ちょうど regnen 'rain' のような非人称動詞と同様、3人称・単数形に固定され、非人称受動 (impersonal passive: unpersönliches Passiv) が成立する。

(8) a. Wir   diskutierten stundenlang (**dieses Thema**).
       we-NOM discussed-3PL for.hours   (this theme-ACC)
       私たちは何時間も（この話題を）議論した。
   b. Stundenlang wurde   (**dieses Thema**) diskutiert.
      for. hours   became-3SG (this theme-NOM) discussed
      何時間も（この話題について）議論が行われた。

werden 受動はまた、対格でない目的語を要求する動詞からも作られる。その際、当該の目的語は格上げされず、能動態の場合と同じ形態で現れる。文法上の主語（主格）が存在しないため、ここでも非人称受動が成立する。

(9) a. Alle   danken   **mir**.   みなが私に感謝する。
       all-NOM thank-3PL me-DAT
   b. **Mir**   wird   gedankt.   私は感謝される。
      me-DAT become-3SG thanked
(10) a. Er   hat   **auf die Gefahren** hingewiesen. 彼は危険を指摘した。
        he-NOM has-3SG at the danger-PL   pointed
    b. **Auf die Gefahren** wurde   hingewiesen.   危険が指摘された。
       at the danger-PL   became-3SG pointed

非人称の werden 受動はさらに、目的語をまったく取らない自動詞からも形成可能である。

(11) a. Auch am Sonntag wird   gearbeitet.
        also on.the sunday becomes-3SG worked
        日曜日も仕事が行われる。
    b. Auf dem Stuhl wird   nicht gestanden. 椅子の上に立たない。
       on the chair becomes-3SG not   stood   （子供への注意として）

このように werden 受動は、能動態の対格目的語のみを主語に格上げする受動態だが、対格目的語が存在しない環境でも形成可能である。

2.1.2　werden 受動における格下げ

werden 受動において格下げされる項は典型的には動作主である。能動態で優先的に主語となる動作主は、werden 受動では前置詞句のかたちで任意に表示される。もっとも実際に表示される頻度は決して高くない。Eroms(1986: 75)によれば、受動態の使用頻度が高いと言われる新聞においても、動作主の明示は werden 受動の事例のせいぜい 1 割だったという。ちなみに、明示する場合は、(6a–b)や(6d)のように前置詞 von または durch が用いられる。

格下げされる項は能動態の主語に対応するが、意味論的に常に動作主であるとは限らない。例えば(6d)で von 句によって示されていた S-Bahnen(都市高速鉄道)は動作主とは言い難いし、(12)で格下げされている Dom(大聖堂)も「他より高さが勝っている」という状態の担い手である(Vater 1999)。

(12)　　Alle Häuser　　werden　　**vom Dom**　　überragt.
　　　　all houses-NOM become-3PL by. the cathedral towered. over
　　　　すべての建物が大聖堂に見下ろされている。

格下げされる項が動作主に限定されないという事情は、非人称受動でも変わらない。(1)の abfahren(＞abgefahren)や ankommen(＞angekommen)、(13)の einschlafen(＞eingeschlafen：眠り込む)といった変化を意味する非対格動詞(unaccusative verb)ですら、一定の条件を満たせば非人称受動になり得る。

(13)　　In seinen Vorlesungen wird　　reihenweise　　eingeschlafen.
　　　　in his lectures　　　　　 becomes-3SG one. after. another fallen. asleep
　　　　彼の講義では次々と居眠りが起こる。　　　　　　(Rapp 1997: 134)

2.2　sein 受動

過去分詞形の本動詞に sein を組み合わせた sein 受動は、外見こそ非対格動詞の完了形と同じだが、時制の点で明確に区別される。sein 受動は、werden 受動とともに、ドイツ語文法において一般的に受動態と位置づけられてきた

表現であり、「動作受動(process passive: Vorgangspassiv)」としての werden 受動に対し、「状態受動(state passive: Zustandspassiv)」と称されることが多い(Helbig 1987)。ここで言う「状態」とは、第一義的には(2c)のような、能動文が表す出来事の結果、生じる結果状態のことであるが、sein＋過去分詞結合の実際の使用は、(14b)のように結果状態とは言えないところにも認められる(C.R.L.G. 1987)。

(14) a. Die Alpen   umgeben   das Dorf.
         the Alps-NOM surround-3PL the village-ACC
         アルプスがその村を囲んでいる。
    b. Das Dorf   **ist**   von den Alpen **umgeben**.
         the village-NOM is-3SG by the Alps   surrounded
         その村はアルプスに囲まれている。

sein＋過去分詞結合が動詞の活用範疇としての受動態であるか否かについては、かねてから議論が盛んであり、その中では懐疑的ないし慎重な見解も少なからず示されているのだが(Hermanns 1987)、そのような見解は、もっぱら(2c)のような結果状態を表す sein 受動を念頭に置いているきらいがある。本章では、明らかに能動文の主語を格下げし、代わりに目的語を主語に格上げする(14b)のような sein＋過去分詞結合の存在に鑑み、完了時制を表すのでない sein＋過去分詞結合を sein 受動として取り上げる。

2.2.1　sein 受動における格上げ

　sein 受動の格上げは、werden 受動の格上げとは違った意味で問題を孕む。(2a)に対する(2c)や(14a)に対する(14b)では、能動態で対格目的語に現れる項が sein 受動で主語に格上げされていることは明白である。これに対し(15b)は、他動詞構文(15a)だけでなく、再帰構文(15a′)にも対応づけられる。さらに(16b)のような事例もある。これは対応する他動詞構文が存在せず、再帰構文にのみ対応する。このような、必ずしも他動詞構文から派生したわけではない再帰構文との対応可能性を考慮するなら、sein 受動の主語は単純に他動詞構文の目的語に由来するとは言い難い。

(15) a. Er   hat   das Tor   geöffnet.   彼が門を開けた。
        he-NOM has-3SG the gate-ACC opened
    a´. Das Tor   hat   sich   geöffnet.   門が開いた。
        the gate-NOM has-3SG REFL-ACC opened
    b. Das Tor   ist   geöffnet.   門は開けてある／開いている。
        the gate-NOM is-3SG opened

(16) a. *Er   hat   mich   erkältet.   *彼は私に風邪をひかせた。
        he-NOM has-3SG me-ACC got.cold
    a´. Ich   habe   mich   erkältet.   私は風邪をひいた。
        I-NOM have-1SG REFL-ACC got.cold
    b. Ich   bin   erkältet.   私は風邪をひいている。
        I-NOM am-1SG gotten.cold

　こうした現状の下、一案としてはHelbig(1987)のように、他動詞構文に対応するsein＋過去分詞結合のみを「状態受動」とし、他方は「状態再帰」として別扱いにするというアプローチがある。しかし、このような区別は、そう命名したまでのことであり、sein＋過去分詞結合の統語的分析ではない。

　そこで別のアプローチとして、(15)や(16)のsein＋過去分詞結合が、いずれも被動者を主語としていることに注目したい。被動者は基底の統語構造において目的語の位置(VP補部)に生成される内項である。基底の主語位置(IP指定部)が動作主項で埋められる他動詞構文では、被動者項に対格が与えられ、目的語として実現する。これに対し、再帰構文では指示性のない再帰代名詞に対格が与えられてしまうので、被動者項は実際の目的語ではないものの、動作主項が投射されないため付与されずに残っている主格を得て主語として実現するこの項が内項であることに変わりはない(大矢2008: 224–231)。つまり問題のsein＋過去分詞結合は、他動詞構文・再帰構文のいずれの構文に対応するにしても、基底の目的語位置にある項を主語に格上げする表現である。しかも、この格上げをsein＋過去分詞という動詞の形態論で示している。だからこそsein受動なのである。

　sein受動の格上げは、werden受動とは異なり、事実上必須である。werden受動で生産的だった非人称受動は、sein受動では、(17a)のとおり原則認められない。確かに(17b)のような非人称のsein受動も存在はするが、これはsein

受動における主語の必須性と表裏一体であり、詳しくは3.3節で取り上げる。

(17) a. *Gestern war gearbeitet/getanzt/gelacht/gelesen.
　　　　 yesterday was-3SG worked/danced/laughed/read
　　 b. Jetzt ist ausdiskutiert/genug getanzt.
　　　　 now is-3SG PART-discussed/enough danced
　　　　 いまや議論は尽くされた。踊りはもう十分だ。

　　　　　　　　　　　　　　　(Zifonun, Hoffmann, Strecker et al. 1997: 1814)

2.2.2　sein 受動における格下げ

　sein 受動において、動作主は一般的に表示不可能と言われる(Helbig 1987)。現に(2c)や(15b)に von/durch 句を付加することはできない。しかしこれは、結果状態を表す「状態受動」に限っての話である。それ以外の sein 受動においては、格下げされた項の表示は可能または必須ですらある。

(18) a. Der Gefangene ist (**von/durch Soldaten**) bewacht.
　　　　 the prisoner-NOM is-3SG (by/through soldiers) guarded
　　　　 囚人は(兵士たちによって)監視されている。
　　 b. Das Dorf ist **von den Alpen** umgeben. (= (14b))

　von/durch 句による表示が可能となるには、動作主性が相応に低いことが必要である。(18b)の「アルプス」は明らかに動作主ではなく、状態の担い手であるし、(18a)においても、「監視」という事態の性質上、「兵士たち」は、監視の責任母体である国家等に使われる手段的な存在と見なせる。

2.3　bekommen 受動

　すでに(3b)で例示した bekommen 受動の特色は、能動態における与格の項の格上げである。典型的に受け手を表す与格の項は、werden 受動では与格のままだったが、bekommen 受動によってはじめて主語になり得る。

2.3.1　bekommen 受動における格上げ

　与格項の格上げをめぐっては、なお議論の余地がある。Eroms(1978)や

Leirbukt(1997)、Wegener(1985a)、Zifonun, Hoffmann, Strecker et al.(1997)など、この操作が werden 受動等における対格項の繰り上げと並行的に捉えられるとする、今日、主流の立場では、当該の項の意味論的多様性を重視する。bekommen 受動で繰り上げられる項は、意味役割の点では起点(19a)、目標(19b)、受け手(3b)、経験者(19c)、受益者(19d)、相互行為の相手(19e)など多様であるし、選択制限の点でも必ずしも人とは限らず、(19b)のように物のこともある。

(19) a. **Sie** bekam den Ring gestohlen. 彼女は指輪を盗まれた。
  she-NOM got-3SG the ring-ACC stolen
 b. **Der Wagen** bekam den Motor eingebaut.
  the car-NOM got-3SG the engine-ACC built.in
  車はエンジンを載せられた。
 c. **Sie** bekam mitgeteilt, dass ... 彼女は…と伝えられた。
  she-NOM got-3SG told that ...
 d. **Er** bekam die Flasche aufgezogen. 彼は栓を抜いてもらった。
  he-NOM got-3SG the bottle-ACC pulled.open
 e. **Er** bekam widersprochen. 彼は反論された。
  he-NOM got-3SG contradicted

ただし、(19e)の widersprechen(＞widersprochen：反論する)のような2項動詞の bekommen 受動は、話者や地域、文体などの条件次第で容認度が一定しない。こと(19a–d)のような安定的・中核的事例に限るなら、bekommen＋過去分詞結合は同時に対格目的語も必要としている。また(19d)のように、「栓を抜いてもらった」という例示どおりの受け身的解釈のほか、「栓が抜けた・抜くことができた」という達成・成功の解釈も可能なことがある。こうした一連の性質は、過去分詞と結びつかない本動詞 bekommen(もらう)にも認められるものである。そこで、Haider(2010: 237–271)や Oya(2010)のように、いわゆる bekommen 受動でも bekommen は実質的な項構造を有しており、これに過去分詞の項構造が継承されると分析することも可能かもしれない。

とはいえ、この分析自体は与格の格上げの存在を決して否定するものでは

ない。この分析においても bekommen + 過去分詞結合の主語は、継承を介して結局、与格の項に帰着するには違いない。また、上述の言語事実をもって、助動詞としての bekommen そのものに実質的な項構造が認められると結論づけられるのかどうかもはっきりしない。(19e)のような対格目的語を取らないケースはもとより、安定的・中核的な事例と思われる(19c)でも、本来補文を取らない bekommen に補文が継承されると説明するのは少々説得力に欠ける。さらに、受け身的な解釈と成功・達成の解釈との曖昧さについても、必ずしも bekommen が実質的な項構造を有するとする証左にはならないと思われる。というのも、(19d)は(20a)のほか、(20b)にも関連づけられる：

(20) a. Man hat **ihm** die Flasche aufgezogen.
 one-NOM has-3SG him-DAT the bottle-ACC pulled. open
 人が彼のために栓を抜いた。
 b. Er hat **sich** die Flasche aufgezogen.
 he-NOM has-3SG REFL-DAT the bottle-ACC pulled. open
 彼は自分のために栓を抜いた。

(20a)も(20b)も、抜栓の動作主としての主語と抜栓による受益者としての与格の項を持つ。その際、与格が人称代名詞である(20a)では、動作主と受益者は互いに別人物であるが、与格の項が再帰代名詞である(20b)では同一人物である。このように、抜栓という事態で利益に与る者は、その利益を他人にもたらしてもらうこともあれば、自らもたらすこともある。通常の能動文であれば、この面での自他の別は動作主的主語の如何で示されるが、動作主を主語としない(19d)は、自他の対立に対しては中立のまま、代わりに受益者を主語としている。そこで(19d)は、(20a)のような「他」の関係に引きつける限り、「抜かれた・抜いてもらった」と受け身的に解釈される一方、(20b)の「自」の関係に引きつければ、「人にしてもらうまでもなくそうなった」、つまり「抜けた・抜くことができた」という達成・成功の解釈に至ると考えられる。そして、いずれの解釈であれ、bekommen + 過去分詞結合は一貫して与格の項を主語に格上げする表現である。その限りにおいて、この動詞形態論による表現はやはり bekommen 受動と見なされるのである。

2.3.2 bekommen 受動における格下げ

bekommen 受動で格下げされる項は、werden 受動や sein 受動と異なり、動作主に限られる。werden 受動では、動作主以外の、例えば移動物を主語とする自動詞から受動態を形成することもある程度可能であったが、bekommen 受動では、たとえ与格の格上げという条件を満たしても、極めて難しい。

(21)　　*Sie　　bekam　bis ans　　Tor gefolgt.　　　彼女は門まで追われた。
　　　　she-NOM got-3SG till at. the gate followed

（Leirbukt 1997: 138）

格下げされた動作主の表示については、bekommen 受動でも、werden 受動の場合と同様、前置詞句によって行うことが可能である。その頻度も werden 受動と比べて大きく異なるものではない (Leirbukt 1997: 130)。ただし用いられる前置詞は、ほぼ(3b)で挙げた von に限られる。

3.　格上げと非人称化

前節ではドイツ語の3つの受動態を概観し、3者は主としてどの項を格上げするのかという点で異なることを確認した。werden 受動と sein 受動は基底の対格項を、bekommen 受動は基底の与格項を格上げする。また sein 受動と bekommen 受動の格上げが事実上、義務的である一方、werden 受動は対格項が存在しないケースにも適用され、しばしば非人称受動を産み出す。このような格上げと非人称受動をめぐる3者の相違はどう説明できるのだろうか。

3.1　非対格仮説

生成文法の標準的な分析では、受動態の格上げは非対格仮説 (Grewendorf 1989) に基づいて説明される。

(22) a.　[CP dass [IP [DP **der Zug**]$_i$ [VP endlich t_i ankam]]]
　　　　　　that　　　the train　　at last　　arrived
　　b.　[CP dass [IP [DP **der Dieb**]$_i$ [VP von der Polizei t_i verhaftet] wurde]]
　　　　　　that　　　the thief　　by the police　arrested　became

ankommen(到着する)のような非対格動詞は、その語彙意味上の性質ゆえ、外項位置(IP 指定部)に付与できる意味役割(動作主)を持たない一方、受動態では語彙概念上は存在する動作主が過去分詞によって抑制(suppress: ☞ 第4章)される。こうした相違はあるものの、受動態でも非対格動詞の場合と同様、外項位置は空となるので、ブルチオの一般化(Burzio 1986)により内項位置(VP 補部)に対格は認められない。そこで、この位置にある DP は空席の外項位置に(可視的・不可視的に)移動して主格を得るのだという。

　この仮説の特色は、動詞形態論によってもたらされる外項の抑制が自ずと新しい主語を派生するところにある。つまり、受動態の基盤をなすのは動作主の格下げであって、格上げはその副産物と見なされる。格上げは能動態において対格を付与される項が存在すれば自ずと行われるが、そうでない限りは行われない——このようなかたちで、人称受動と非人称受動は包括的に捉えられることとなる。また、受動態が外項の抑制を旨とする操作である以上、(23)のように外項を持たない非対格動詞から受動態を形成することは一般的に不可能であるとの予測も立てられる。

(23) 　*Heute wurde 　　(der Teich) 　　gefroren.
　　　 today became-3SG (the pond-NOM) frozen

しかし、非対格仮説が前提とする主格と対格の分布関係は、そもそもドイツ語に完全にあてはまるものではない。ドイツ語ではブルチオの一般化に反し、内項と考えられる項が、主格ではなく対格のまま現れることがある。

(24) a. **Mich** hungert 　　(es).　　お腹が空いた。
　　　　 me-ACC be.hungry-3SG (EXP)
　　 b. **Ich** hungre.　　　　　　　お腹が空いた。
　　　　 I-NOM be. hungry-1SG

実質的な項を主格ではなく対格で示し、主語を任意の虚辞 es で埋める(24a)のような構文は、例に挙げた hungern(空腹だ)のほか、ekeln(ぞっとする)、frieren(寒気がする)、schwindeln(めまいがする)など生理現象を表す動詞の下で珍しくない。その際、一部の動詞において、この対格は(24b)のよ

うに主格にも転じ得ることから、これを構造格ではなく語彙格と見なすことは難しい。

同様に受動態においても、ブルチオの一般化に反して、外項不在の環境に対格が生起することがある。(25a–b)では太字で示した内項は複数形だが、対格であるため、受動態の助動詞 werden はこの項に一致することなく、非人称受動が成立する。

(25) a. Es wurde **Karten** gespielt.　トランプゲームが行われた。
　　　 EXP became-3SG cards-ACC played
　　b. Es wird sich **die Hände** gewaschen.
　　　 EXP becomes-3SG REFL-DAT the hands-ACC washed
　　　 手を洗う。(子供への指示)

また、非対格動詞の受動可能性についても、非対格仮説が予見することは必ずしも経験的に正しくない。すでに挙げた(1)や(13)のように、非対格動詞も非人称受動をなし得る。

さらに、非対格仮説は、主格と構造的に交替する格を対格1つに限定してはじめて、格上げを外項抑制の帰結として説明することが可能となっている。これは対格以外の斜格を原理的に構造格から除外することを意味するわけだが、実際には 2.3.1 節で確認したとおり、与格も主格に転じ得る上、統語構造上の一定の位置(私見では VP 指定部)に付与される格でもある(Ogawa 2003, Wegener 1991：☞第7章)。つまり、与格も構造格の1つなのであり、非対格仮説はこの点でも経験的な根拠を欠く。この仮説に代わり、対格・与格の双方を構造的に扱う方向へと発想を転換する必要があると言える。

3.2　人称受動と非人称受動

前節で確認したとおり、受動態が人称受動となるか、非人称受動となるかは、動詞の語彙的性質の差(対格を支配するか否か)の単なる反映ではない。人称受動と非人称受動の分布は、2つの異なる操作——つまり、人称・数の参照先として特定の内項を指定する人称受動化と、参照先にいかなる項も指定しない非人称受動化——の産物と見るのが適切であると考えられる。

すでに(22a)と(24a)で紹介した非対格動詞と生理現象を表す動詞の振舞いから察せられるとおり、そもそも能動態においてさえ、内項の格上げは自動的ではなく、条件づけられている。

(26)   **主格**   **対格**
 a. (dass) [$_{IP}$ _ [$_{I'}$ [$_{VP}$ [$_{v'}$ DP$^{\varphi}$ [$_{V}$ ankommt]]] I]]

     主格   **対格**
 b. (dass) [$_{IP}$ EXP [$_{I'}$ [$_{VP}$ [$_{v'}$ DP [$_{V}$ hungert]]] I]]

非対格動詞 ankommen は、他のほとんどの動詞と同様、人称・数を参照して法や時制を可視化するパラダイムを有している。例えば komme ... an という語形は1人称・単数に鑑みれば直説法・現在、2人称・単数に鑑みれば命令法、3人称・単数に鑑みれば接続法Ⅰと解釈される。これに対し、(24a)の使い方をする hungern では、法や時制は動詞の語形のみで識別される。hungert は一義的に直説法・現在、hungere は接続法Ⅰである。いま法や時制の解釈で参照される素性を φ で示せば、前者は(26a)のように内項にこの素性 φ を与える一方、後者は(26b)のようにこれを与えない。その際、法や時制の解釈が必ず主格を参照することから、素性 φ は主格以外の格とは相容れないと考えられる。すると(26a)では、φ を有する内項の DP は対格を認められず、外項位置に(可視的・不可視的に)繰り上がって主格を得る。これに対し(26b)では、φ を持たない内項の DP には対格が認められるとともに、意味的に空の外項位置は虚辞によって埋められる(ちなみに、この虚辞は音形化される場合は代名詞 es で現れる)。こうして、内項1つを有する述語は、φ の有無次第で、最終的に人称構文または非人称構文のいずれかで実現するのである。

同様の辞書論的アプローチは受動態にもあてはまる。ただし、先ほどの φ 付与が動詞に内在的なパラダイムに応じて決まっていたのとは異なり、受動態では助動詞の機能として新たに産み出されるパラダイムが問題となる。

(27)   **主格** **与格** **対格**
 a. dass [$_{IP}$ DP$^{\varphi}$ [$_{I'}$ [$_{VP}$ DP [$_{v'}$ DP [$_{V}$ wäscht]]] I]]

b. *dass [_IP DP　[_I' [_VP DP　[_V' DP　[_v gewaschen]]] I]]
　　c. 　dass [_IP DP^φ [_I' [_VP DP　[_V' DP　[_VC gewaschen **hat**]]] I]]
　　d. 　dass [_IP ＿　[_I' [_VP DP　[_V' DP^φ [_VC gewaschen **wird**]]] I]]
　　e. 　dass [_IP ＿　[_I' [_VP DP　[_V' DP^φ [_VC gewaschen **ist**]]] I]]
　　f. 　dass [_IP ＿　[_I' [_VP DP^φ [_V' DP　[_VC gewaschen **bekommt**]]] I]]

　動詞変化形には、(27a)の wäscht(＜waschen：洗う)のような定形動詞単体のほか、過去分詞に助動詞を組み合わせた複合体も含まれ、受動態は後者の事例である。(27b)の gewaschen のような過去分詞は非定形であるため、文の主要部 I の解釈に必要な φ を指定できず、それ単体では文ムード(☞第 2 章)を表示し得ない(Fries 1983: 211–242)。そこで、欠けている φ を指定するのが助動詞である。その際、完了の助動詞が(27c)のように本来の φ を復活させるだけなのに対し、(27d–f)の受動態の助動詞はいずれも外項を吸収した上で、φ を割り当てる。

　もっとも、その割り当ては助動詞によって異なる。(27d)の werden(＞wird)と(27e)の sein(＞ist)が VP 補部位置に φ を与える一方、(27f)の bekommen(＞bekommt)は VP 指定部に φ を与える。仮に φ が与えられなければ、VP 補部位置の DP には対格が、VP 指定部の DP には与格が認められるところだが、当該の DP は φ を有する限り、これらの斜格で現れることができない。そこで、いまや空となっている IP 指定部へ(可視的・不可視的に)移動して主格を得る一方、助動詞はこの位置に関連づけられた φ との一致を満たすべく、I 位置に繰り上がって法や時制を可視化する。こうして werden 受動と sein 受動では能動態の対格の項が格上げされる一方、bekommen 受動では能動態の与格の項が格上げされることが説明されるのである。

　他方、非人称受動は助動詞 werden でのみ生産的に形成される。この場合の werden は(27d)とは異なり、いずれの内項にも φ を与えない(28)のような構造を産み出す。この結果、内項は(存在する限り)本来の形態で現れる一方、外項位置は虚辞(ただし、前域でのみ es で音形化される)で埋められ、(8b)、(9b)、(10b)や(11)、(25)のような非人称受動が成立するのである。

(28)　　　　　**主格　　与格　　対格**
　　　(dass) [_IP EXP [_I' [_VP DP　[_V' DP　[_VC gewaschen **wird**]]] I]]

3.3 非人称受動とアスペクト

前節では、格上げを伴う人称受動とこれを伴わない非人称受動が受動態の形態論(助動詞)に動機づけられていることが明らかになった。しかし、なぜwerden受動だけが生産的に非人称受動を形成するのかという疑問が残る。ここで重要なのが、動詞範疇の基盤としてのアスペクト(Leiss 1992：☞第6章)である。sein受動とbekommen受動がなお十分に文法化されていない受動の表現として、完了相(perfective)の動詞にしか適用されない一方、werden受動は十分文法化された態として、適用される動詞のアスペクトを問わない。

sein受動に関して言えば、この態は「一定程度に達している」という意味を含んでいると考えられる。すでに挙げた例で説明すれば、(2c)では、暖炉が「修理してある」からには、それがもはや壊れていないと言える程度にはもとの状態に戻っているはずである。また、(14b)についても、仮に村の辺境のごく限られた領域にしか山が存在していなければ、到底、山に「囲まれている」とは言い難く、「囲まれている」からには村との関係で、山がある程度以上の空間的広がりを示している必要がある。

このように「一定程度に達している」状態にあることを示すのがsein受動である。「一定程度に達している」かどうかは、事態の一局面を見ただけでは判断できず、その全体像が把握されていなければならない。このことから、sein受動は完了相の動詞にのみ適用されることになる。その際、この相の成立はたいてい、参照点となる対象(上例では暖炉や村)のあり方に依存する。そこで、完了相がこうした参照点を一般的に必要とする限りにおいて、sein受動には内項の表示が、つまり主語が必須となる。ただし、内項に頼らずとも、不変化詞aus 'out' や副詞規定genug 'enough'によって完了相の表示が担保されるのであれば、その限りではない。こうして(17b)のような非人称のsein受動も周辺的には可能となる。

bekommen受動についても、その適用範囲はなお、到達動詞としてのbekommenの名残からか、完了相の動詞に限られる(藤縄2010a: 96–97, Oya 2010: 15, Wegener 1985a: 133–134)。そこでsein受動の場合同様、完了相を保証する項の表示が必要となり、これが主語の必須性に繋がる。

これに対し、werden受動にはそのようなアスペクトの制限はない。この受動態に収まる動詞は、(2b)や(6c)のように、事態の過程(だけ)でなく特定の結末が含意されているという意味で、その全体像を捉えている完了相のこと

もあれば、(6a)や(6d)のように、特定の結末を念頭に置かない不完了相（imperfective）のこともある。

　不完了相は、そもそも能動態において非人称化が行われる際の前提の1つである。ドイツ語では(29)のように、本来、個体を指すはずの主語が虚辞で置き換えられて非人称の表現に転ずることがしばしばあるが、こうした非人称化は、不完了相でのみ認められるものである。

(29) a.　Vor　　　dem Haus　blüht　　　　**eine Rose**.
　　　 in. front.of　the　house　flowers-3SG　a　　rose-NOM
　　　 家の前に一輪のバラが咲いている。
　　b.　**Es** blüht　　　im Frühling.　春、花盛りだ。
　　　 EXP flowers-3SG in. the spring

　また、非人称化には虚辞で置き換えられる主語の動作主性が十分に弱いことも必要である。(29)では、動詞 blühen の意味からして、主語は動作主ではあり得ない。さらに、動作主的な主語に対置される被動者的な目的語も、実質的な主語の存在を強くほのめかすことになるので、存在してはならない(Takahashi 2010)。こうして非人称化が可能な述語は、Hopper and Thompson (1980)の意味で他動性の低いものに限られる。

　ところで werden 受動では、被動者の繰り上げによって目的語は存在しなくなり、主語が動作主でないことも保証される上、sein 受動や bekommen 受動と違い、不完了相も問題なく現れる。つまり、非人称化の条件がすべて整っている。こうして werden 受動では、(8b)のように本来、存在するはずの主語が明示されない非人称受動が難なく可能となる。そしてひとたび非人称のパラダイムがこの受動態においてパターン化されるや、その適用範囲は広げられ、結局(28)のような構造にまで行き着く。ここに至って、本来は不可能なはずの完了相の動詞からも生産的に非人称受動が作り出されることとなり、werden 受動は、完了相の動詞を不完了相で提示する手段となる。そこで、非対格動詞（完了相の自動詞）であっても、(1)や(13)のように一般論や反復相を意味する限りは（非対格仮説の予測とは裏腹に）非人称受動が可能となる。また、不完了相の意味が、未完結の事態の表示から事態完結の希求へと換喩的に転化することで、(11b)や(25b)のような、聞き手を人格化しな

い、親が子供に行うような指図の表現にも発展すると考えられるのである。

4. 使役

　本章の最後に、受動と並ぶもう1つの代表的な態の表現である使役においても格の交替がアスペクトと関連しながら行われることを確認しよう。

　ドイツ語の統語的使役は、(4b–c)で紹介したようにlassen 'let'と動詞の不定詞からなる動詞複合体で表現される。その際、この複合体は、動詞の如何にかかわらず、最低限(30)のような他動詞構文を投射すると考えられる。

(30) 　　　　　　**主格　　　対格**
　　　　(dass) [IP DP$_1$ [VP [V' DP$_2$ [VC V lässt]]] I]
　　　　　　　　使役主　　　？

　意味役割の点では、外項位置のDP$_1$が使役主である一方、lassenから対格で支配されるDP$_2$は、Vに具体的に何が入るか次第でさまざまである。

　Vが構造格の項を1つだけ有する自動詞であれば、DP$_2$は自ずとその項で埋められる。当該の自動詞のアスペクトには左右されず、(31a)のfallen(落ちる)のような完了相の動詞でも、(31b)のbrennen((灯りが)ついている)のような不完了相(継続相)の動詞でも、その唯一の項が対格を得る。

(31) a.　Er　　ließ　　**den Hammer**　fallen.　彼はハンマーを落とした。
　　　　he-NOM let-3SG the hammer-ACC fall
　　b.　Er　　lässt　　**die Lampe**　brennen.　彼は電灯をつけておく。
　　　　he-NOM lets-3SG the lamp-ACC be.on

　これに対しVが他動詞の場合、関係する2項のどちらがDP$_2$になりやすいかは、アスペクトの問題と関わる。当該の他動詞が完了相の場合、DP$_2$には不定詞の目的語が優先的に入る。その際、(32a)のように不定詞の主語を、受動態に準じてvon/durch句で表示することも可能である。確かに(32b)のように、不定詞の主語をDP$_2$とすることも可能ではあるが、これは明らかに有標の表現である。というのも、そのような事例は(32a)のような事例に比べて圧

倒的に少ない上、当該の DP_2 には不定詞の目的語より高い人称性や定性が要求される(藤縄 2002, Ide 1998)。

(32) a. Ich ließ den Ofen (**vom Erzeuger**) reparieren. (= (4b))
　　 b. Ich ließ **ihn** den Ofen reparieren. (= (4c))

　他方、V に埋め込まれる他動詞が不完了相(継続相)の場合、DP_2 に入るのは、(33b)のように不定詞の主語であることが多い。その際、不定詞の目的語のほうはしばしば表現されないことがある。ただし、(33a)のように、不定詞の目的語が DP_2 となることも決して珍しくはなく、その場合は不定詞の主語を von 句で表示することも許される。

(33) a. Der Professor　　lässt　　**den Aufsatz**　　(von Studenten) lesen.
　　　　the professor-NOM lets-3SG the article-ACC (by students)　　read
　　　　教授はその論文を(学生に)読ませる。
　　 b. Er　　lässt　**sie/die Studenten**　　(den Aufsatz)　　lesen.
　　　　he-NOM lets-3SG them/the students-ACC (the article-ACC) read
　　　　教授は彼らに／学生に(その本を)読ませる。

　結局、不定詞が他動詞の場合、デフォルトで DP_2 を埋めるのは目的語である。ただし、不完了相動詞の場合、この相が目的語の表示を必須としない分、不定詞の主語が DP_2 を埋める蓋然性が高まる。非人称受動もそうだったが、ここでまた、不完了相への適用が構文の可能性拡大の鍵を握っているのである。

5. まとめ

　本章では、ドイツ語の受動と使役を対象に、その背後に働く格とアスペクトの原理を紹介した。受動については、高度に文法化された werden 受動のほか、sein 受動と bekommen 受動がある。このうち後 2 者の適用範囲が完了相の動詞に限られるのに対し、werden 受動はアスペクトの別にかかわらず適用可能である。そこで werden 受動は、不完了相を基盤とする限り、人称

受動を産み出すだけでなく、汎用的な非人称化の手続きに準じて非人称受動も生産的に形成する。また使役でも、不定詞が他動詞の場合、不定詞のいずれの項を主格に次ぐ地位である対格に据えるかは、アスペクトに依存して決まる。

ところで、ドイツ語の受動態を観察する過程で、理論言語学で長らく認知されてきた非対格仮説を批判的に取り上げた。しかし、いまあらためて全体を見渡せば、受動態における主格にせよ、使役における対格にせよ、優先権は完了相の解釈にとって重要な内項にあるという基調は、ドイツ語でも、英語や日本語でも変わりない。このことから、ブルチオの一般化に則った(26a)は通言語的に無標のオプションであると言える。

もっとも、ブルチオの一般化はより丁寧に条件づけられる必要がある。その際、この条件づけにはおそらくアスペクトに関するものが含まれるだろう。本章では、この方面の議論には十分踏み込めないが、敢えて概略的に提案するなら、完了相が当該言語体系の基盤をなす限り、ブルチオの一般化は妥当すると考えられるのではないか。現に、非人称受動やhungernのような非人称構文を許さない英語や日本語は、非進行形に対する進行形、スル形に対するテイル形を有標とする文法的なアスペクト表現を備えており、完了相を基調とした言語体系である。これに対しドイツ語では、文法的なアスペクト対立が明確でない上、動作様態(Aktionsart)と呼ばれる語彙的なアスペクトも、もっぱら不完了相(継続相)の動詞を基本とし、これを完了相化する格好になっている。

いずれにせよ、ドイツ語研究はそれ自身で完結するものではない。本章では統語論の中心的なテーマの1つである態について対象を敢えてドイツ語に絞って論じたが、ドイツ語研究がいかに言語普遍研究と接点を持ち、いかにそれに寄与するかは、今後いっそう真剣に取り組むべき課題である。

(第5章執筆:藤縄康弘)

〔付記〕本章は日本学術振興会科学研究費補助金(基盤研究(C)21520456)による研究成果の一部である。

> 読書案内

　Bech(1983)は、受動態も使役の表現に用いる非定形動詞の統語論を、受動態や使役のものに限らず、集大成した1冊。初出は1955/57年。本書で提唱されたステータス支配(Status-Rektion)やオリエンテーション(Orientierung)の考え方は、1980年代のGB理論において再評価された。Leiss (1992)は、態の問題に限らず、動詞の範疇全般を扱っている。主張の中心は、アスペクトが動詞の範疇化の基盤をなすということ。理論的には自然統語論の発想を広く採り入れており、特に受動態に関する議論でこの傾向が顕著である。言語の動態性に目を開かせてくれる良書である。ドイツ語の使役については、Nedjalkov (1976)がいまなおまとまった業績である。原著はロシア語だが、ドイツ語に翻訳された。大量に収集された実例をもとに手堅い記述が行われており、だれもが参考にできる。

コラム　目的語の格（その1）

　ドイツ語学習者にとって目的語の格はしばしば悩ましい問題である。入門教科書のかなりはじめの段階で、主格・対格・与格(教育現場ではそれぞれ1格・4格・3格と称せられる)はおよそ日本語のガ・ヲ・ニに相当すると紹介される。etwas [ACC] essen（何かを食べる）、jn. [ACC] kennen（だれかを知っている）、jm. [DAT] danken（だれかに感謝する）、jm. [DAT] etwas [ACC] schenken（だれかに何かを贈る）などの例を見せられるうちは「なるほど」と思う。しかし、jn. [ACC] nach etwas fragen（だれかに何かを尋ねる）や jn. [ACC] um etwas bitten（だれかに何かをお願いする）などもあるため、格支配は動詞ごとに1つ1つ覚えるようにとも指導される。「何だ。やはり語学（文法）は暗記教科ではないか」ということになってしまう。

　しかし、典型的な目的語は態によって主語になり得るという統語的関係を考慮すれば、いま挙げた日本語のニ格にドイツ語の対格が対応するケースは、決して訳もなく、個々の動詞ごとに決まっているのではないことが分かる。

　「尋ねる」、「お願いする」などの動詞では、「太郎は道を尋ねられた」、「太郎は協力をお願いされた」というのは普通だが、「道は太郎に尋ねられた」、「協力は太郎にお願いされた」というのは明らかに普通でない。これらの動詞が取る2つの目的語のうち、主語になれるのは事実上、人を指す目的語のほうだけである。この目的語は、日本語の場合、質問や依頼の受け手としてニ格で示されるが、そうしたニ格の目的語もヲ格の目的語と同様、受動態（〜される）で主語にすることは可能なので、何ら問題は生じない。

　しかし、ドイツ語ではまさにそこが問題である。本章で見たとおり、ドイツ語の受動態として最も一般的な werden 受動は、対格目的語しか主語にすることができない。そこで、もし当該の人を指す目的語が与格で支配されれば、この目的語は werden 受動によっては主語にすることができない。そればかりか、この問題は与格を格上げする bekommen 受動によっても解決することができない。というのも、この受動態は完了相の動詞に限られている。尋ねたりお願いしたりした後も、当の疑問や願いの気持ち自体、存続するこれらの動詞は不完了相であり、bekommen 受動を適用することができない。つまり、当該の目的語は、与格で支配される限り、永久に主語になることができない。そこで当然の帰結として、対格で支配されることとなるのである。

第 6 章
アスペクト、時制、モダリティ

ポイント　動詞の主要カテゴリーであるアスペクト、時制、モダリティは、動詞句が表現される「出来事」を、それぞれ、「空間的」、「時間的」、「話し手との関係」という観点から具体化するという働きを持つ。本章では、これらのカテゴリーを概観しながら、カテゴリー間に存在する関連性に言及してみたい。

実例　Wer bekam den Fisch?(Sebastian Sick, *Der Dativ ist dem Genitiv sein Tod.* Folge 2, 26 頁)
[訳] お魚は、どなたでしたでしょうか？（直訳：誰がこの魚を得ましたか？） 　　　　　　　　　　　　　　　　　　　（訳は執筆者による）

説明　上の例は、ドイツ語におけるさまざまな用法を取り上げ、ウイットの効いた説明を行うことで知られる Spiegel-Online の名物コラム "Der Dativ ist dem Genitiv sein Tod." からの引用である。ここでは、ドイツ語の過去形が過去を表さない(bekam は、bekommen (得る)の過去形)という現象が取り上げられている。この「過去形により丁寧さを表す」用法は、日本語をはじめとして多くの言語で見られるが、過去形による「間接性の増大」が「丁寧さ」に応用され、用いられている現象と考えることができる。本章では、動詞のカテゴリーである「過去形」は、出来事を時間軸上に位置づけるという

働きを持つと考えるが、この時間軸という「具体化の次元」は、他の動詞のカテゴリーの次元と明確に区別されているものではなく、しばしば、カテゴリー間の境を乗り越えてしまうことがある。また、各カテゴリー間には、一定の相互作用が観察される。本章では、動詞のカテゴリーのうち、アスペクト、時制、モダリティという主要カテゴリーを扱い、この例で示された動詞のカテゴリーとしての「丁寧さ」には深く立ち入ることはできないが、本章で扱う内容の応用の1つの方向性として捉えることができるだろう。

問題提起

・動詞のカテゴリー(アスペクト、時制、モダリティ)はそれぞれどのような働きをするか。これらの共通の原理は何か。
・ドイツ語におけるこれらのカテゴリーはどのような体系を作っているか。
・これらのカテゴリーの体系間にはどのような相互作用(interaction)、親縁性(affinity)が観察されるか。

＊＊＊

1. 動詞のカテゴリー

1.1 動詞のカテゴリーの機能―「出来事」の具体化

　本章では、動詞に関わるカテゴリーの中心を成す、アスペクト、時制、モダリティについて扱う。これらの動詞のカテゴリーは、動詞が不定形で表す出来事を、1) 出来事の様態(アスペクト)、2) 出来事の生じた時間(時制)、3) 出来事の蓋然性(モダリティ)という3つの側面から具体的に規定していくものと捉えることができるが、これは、名詞のカテゴリーが、本来不定の(指示対象を持たない)名詞を、性、数、格などの側面から具体化する(指示対象を特定する)ことと並行したものと考えることができる。

　例えばlaufen(走る)という動詞を考えてみよう。この動詞は、辞書の形である不定形では、「走ること」という動作(出来事)の性質を述べているものであり、実際の出来事を述べるものではない(これは名詞Buchが、これ自体で

は、明確な指示対象を持っていないことと同様の現象と考えることができる)。動詞のカテゴリーは、この「抽象的な出来事表現」を、記述される実際の場面に即して規定していくものである。アスペクトは、laufen という出来事が、継続中の出来事なのか(Thomas läuft gerade. トーマスは今走っている。)、すでに完了したものなのか(Thomas ist heute schon 2 km gelaufen. トーマスは今日すでに2キロ走った。)などを表すカテゴリーである。同様に、時制は、laufen という出来事がいつ起こったものであるかを表し(過去：Julia lief. ユーリアは走った、現在：Julia läuft. ユーリアは走っている、未来：Julia wird laufen. ユーリアは走るだろう。)、モダリティは、出来事が実際に起こったもの想定されているか、あるいは単に推測されているものであるかを表示するものである(Peter dürfte laufen. ペーターは走っただろう、Peter hätte laufen können. ペーターは走ることができたのに)。

　これらの「出来事の具体化」は、言語によってさまざまな形で実現される。例えば、英語においては、「継続」というアスペクトを表す「進行形」(be + -ing)という文法手段が発達したが(1a)、ドイツにおいて、この継続アスペクトは通常、副詞などによって語彙的に表出される(1b)。一方で、ドイツ語でも、いわゆる rheinische Verlaufsform(ライン地方進行形)などのような文法的形式も観察される(1c)。

(1) a.　Peter is running.
　　b.　Peter läuft gerade.
　　　　Peter runs just
　　c.　Peter ist am Laufen.
　　　　Peter is on-the running

　これらの表現は、それぞれの実現形式は違うものの、それぞれ、それ自体一般的な「走る」という「出来事」が、発話時に進行しているという様子を表し、具体化しているのである。

1.2　動詞のカテゴリーの普遍性

　前節の最後に見たように、「出来事の具体化」という動詞のカテゴリーは、言語によって形は異なるものの、広く文法現象として観察される。その際、

それぞれのカテゴリー間には、汎言語的に共通した秩序が存在することが知られている。

（2）a.　（ケーキは）　食べら｜れ｜てしまっ｜た｜だろう
　　　　　　　　　　　　動詞　受身　完了　過去　推量
　　b.　(dass der Kuchen schon) gegessen　worden　sein　dürfte
　　　　　　　　　　　　　　　　動詞　　　受身　完了　推量
　　c.　(the cake)　might have (already) been eaten
　　　　　　　　　　推量　完了　　　　　受身　動詞

　上の3つの例は、それぞれ日本語、ドイツ語、英語の例である。それぞれの言語で、各カテゴリーを表示する際に、まったく異なる形式が用いられているが、注目すべきは、これらの並んでいる順序である。日本語(2a)とドイツ語副文(2b)において(過去・完了の表現において若干の違いはあるものの)、個々のカテゴリーは、同じ順序で並んでいる。英語(2c)においても、これらの順序は逆になっているものの同一に保たれている。
　このように、アスペクト、時制、モダリティなどのカテゴリーは、各言語でさまざまに実現されている一方、言語間に共通するルールというべきものが観察される。ドイツ語の記述に際しても、これらのカテゴリーの個別言語的な特性と普遍的な特徴という2つの側面を考慮する必要がある。

1.3　カテゴリー間の関連性

　アスペクト、時制、モダリティは、それぞれ、下の2節、3節、4節で示されるように、ドイツ語において独立した体系を形成しているが、上の(2)の例で示されたように、それぞれのカテゴリーは、一定のルールにそって配置され、また、出来事を具体的に規定するという性質からも、互いに関連しているものである。この関連の仕方には、大きく2つある。1つには、カテゴリー間の相互乗り入れというべき現象であり、もう1つは、カテゴリー間の親和性に関する現象である。これらについては、以下に各カテゴリーを概観した後、5節(カテゴリー間相互乗り入れ)、6節(カテゴリー間の親和性)で取り扱うことにしよう。

2. 時制

　まず、本章で扱う 3 つのカテゴリーのうち、最も中心的なカテゴリーである時制について見ていこう。時制は、「出来事」を時間軸の中で具体的に規定するカテゴリーとして捉えることができる。

　ドイツ語では、通常、過去・現在・未来の 3 つの時制に、それぞれの時点での完了時制を加え、6 つの時制を区別する。

過去 (preterit)：Peter lief.　　　　　　ペーターは走った。
　　　　　　　　Peter ran
現在 (present)：Peter läuft.　　　　　　ペーターは走っている。
　　　　　　　　Peter runs
未来 (future)：Peter wird laufen.　　　 ペーターは走るだろう。
　　　　　　　 Peter becomes run
過去完了 (past perfect)：Peter war gelaufen.　ペーターは走った。
　　　　　　　　　　　　Peter was run-PP
現在完了 (perfect)：Peter ist gelaufen.　　　 ペーターは走った。
　　　　　　　　　　Peter is　run-PP
未来完了 (future perfect)：Peter wird gelaufen sein.
　　　　　　　　　　　　　Peter becomes run-PP　be
　　　　　　　　ペーターは走ってしまっているだろう。

　過去、現在、未来の各時制は、それぞれ記述する出来事を「発話時点より前」、「発話時点」、「発話時点より後」の時間軸の上に位置づける、基本的な時制であるが、これらについても、必ずしも物理的な時間を反映しているものではないことは広く知られている。

（3）a.　Die Sonne geht im Osten auf.　太陽は東から昇る。
　　　　 the sun　　goes in-the east up
　　b.　Im November 1989 fällt die Berliner Mauer.
　　　　 in-the November 1989 falls the wall of Berlin
　　　　 1989 年 11 月にベルリンの壁が崩壊する。

  c. Wie hießen Sie denn?　お名前は何でしたっけ？
    how be-called you MP
  d. Thomas wird jetzt in Berlin sein.
    Thomas becomes just in Berlin be
    トーマスは今ベルリンにいるだろう。

　現在時制は、一般に「非過去」と称されることもあるとおり、必ずしも発話時点の状況のみを表すものではなく、(3a)のように一般的な真理を表す用法にも用いられる。また、歴史的事象を現在時制で表す歴史的現在は(3b)、過去の出来事をあたかも現在の出来事のように描出する用法として、多く用いられる。
　一方で、一般の日常会話において、現時点での出来事について、過去時制を用いることにより、丁寧さを喚起することができる(3c)。
　未来時制については、ドイツ語において、そもそも未来を指示する「時制」であるのか、話し手の推測を表現するモダリティ表現であるのかについての議論が盛んに行われて来た。(3d)では、副詞句(jetzt)が示すとおり、明らかに現時点での出来事を未来時制で表現している。
　このように、現在、過去、未来の各用法とも、必ずしもその想定されている時間を指示しないという用法が見られる。これらの規範から逸脱したと見られる用法が、どのように成立してきたのかということを、それぞれの時制の基本的な意味とともに記述することは、非常に興味深いテーマであるが、本章では、「時制と他のカテゴリーとの関係」という点に限って、これらの「逸脱した」用法を扱っていきたい。
　次節では、時制の体系の対象の設定に関して問題となる、「完了時制」と「未来時制」について述べていく。

2.1 「過去」と「現在完了」

　ドイツ語の時制については、上の3つの基本的な時制に、それぞれ「完了」を表す時制が対応し、全部で6つの時制を形成しているとする考え方が主流である。一方で、この「完了」というのは、本来、出来事のさまざまな「相」を表出するカテゴリーであるアスペクトに端を発するカテゴリーであり、その意味で、「時制」の体系の一部として扱われるのは、適切でないように思わ

れる。本節では、この問題について、特に「過去」と「現在完了」を比較しつつ論じていきたい。その際、ドイツ語においては、「過去」と「現在完了」という2つが、互いに補完する体系を形成していることが確認される。

　ドイツ語の時制体系において、「過去」と「現在完了」を多少の意味の違いを持った過去の出来事を表出するバリエーションと捉え、「過去」を時間関係を表すもの（時制）、「完了」を出来事の捉え方の違いを表すもの（アスペクト）と見なさない最大の論拠は、これら2つのカテゴリーが、話し言葉、書き言葉のレジスターの違いはあるものの、多くの場合、交換可能なものであるという観察にある。ドイツ語の完了は、英語のそれとは異なり、過去を表す副詞句と問題なく共起することができるのである。

（4）a.　Ich habe gestern meine Hausaufgaben gemacht.
　　　　 I　have yesterday my　homework　　done
　　　　 私は昨日宿題をやった。
　　b.　*I have done my homework yesterday.

　この観察から、「過去」は「過去の時点に遡って過去の出来事を規定すること」、「現在完了」は、「現在の時点から振り返って過去の出来事を規定すること」といった、参照点の違いによる、2種類の過去を記述する「時制」という区別がなされる。このような指摘は、数多くなされているが、Hofmann (1986) が（英語について）指摘している「特定の時間を思い浮かべているときに過去時制が用いられ、特定の時間が重要でないときに完了が用いられる」(p.82)という傾向は、ドイツ語にもあてはまるだろう。このように、「過去時制」と「完了時制」は、それぞれ異なったやり方で、出来事を過去の時点に同定するのであり、この意味で両者は、時制表現であると言うことができる。
　一方で、「過去」と「完了」の違いは、不定形、ないしは、一義的に時間関係が特定されない副文において明瞭になる。

（5）a.　Ich bereue es, mitgekommen zu sein.
　　　　 I　regret　it　come-together-pp to be
　　　　 私は一緒に来たことを後悔している。
　　b.　*Ich bereie es, mitzukamen.

　　　　　　　I regret it　come-together-PST
（6）a.　Du wirst　　es verstehen, wenn du　das Buch gelesen hast.
　　　　　you becomes it understand if　　you the book read-PP　have
　　　　　この本を読んだら君もそれがたぶん分かるよ。
　　　b.　*Du wirst　　es verstehen, wenn du　das Buch lasest.
　　　　　you becomes it understand if　　you the book read-PST

　（5a）や（6a）において、それぞれ「完了」は、それぞれの状況において「すでに終了していること」を示しているのであり、絶対的な過去を表すものではない。このようなコンテクストにおいて、「完了」のかわりに、絶対的な過去を表す「過去」を用いることはできない（（5b）および（6b））。この場合、「完了」は「出来事の時間軸での位置づけ」というよりは、「出来事が終了しているか否か」を表すアスペクト表現であると言うことができるだろう。

2.2 「未来」

　ドイツ語の未来時制については、遅くとも19世紀以来、さかんに議論が行われてきた。次の表では、ドイツ語におけるドイツ語における未来形を時制と見なす立場（時制論者：Temporalist）とモダリティ表現と見なす立場（モダリスト：Modalist）をまとめたものである。

表1　「不定詞＋werden」の機能をめぐっての2つの立場

時制表現（Kotin 1995 など）	モダリティ表現（Vater 1975 など）
・werden の本来の意味から	・現在についての推量を表す
・義務的用法がない	・たいていは、時の副詞とともに
・過去形がない	用いられる

　現象を見ていこう。「werden＋未来形」は「推量」という要素を含んでおり、ドイツ語では、未来の出来事を表す場合、現在形を用いることが多い。

（7）　Was macht das Baby? — Es wird　　schlafen.
　　　what does　 the baby　　it becomes sleep
　　　赤ちゃんはなにしてる？　―寝てるよ

（8）　In wenigen Minuten erreichen wir Passau Hauptbahnhof.
　　　in a few minutes　　　reach　　we Passau mainstation
　　　まもなくパッサウ中央駅に到着します。

　Matzel and Ulvestad (1982)の調査によると、(7)のように明らかに現在の状況を推量しているような「不定詞＋werden」は、実際の使用においては、4％程度で、大多数の「不定詞＋werden」は、未来の出来事に関しての言及を行っているという。
　他の言語、例えば日本語などの「未来」の表現（明日雨が降るだろう）は、やはり純粋な時間表現というよりは、「話し手の推量」の表現であると考えられているが、ドイツ語の場合、「不定詞＋werden」の歴史的な発展、成立の経緯を考えると、時制論者の主張にも一理あると言わなくてならないであろう。
　時制論者とモダリストのどちらの立場に軍配を上げるかはともかく、我々の議論にとって、この「不定詞＋werden」論争は重要な意味を持っている。すなわち、「時制表現」と「モダリティ表現」との間は非常に密接なものであり、カテゴリーそれ自体は、言語の本質的な特徴だとしても、それらの個別言語的な実現は、有機的に絡み合っているということである。これについては、モダリティ、アスペクトのカテゴリーを概観したのち、5節、6節で扱おう。

3.　モダリティ

　モダリティは、出来事に対しての話し手の「心的態度」を表出するカテゴリーとされる。「心的態度」とは、出来事に対しての話し手の「確からしさ」の度合いを意味し、それが具体的には、出来事に話し手の推測、推定、願望、意志、要望などの意味を添えるものとして表れる。モダリティを表出する言語手段としては、動詞の法（mood）の他、話法の助動詞、文副詞および心態詞が挙げられる。

（9）a.　Daran hätte ich nicht gedacht.　（法）
　　　　of-that have-SBJ2　　I　not　think. PP

そのことは考えなかっただろう。
   b. Das <u>kann</u> nicht wahr sein. （話法の助動詞）
      that can not true be
      それが本当のはずがない。
   c. <u>Vielleicht</u> verstehst du das auch irgendwann mal. （文副詞）
      perhaps understand you that also sometimes MP
      きっと君もいつかそれが分かるだろう。
   d. Das ist <u>doch</u> Wahnsinn. （心態詞）　　　　　（☞第11章参照）
      that is MP crazy
      こいつはすごいね。

本章では、動詞のカテゴリーとして、これらの広義のモダリティ表現のうち、(9a)、(9b)のみを扱う。それぞれのモダリティ表現は、互いに密接に関連し、全体で1つの体系を形成していると言えるのであるが、それぞれの機能を詳細に述べていくことは、紙幅の関係上断念せざるを得ない。以下では、動詞・助動詞で表現されるモダリティに対象を絞って概観していく。

3.1 法

ヨーロッパ諸言語の1つの大きな特徴は、動詞の形で、語られる内容の「確からしさ」を表現するということである。ドイツ語の「法」は、形式上、以下の4つに分類される。

表2 「法」の意味

	確からしさ	用法
直説法（indicative）	100%真実	事実の描写
接続法Ⅰ式（subjunctive I）	ペンディング	間接引用、要求、希求
接続法Ⅱ式（subjunctive II）	100%想定	非現実の想定、外交的言い回し
命令法（imperative）	偽 → 真	命令

通常、我々が語る上で最も頻繁に用いる形式であり、スタンダードな法と言えるものが直説法である。我々は、通常、自らが真実だと思うことがらについて話すからである。直説法については、すべての時制において細分化さ

れた体系が備わっている。

　一方で、接続法Ⅰ式、Ⅱ式において、話し手は、その語る内容を真実とは思っていない。接続法Ⅰ式は、その内容の真偽についてはペンディングするものであり、接続法Ⅱ式は、内容は真実ではない、想定上のこととして語るものである。命令法についても、「真実になるべく」語っているにすぎないものである。これらの直説法以外の法においては、パラダイムはみな部分的になっている。接続法Ⅰ式、Ⅱ式においては、単純時制の体系が欠けており、時間関係を表す場合は、それぞれの完了時制を用いて相対的に表現することになる。命令法においては、時制の他にも、人称にも制限がある。

(10) a.　Taro　　kommt　　pünktlich.　（直説法）
　　　　Taro　　comes　　 punctual
　　b.　Taro　　komme　　pünktlich.　（接続法Ⅰ式）
　　　　Taro　　come-$_{SBJ1}$　punctual
　　c.　Taro　　käme　　　pünktlich.　（接続法Ⅱ式）
　　　　Taro　　come-$_{SBJ2}$　punctual
　　d.　Komm　　pünktlich,　Taro!　（命令法）
　　　　come-$_{IMP}$　punctual　　Taro

　直説法は、話し手が事実と想定していることを述べるものである。(10a)では、「太郎は時間通りに来る」という命題が真実であると考えているから、直説法の定形である kommt の形が使われることになる。(10b)の接続法Ⅰ式は、命題が、誰かから聞いたものであり、話し手自身は、その内容については知らないということを表している。(10c)の接続法Ⅱ式は、「太郎だったら時間通りに来るのに(実際は太郎ではない人が来ることが想定されている)」という事実に反することの想定を表現している。(10d)の命令法は、事実ではないが、言語化することによって、その命題を事実たらしめようとする話者の意志が表されることになる。

　このように、ドイツ語では、話し手の考える「命題の確からしさ」が動詞の形で表されるのであり、これが「法」の体系である。

3.2 話法の助動詞

前節で述べた法の体系は、現代ドイツ語では、完全に分化しているとは言い難い。接続法は、形態的には、Ⅰ式、Ⅱ式とも、特に規則変化動詞においてほとんど直説法と区別がつかなくなっているし、機能的にも、特にⅠ式の用法は、特殊な文体でのみ用いられる。

この「接続法の衰退」を補うものとして、話者の心的態度をより細分化して言い表す、数種の話法の助動詞(modal verb)が発達してきた。「ある命題に対しての話し手の確からしさの表現」という観点から話法の助動詞を捉えた場合、以下のような分類が可能となる。

表3 「確からしさ」の表現としての話法の助動詞(認識的用法)

	意味	確からしさ
助動詞なし(直説法)		100%真実
müssen	～にちがいない	80%～90%真実
dürfte	～だろう	60%～70%真実
können	～かもしれない	50%程度真実
sollen	～らしい、～と言う	真実かどうか分からない、伝聞
wollen	～と言っている	真実かどうか分からない、伝聞

ここで、取り出しているのは、話法の助動詞の意味のうち、話し手の推定を表す、いわゆる認識的用法と分類されている意味である。表3を前節の表2と対照することで、法の機能が、話法の助動詞によって、独立した動詞の語尾変化ではなく、より明示的な独立した単語を用いることによって、言い換えられていることが分かるだろう。接続法で表される文は、話法の助動詞を用いることによって、より細分化され、具体的に言い表されることとなるのである。

(11) a. Taro ist dazu bereit. （100%真実(だと思っている)）
    Taro is to. that ready 太郎は喜んでそれをする。
  b. Taro muss dazu bereit sein. （80%真実）
    Taro must to. that ready be 太郎は喜んでそれをするに違いない。
  c. Taro dürfte dazu bereit sein. （70%真実）

Taro might to. that ready be　太郎は喜んでそれをするだろう。
- d. Taro kann dazu bereit sein.（50％真実）
Taro can　to. that ready be　太郎は喜んでそれをするかもしれない。
(12) a. Taro sei dazu bereit.（伝聞、真実はしらない）
Taro be-SBJ1 to. that ready　太郎は喜んでそれをするそうだ。
- b. Taro soll　dazu bereit sein.（伝聞、真実はしらない）
Taro shall to. that ready be　太郎は喜んでそれをするそうだ。
(13) a. Taro wäre dazu bereit.（非現実仮想、実際は違う）
Taro be-SBJ2 to. that ready　太郎なら喜んでそれをするだろう。
- b. Taro würde dazu bereit sein.（非現実仮想、実際は違う）
Taro become-SBJ2 to. that ready　be
太郎なら喜んでそれをするだろう。

　また、話法の助動詞は、それ自体、直説法、接続法の形態をとり定形として用いられる。これにより、さらに細かい表現が可能になるのであるが、一方で、これら話法の助動詞が、「話し手の推定」を表さない、いわゆる客観的な用法（義務的用法）として用いられる場合、話法の助動詞は、不定形でも用いられる。

(14)　Es tut　mir leid, Sie wieder einmal stören zu müssen.
　　　it　does me-DAT sorry you again once bother to must
　　　もう一度お邪魔をして申し訳ありません。

　この際、助動詞は、描写される出来事（またあなたの邪魔をしなくてはならないこと）は、具体化された出来事としてではなく、一般的な事柄として提示されている。

4. アスペクト

　アスペクト（相）とは、出来事のどの「側面」に注目するかを規定するカテゴリーである。ある１つの出来事、例えば「太郎が部屋を片付けること」は、同じ時制でも、その出来事がすでに終わったこと(15a)として表現するの

か、現在継続中のこと(15b)として表現するのかによってよっても異なる。また、「片付け始める」という出来事全体の中から一部分だけをクローズアップして表現することもできるし(15c)、出来事全体を引き起こす使役主を表示することもできる(15d)。このように、アスペクトというカテゴリーは、話し手が、出来事の具体的な側面を規定しつつ表現するための手段であるということが言えるだろう。

(15) a. Gestern räumte Taro das Zimmer auf.
yesterday cleaned Taro the room up
昨日太郎は部屋を片付けた。
b. Taro räumte gerade sein Zimmer auf, als ich gestern bei ihm
Taro cleaned just his room up as I yesterday at him

vorbeikam.
drop-in
太郎は私が太郎の家に行った時、ちょうど部屋を片付けていた。
c. Taro fing endlich an, sein Zimmer aufzuräumen.
Taro begin at-last his room to-clean-up
太郎は、やっと部屋を片付け始めた。
d. Taros Mutter hat Taro sein Zimmer aufräumen lassen.
Taro's mother has Taro his room clean-up let
太郎の母親は、太郎に部屋を片付けさせた。

4.1 アスペクトと Aktionsart（動作様態）

言語においてアスペクトというカテゴリーの実現形式は異なる。ドイツ語においては、完了、継続といった典型的なアスペクトを表すための特定の文法的な手段がないためドイツ語の文法書では、そもそもアスペクトというカテゴリーが設定されていないことが多い。それに対し、基本的にほとんどの動詞に完了と未完了の相の違いを表すための文法手段が存在するスラブ諸言語や、継続相を表す特定の文法手段を発達させた英語などでは、アスペクトというカテゴリーは動詞のカテゴリー体系の中核を担っている。

ドイツ語には、「相」の違いを表す具体的な文法的手段が未発達な一方で、

それを表現するための造語的、語彙的な手段が発達した。ドイツ語圏のみならず広く用いられている文法用語であるAktionsart(語彙的なアスペクト)という動詞分類がそれである。

　語彙的なアスペクトは、出来事が、状態変化、移動などを含むか否かによって、perfective(完了相)とimperfective(未完了相)に分類される。この2つのクラスは、さらに下位分類をされることが多い。主なものは以下のとおりである。

(ⅰ)　perfective(完了相)：Kai aß ein Kilo Tomaten.
　　　　　　　　　　　　　Kai ate a　kilogram tomates
下位分類　inchoative(起動相)、egressive(終結相)、mutative(変異相)、causative(使役相)

(ⅱ)　imperfective(未完了相)：Kai schlief sehr lange.
　　　　　　　　　　　　　　Kai slept　very long-time
下位分類　durative(継続相)、iterative(反復相)、intensive(強意相)、diminutive(縮小相)

　ドイツ語文法でさまざまな「相」を表すための分類であるAktionsartが採用されているのには、ドイツ語の個別言語的な事情がある。すなわち、ドイツ語においてはAktionsartを表すための複合動詞などの形態的な体系が整備されているのである。

(16) a.　Taro schlief lange. （未完了）
　　　　 Taro slept　long-time
　　 b.　Taro schlief sofort ein. （起動）
　　　　 Taro slept　immediately in
　　 c.　Taro schlief richtig aus. （完了）
　　　　 Taro slept　properly off
　　 d.　Nach Bier schläfert's einen. （使役）
　　　　 after beer make-sleep-it one

このように、ドイツ語においては Aktionsart という「語彙的なアスペクト」が、出来事のさまざまな側面を表現する手段となる。それゆえ、ドイツ語の記述に際して、「アスペクト」という用語が用いられることは比較的まれである。研究者によっては、「ドイツ語にはアスペクトというカテゴリーはない」とはっきりとアスペクトのカテゴリーを否定している（ドイツ語におけるアスペクトカテゴリーの存在をめぐる議論については、Leiss (1992: 17f.) を参照）。しかしながら、アスペクトを「話し手が出来事のどの側面をクローズアップしているか」という側面から出来事を具体化するカテゴリーと考える場合、ドイツ語においても、語彙的にせよ、迂言的表現を用いるにせよ、アスペクトは、基本的な動詞のカテゴリー（出来事を規定するカテゴリー）の1つとして考えることができる。次節では、この「話し手の出来事の捉え方」としてのアスペクトによって、具体的になにが設定されるのかについて見てみよう。

4.2　アスペクト—視点を設定するカテゴリー

4節の冒頭で挙げた例、「太郎が部屋を片付けること」という出来事は、見方によって、「終わりのある出来事」と「終わりのない出来事」という2つの捉え方が可能である。例えば「今日中に部屋を片付ける」という規定をする場合には、「部屋がきれいになっている」という終わりの状態を視野に入れている。一方で、「たった今、部屋を片付けている」と言う場合には、本当に部屋が片付くかどうかは未定であり、今現在、「部屋を片付ける」という一連の動作をしているということだけが述べられている。このように、多くの場合、1つの出来事は、完了相的にも未完了相的にも捉えることができるのであり、話し手は、出来事を描写する際に、常にどちらの見方をしているかということを示す必要がある。

完了相で出来事を語る場合、話し手は、出来事の全体を視野に入れている。カメラでの撮影に喩えるならば、出来事から距離をとり、ズームアウトして出来事を描写しているわけである。これを外からの視点 (outer perspective) と呼ぶことにしよう。これに対し、未完了相、すなわち継続しているものとして出来事を語る場合、カメラ（話し手）は出来事にズームインし、出来事の中に身をおいて撮影（描写）することになる。この場合、内からの視点 (inner perspective) から、出来事は眺められることになる。

このように考えていくと、アスペクトのペア(完了・未完了)は、この内と外の視点を切り替えるものとして理解することができる。スラブ諸語では、この切り替えが動詞の変化で示されているが、ドイツ語において、この「切り替え」は、主に複合動詞を駆使することによってなされるのである。

5. 関連性1—カテゴリー間の相互乗り入れ

以上、前節まで、「時制」、「モダリティ」、「アスペクト」のカテゴリーを概観してきた。これら3つのカテゴリーは、1.2節で見た、カテゴリーの普遍性の順序でいくと、動詞に近いところから、順番に「アスペクト」、「時制」、「モダリティ」の順番で配置される。

「アスペクト」は、出来事を描写する話者の視点を空間的に位置づけるカテゴリーである。話し手は、自らを出来事の内側、外側に位置づけ描写を行うが、アスペクトは、この内と外を示すものである。

「時制」は、出来事を時間軸の中に位置づけるカテゴリーである。時間軸上には、「過去」、「未来」、「現在」といった時点が示される。完了時制は、アスペクト的な視点化を時間軸に組み入れることによって、時間の流れを細分化して表現したものと考えることができる。

「モダリティ」は、話し手の出来事に対する推定の度合いを表すカテゴリーである。話し手は、モダリティ表現により、出来事が事実であるのか、単に想定したものであるのか、あるいは事実かどうかをペンディングしているところなのかを表すことができる。

これら、3つのカテゴリーは、すべて「出来事の具体化」を行うためのものであり、文法を記述する上で区別されているが、当該言語の話者の意識の上では明確な区別はない。

以下に、これらのカテゴリーが互いに密接に関連しているということを見ていく。それぞれのカテゴリーは、空間、時間、事実性という守備範囲が決まっている一方で、たがいに有機的に絡み合っている。以下、時制とモダリティ、時制とアスペクト、アスペクトとモダリティの順に、カテゴリー間の相互乗り入れというべき現象についてドイツ語を中心に見ていこう。

5.1 時制とモダリティ

　時制とモダリティは、体系の面からも重なった部分が多い。そもそも、通常問題となる「時制」は、すべて直説法の体系であり、その他の法では、時制の対立は、非常に部分的なものに留まっている。

　これは、結局のところそれぞれの機能と深く関係しているものである。命題を時間軸上で規定するのが「時制」の機能であるが、この時間軸というものは、第一には、現実世界の時間軸を念頭に置いているわけであり、非現実の世界であるとか、伝聞の世界における時間関係というのは、非常に限定的なものになると考えられる。

　ここで、注目すべきはむしろ、法の体系と時制の体系が重ねられて構築されているということである。形態的には、接続法Ⅰ式が直説法現在から、接続法Ⅱ式が直説法過去と多くの部分で重なっていることは、機能的にもその重なりが大きいということを示唆する。英語においては、仮定法と過去形の形が形態上の区別がつかないため、通常、「過去形」が特殊な文脈で使われることで非現実を表現するとされるが、ドイツ語においても、「過去形」が非現実を表現することは、日常的にも実践されていることである（形態上過去形と区別されない接続法Ⅱ式が用いられることも含む）。

(17)　　Was wollten Sie?　（ウエイターがお客さんに）
　　　　what would　you　なににいたしましょうか？
(18)　　Wie war Ihr Name?
　　　　how was your name　お名前はなんでしたでしょうか。

　上の過去形を用いた表現は、かなり決まり切った状況、言い回しに限られるが、丁寧さを表現するがゆえに用いられたものである。これらは、いわゆる外交的接続法（接続法Ⅱ式）と同様、直接的な言い方を避け、間接性を高めた（距離をとった）言い方を用いることにより、相手の自由裁量範囲を最大限に尊重しようとすることから派生した表現である。本来、接続法によって、想定される世界と現実世界との距離が確保されるわけであるが、これを時間軸に転用し、現在の事象にもかかわらず現在と時間的に隔たったものを表す言い方である、過去形を用いることによって起こる現象であると説明することができるだろう。このことはドイツ語や英語に限らず、日本語にも過去表

現を用いることによって丁寧さを表すという現象が見られるが(「お名前、なんでしたっけ？」、「おばんでした」(北海道地方などの方言、「こんばんは」の丁寧な言い方)など)、これは、時制表現とモダリティ表現が密接に関連していることを表す例であると考えることができる。

5.2　時制とアスペクト

「時制」と「アスペクト」の機能が重なるという現象は、すでに 2.1 節において、「過去」と「完了」の関係から概観した。アスペクトによって設定される、本来空間的な「話し手の視点」が時間軸に投影されることによって、時間的な前後関係を表すことになる。

Benjamin Lee Whorf は、アメリカ・インディアン諸語の 1 つである Hopi 語において、「過去」を表す時制のカテゴリーが欠落していることから、Hopi 語において、ヨーロッパ諸語とまったく異なった時間把握の方法が用いられると考え、その後の「言語的相対論」の議論に大きな一石を投じた。現在では、Hopi 語には、確かに「過去」を表す時制のカテゴリーはないが、これは、Hopi 族の時間の観念がヨーロッパのそれとまったく異なっていることを意味しているのではなく、アスペクト的なカテゴリーを、時間関係を表現する際に用いているということが分かっている。このように、「時制」の機能を「アスペクト」要素が担うという現象は、多くの言語で観察される。ドイツ語における、過去形の衰退(Präteritumschwund)とそれに伴う現在完了形の隆盛も、絶対的な時間表現(時間軸における時点設定)が相対的な時間表現(時間的前後関係)によって言い換える現象と見なすことができるだろう。

本来アスペクトの表現であるはずの表現が、時間軸に転用され、時制表現として定着していくというプロセスは、ドイツ語における未来時制の成立の際にも観察される。2.2 節で述べたように「不定形 + werden」が、ドイツ語の未来時制として挙げられるが、この形は、本来は、werden(〜になる)という完了相の動詞が、他の動詞の不定形と結びついて、動詞句全体で 1 つの完了相の表現になっていくことによって成立したものである。

Matzel and Ulvestad(1982: 297)は、「不定詞 + werden」は、単なる現在形で未来のことを表現できない「未完了相」の動詞に多く用いられたことを指摘している。この「未来形のアスペクト的特徴」は現代ドイツ語でも残っている。次の例を見てみよう。

(19) a. Wir wohnen in Passau. （現在の出来事）
    we   live   in Passau

   b. Wir werden in Passau wohnen. （未来の出来事）
    we become in Passau live

(20) a. Meine Damen und Herren, in wenigen Minuten erreichen wir den
    my ladies and men,   in a few minutes   reach   we the

    Grenzbahnhof Passau. （（蓋然性の高い）未来の出来事）
    boader station Passau
    乗客のみなさま、私たちは間もなく国境の駅、パッサウに到着します。

   b. Meine Damen und Herren, in wenigen Minuten werden wir den
    my ladies and men,   in a few minutes   become we the

    Grenzbahnhof Passau erreichen. （話し手の推量）
    boader station Passau reach

　上の例で、それぞれ(a)の文は現在形、(b)の文は未来形で用いられている。(19)と(20)の違いは、動詞の相にある。(19a)では、未完了相の動詞 wohnen が用いられ、(20a)では、完了相の動詞 erreichen が用いられている。この際、現在形における解釈には明らかに違いが見られるが、その違いは、未来形（不定形＋werden）においても保たれる。未完了動詞の未来形は、純粋に未来の予定を表すのに対し、完了動詞の未来形では、不確定性（話し手の確からしさの評価）が全面に出てくるのである。

5.3　アスペクトとモダリティ１―未来「時制」と動詞のアスペクト

　「アスペクト」と「モダリティ」の関係を見るために、さらに「不定形＋werden」の観察を続けよう。先に述べたように、「不定形＋werden」は、未完了相動詞と結びつき、未来の時制を表すが、完了相動詞と結びつくと推量の意味が前面に出てくる。本来、現在形で未来の出来事を表すのに十分であり、その意味で werden は余剰なものであり、この余剰性ゆえにある種の「不

調和反応」(Unverträglichkeitsreaktion, Leiss1992: 196)を起こし、モダリティ表現としての再解釈につながっていくのである。

(21)　　Wir werden den Schlüssel finden.
　　　　we　become the　key　　　find

　(21)の文において、命題「そのカギを見つける」は、未来の出来事として描写されるが、その際に強い推量の意味を持つことになる。これは、動詞のアスペクトと未来形から生じる余剰性が、有標な解釈(無標な解釈は単純未来)を産み出すと考えることができるだろう。
　次節では、この「アスペクトとモダリティ」が密接に関係している状況をさらに別な例で見ていこう。話法の助動詞は、それに組み合わされる動詞のアスペクトによって、その意味を変えていくのである。

5.4　アスペクトとモダリティ 2―アスペクトと話法の助動詞

　話法の助動詞の多くは、義務的用法(deontic usage)と認識的用法(epistemic usage)を持つ。これらの用法のうちどちらの用法で助動詞が用いられるかということは、最終的には文脈によってはじめて明確になるのであるが、一般に動詞の相がその解釈に関与していることが知られている。まず英語の例を見てみよう。

(22) a.　He can play tennis.　（義務的用法）
　　 b.　He can be playing tennis.　（認識的用法）

　play tennis 自体は、完了的にも未完了的にも読むことができる中立的な動詞表現であるが、通常、can と組み合わさって用いられると「〜ができる」という読みがなされる。一方で、動詞が進行形をとり、未完了(継続)相になると認識的用法の読みがデフォルトとなり、「〜こともあり得る」という意味になる。ドイツ語には、アスペクトの文法形式はないが、語彙的に表される相が、助動詞の読みに制限を与えているのである。

(23) a.　Er muss einschlafen.　（義務的用法）　einschlafen：完了相

b. Er muss schlafen. （義務的用法／認識的用法）schlafen：未完了相
c. Er muss müde sein. （認識的用法）

　(23a)の例では、完了相の動詞が用いられている。ここでは、「眠らなくてはいけない」という義務的な読みが優先される。それに対して、中立的な動詞である(23b)のschlafenでは、両方の読みが可能となり、疲れている(müde sein)という継続的な動詞(23c)がつくと、認識的用法(「〜にちがいない」)が標準的な読みとなる。ここで観察されることは、完了相の動詞は、義務的用法と結びつき、未完了相の動詞は認識的用法と結びついているということである。
　この共時的に観察される用法の分布は、実のところ話法の助動詞の通時的な発達を反映したものである。話法の助動詞は、まず義務的な用法が先に発達し（それゆえこれらの用法を根源的用法(root modals)と呼ぶことも多い）、認識的用法は、15世紀以降義務用法から派生してきたものであることが知られている(Traugott 1989)。Leiss(1992, 2000, 2002)は、このゲルマン語における話法の助動詞の発達が、アスペクト体系の喪失を補うものとして出てきたものであるということを示した。
　ゲルマン語においても、スラブ諸語と類似した形で、アスペクトの対立(完了、未完了)を示す形態的な手段が存在し、アスペクト的な意味の副次的な意味として、義務や推量を表していた。それらが、本来の働きを失った結果、話法の助動詞が発展してきたのである。話法の助動詞は、最初の段階では、義務的用法が主に完了相の動詞と用いられ、未完了動詞と用いられるコンテクストにおいて、徐々に認識的用法が台頭してきた。話法の助動詞が、完全に文法手段として定着した現在でも、上の(23a–c)で見られるように、アスペクトと話法の助動詞の用法との間のゆるやかなリンクは保たれているのである。

6. まとめ

　以上、本章では、動詞のカテゴリーに見られる、「出来事を文脈の中で具体化する」という、人間言語に共通した原理をもとに、主要な動詞のカテゴリーである、「アスペクト」、「時制」、「モダリティ」の体系とそれぞれの相互関

係を概観した。

　「アスペクト」は出来事を見る「話し手の視点」を出来事との関係から空間的(および派生的に時間的)に同定していくものである。一方、「時制」は、出来事を時間軸の中に位置づけるしくみであり、「モダリティ」は、出来事と「話し手」との関係を「話し手の出来事について持つ確からしさの度合い」から規定していくものである。これらのカテゴリーは、言語ごとにそれぞれ独自の体系を形成しているが、その根源的な部分は共通しており、そこには、「普遍的な序列」というべきものが存在する。また、それぞれのカテゴリーは、「出来事の具体化」という機能のもと、相互に影響を与え合っている。このことは、言語の歴史を通して文法の変化を産み出してきた1つの要因になってきたが、共時的には、それぞれのカテゴリー間の規則的な対応のうちに見出すことができる。

(第6章執筆：田中 愼)

読書案内

　ドイツ語における個々の動詞のカテゴリーについての概要は、文法書によって力点の違いはあるものの、おおよその点では一致しており、本章で概観したとおりである。日本語のモダリティ表現を中心に、さまざまなモダリティ表現について一般言語学的な見地から概観したものとして Narrog(2009) があるが、モダリティをめぐる現在の議論を知る上でも良い。いわゆるドイツ語の「未来形」である「不定詞＋werden」についてのさまざまな立場を概観したものとして、Fritz(2000) が詳しい。「アスペクト」と「モダリティ」ひいては名詞の「定性・不定性」との関連性を論じたものとして、Leiss のさまざまな論文があるが、特に Leiss(2000) では、ドイツ語におけるアスペクトカテゴリーの喪失と話法の助動詞の発展との関係が論じられている。Leiss(1992) は、ドイツ語の動詞のカテゴリー全体について、特にその機能側面から論じたものである。

コラム　言語の「カテゴリー」

　言語における「カテゴリー」には、大きく名詞を規定するもの(名詞的カテゴリー、性、数、格など)と動詞を規定するもの(動詞的カテゴリー、人称、態、アスペクト、時制、モダリティなど)がある。これらのカテゴリーは、あ

くまでも言語学者、文法学者が「言語の記述のために設定しているもの」なのであろうか？

　国語学の立場から日本語の研究を通して、言語の普遍的特徴に迫る試みをした時枝(1941)は、日本語の構成要素を大きく「詞」と「辞」の2つに分け、日本語の、ひいては言語のしくみに迫った。

| 火事(詞) | だ(辞) |

　日本語のいわゆる自立語は、事柄、出来事などを概念化して表出する「詞」に属する。一方で、付属語は、常に自立語に付随し、話し手の主体的な認識を表す。上の例では、「火事」という一般的かつ特定の指示を持たない「概念」が、「だ」によって、実際の談話状況に組み入れられ、それにより、「談話状況に存在する特定の火事」と結びつけられる。この時枝の「詞」と「辞」の区別は、ドイツ語における名詞、動詞、形容詞などの内容語と、さまざまな文法的な働きを表示する機能語のそれに完全に対応するものではないが、「概念」と「具体化」という役割分担については、おおよそ共通していると考えることができる。

　ソシュールは、ラングという概念を用いて、「言語記号が抽象的な記号である(言語記号のシンボル性)」ことを示したが、言語が機能する際に、この抽象性という特徴は本質的なものである。例えば、ある名詞「犬」が、具体的な対象を直接指し示したとしたならば、ある言語にそれを表す単語は無数に存在することになる。名詞が「種を代表する概念」を指すものであることゆえ、「犬」という単語は1つないし数種類でことが足りるわけである。一方で、この「抽象的な一般概念」は、そのままでは、具体的なもの、出来事を指すことができない。「一般的な概念」は、状況において、具体化されなくてはならないわけである。そのために、言語には、もう1つのしくみ、すなわち文法的なカテゴリーが備わっていると考えることができる。一般的な名詞(モノ)は、「性」、「数」、「格」、「人称」、「格」、「定性」といったカテゴリーによって具体化され、一般的な出来事(コト)は、「人称」、「態」、「アスペクト」、「時制」、「モダリティ」によって実際の出来事と結びつけられるのである。

　このように考えると、「言語のカテゴリー」というのは、「言語学者、文法学者が勝手に作り出したもの」ではなく、言語がコミュニケーションないし認識の言語として機能するために「本質的に備わっているもの」と考えることができる。時枝の「詞」、「辞」の分類は、この「言語の本質的特徴」の日本語における実現であり、ドイツ語における、文法カテゴリー(主に本章および名詞句の章で扱われるもの)は、この特徴がドイツ語において現れたものである。言語の「カテゴリー」は、ドイツ語の記述に必要というだけでなく、より普遍性を持ったしくみである。

第 7 章
自由な与格

> **ポイント**　ドイツ語は統語的に名詞の格を区別する言語であり、述語動詞の項として特に主格・対格・与格が重要である。これらの格の用法は、その基調において日本語の格助詞ガ・ヲ・ニと共通するが、異なる点も少なくない。とりわけ与格に関連して、ドイツ語には「自由な与格(free dative: freier Dativ)」と呼ばれる、日本語のニにはない用法がある。

実例　(1) Das Opfer erinnerte sich: „Als ich in der Früh heimgekommen bin und das Zimmer aufgesperrt hab, da hat er mir plötzlich von hinten eine leere Flasche auf den Hinterkopf geschlagen."
(*Tiroler Tageszeitung*, 1998. 10. 30.)
［訳］被害者はこう振り返った：「朝、家に戻って部屋の鍵を開けたら、突然後ろから後頭部に空き瓶を打ちつけられたんだ。」
（訳は執筆者による）

説明　下線の文は schlagen(＞ hat ... geschlagen：打つ)を述語動詞とする能動文だが、ここに表されている与格の mir(私)は、この動詞の語彙的意味によって求められる項、すなわち打ちつける人(動作主)・打ちつけられる物(被動者)のいずれにも該当しない。このように、当該の与格は動詞本来の項構造に含まれないものであること

から、自由な与格と呼ばれる。自由な与格はこの例の mir のように、身体部位の表現(auf den Hinterkopf(後頭部に))を含む文に現れてその身体部位の所有者を指すことが多いが、そのほかにも、またはそれと同時に、利益・不利益やその他の関係を含意することが珍しくない。その際、対応する日本語の表現に必ずしもニ格は使われず、この例のようにしばしば間接受動が用いられる。

問題提起
・自由な与格に認められる複数の意味は、相互にどのように関連するのか。
・なぜ自由な与格なのか。つまり、本来の項構造に追加される項にどうして与格が付与されるのか。
・ドイツ語において自由な与格で表される関係が、日本語でしばしば間接受動で表されるのはなぜか。

＊＊＊

1. はじめに

ドイツ語は英語と違い、人称代名詞だけでなく一般の名詞も格変化する。しかも英語の目的格にあたる格は、対格(mich, den Mann)と与格(mir, dem Mann)に分かれる。こうした格の区別のおかげで、ドイツ語では項の意味役割の特定のために語順が固定される必要がなく、情報の新旧やスコープ・焦点等の関係に応じて比較的自由な語順(☞第3章)が可能となる。

(2) a. Gestern hat der Mann dem Mädchen die CD geschenkt.(=第3章(7a))
　　b. Gestern hat der Mann die CD dem Mädchen geschenkt.(=同(7b))

意味役割の特定に寄与する(そしてそれが語順の変動を許す)という点では日本語の格助詞も同様であり、実際ドイツ語の主格・対格・与格はそれぞれ日本語のガ格・ヲ格・ニ格に基本的に対応すると考えられる(藤縄 2005)。どちらの言語においても、動作主と被動者の関係(例えば verhaften(逮捕する))

は主格―対格またはガ格―ヲ格の文型(**die Polizei**［NOM］verhaftete **den Täter**［ACC］警察が犯人を逮捕した)で表されるし、この2つの役割にさらに受け手が加われば、受け手は与格・ニ格で示されるのが普通である(und übergab ihn **der Staatsanwaltschaft**［DAT］そして検察に引き渡した)。

このように格の用法は、項の意味関係を共通の基盤とすれば、日独語のような系統関係のない言語の間でも有意義に対照され得るように思われる。もちろん両言語の表現は常に一致するわけではない。とりわけ(1)に掲げたような自由な与格は、概してニ格には対応しない。それだけに、こうした与格の意味論的背景とその構文的実現は掘り下げて検討してみる必要がある。

2. 自由な与格―概観

ドイツ語の記述的な文法では、自由な与格としていくつかの用法が下位分類されており、理論的な研究もこの下位分類を出発点として行われてきた(Heidolph, Flämig, and Motsch(eds.)(1981), Helbig and Buscha(1986), Issatschenko(1965), Wegener(1985b)など)。自由な与格の代表的な用法として、所有の与格(possessive dative: possessiver Dativ または Pertinenzdativ)、利益の与格(dative of benefit: Dativus commodi)、不利益の与格(dative of harm: Dativus incommodi)、判断の与格(dative of judging: Dativus iudicantis)、関心の与格(ethical dative: Dativus ethicus)が挙げられる。

2.1 所有の与格

所有の与格は、身体部位やそれに準じる着衣等の持ち主を指す与格である。その際、身体部位は冒頭の(1)のように方向・場所の表現に現れるだけでなく、(3)のように文の主語(主格)や対格目的語として現れることもある。

(3) a. **Ihr**　　ist　　der Schuh　　abgegangen.
　　　her-DAT is-3SG the shoe-NOM came. off
　　　彼女は靴が脱げた。
　b. Meine Mutter　putzte　　**mir**　　die Zähne.
　　　my mother-NOM brushed-3SG me-DAT the tooth-ACC
　　　母が私の歯を磨いてくれた。

また、それそのものは身体部位と見なせない対象であっても、自由な与格との間で所有関係を結ぶことがある。例えば(4a)では、与格の「私」と方向の表現中の「スープ」との間に、前者が後者を食べるために手許に置いているという意味で所有関係が成り立つし、(4b)では、投擲の的であった「窓」が与格で示される「彼」に属するものであると解釈される。

(4) a. Ein Blatt ist **mir** in die Suppe gefallen.
 a leaf-NOM is-3SG me-DAT into the soup fallen
 葉っぱが1枚、スープの中に入ってしまった。
 b. Die Demonstranten haben **ihm** die Fenster eingeworfen.
 the demonstrators-NOM have-3PL him-DAT the window-ACC thrown.in
 デモ隊は物を投げ込んで彼の部屋の窓を割った。

　「所有の与格」とは言うものの、主語や目的語などで示される対象の所有者であれば、それを常に与格で示すことができるというわけではない。

(5) 　 Ich schüttelte (***mir**) den Kopf.
 I-NOM shook-1SG (me-DAT) the head-ACC
 私は首を振った。
(6) a. Er betrachtete (***ihr**) das Gemälde.
 he-NOM observed-3SG (her-DAT) the painting-ACC
 彼は(彼女の)絵を眺めた。
 b. Er blickte **ihr** ins Gemälde.
 he-NOM looked-3SG her-DAT into.the painting
 彼は彼女の(描いている)絵に目をやった。

　(5)では、対格目的語で表される身体部位 den Kopf(首)の所有者である「私」を与格で示すことはできない。名詞を修飾する語句ではなく、敢えて主語に対置される斜格の文要素として mir を示すということは、「私」が主語(動作主)と同一の存在であるか否かを示すことにつながるが、そもそも「他人の首を振る」という選択肢が考えにくい(5)の場合、動作主との対置が意味をなさないため、所有の与格は不適切となる。(6a)についても、たとえ与格

で示される「彼女」が対格目的語の「絵」を描いている状況であっても——つまり(4a)で「私」が「スープ」を食べているのと同じ、手許に置いているという関係が成り立つにしても——「彼女」を与格で示すことは許されない。ここでの阻害要因は、「絵」の被動性の低さにあると考えられる。betrachten（> betrachtete：眺める）の主語は動作主というよりは経験者であり、対格目的語で示された「絵」は主語から動作の影響を被っているわけではない。この点、同様に見ることを表すにしても、(6b)では「意識的に視線をどこかに向ける」という意味の動詞 blicken（> blickte：目をやる）が用いられており、視線の先にある対象がそれなりに動作の影響を被っていると考えられる。すると、所有の与格は問題なく可能となる。このように所有の与格は、ある対象がそれなりに動作や変化の影響を被ることを前提に、その所有者を（顕在的または潜在的な）動作主に対置するかたちで提示する表現なのである。

2.2　利益・不利益の与格

利益の与格と不利益の与格の例としては(7)が挙げられる。

(7) a.　Er　　　hat　　　**ihr**　　die Tür　　geöffnet.
　　　he-NOM has-3SG her-DAT the door-ACC opened
　　　彼は彼女のためにドアを開けてあげた。
　　b.　Der Reifen　ist　　**ihr**　　geplatzt.
　　　the tyre-NOM is-3SG her-DAT burst
　　　彼女はタイヤがパンクしてしまった。

(7a)では「彼がドアを開けること」が、(7b)では「タイヤがパンクすること」が、与格で示された「彼女」にとって利益または不利益であると解釈される。

利益・不利益のいずれの解釈になるかは、言語知に属する問題というよりは、言語外の知識、つまり常識や発話時の状況に関する知識に依存して決まるものである。いま(7)の2例をそれぞれ利益と不利益の与格として紹介したが、これは常識に鑑みて、ドアを開けることは人のためになる一方、パンクは被害と受け止められるからである。しかしひとたび特定の文脈や場面が与えられれば、同じ表現が他方の解釈に変わることは大いに考えられる。例

えば(7a)で、彼が開けた扉が彼女の部屋の扉であり、しかもそれが無断だったとすれば、その行為は彼女にむしろ迷惑をかけたことになるだろう。(7b)も、彼女が悪意を持ってタイヤをパンクさせるつもりであれこれ試みているような場面であれば、その企てが成功した彼女は受益者ということになる。

他方、解釈がいくら文脈や場面によるからといって、利益・不利益が読み込める限り、どのような文にも与格が生起可能であるというわけでもない。

(8) a. Es hat (*mir) geregnet.
EXP has-3SG (me-DAT) rained
(私にとってありがたいことに／迷惑なことに)雨が降った。
b. Die Ernte ist **den Bauern** verregnet.
the harvest-NOM is-3SG the farmers-DAT spoiled. by. rain
農家は収穫を雨で台なしにされた。
(9) Er hat **ihr** auf die Blumen getreten.
he-NOM has-3SG her-DAT onto the flowers stepped
彼女は彼に花を踏みつけられた。

自由な与格が生起するためには、何より当該の文に項が必要である。そこで(8a)のような非人称文に与格は現れない一方、自動詞文である(8b)には可能である。さらに利益・不利益の与格が付く自動詞文または他動詞文の主語や目的語等には、所有の与格の場合と同様、比較的高い被動性がなければならない。そこで(9)では、主語として明示されている動作主から動作の影響が及ぶという意味で「花壇」が被動的であるし、(7)では「ドア」や「タイヤ」が状態の変化を被るという意味で強い被動性を有している。

最後に、いま述べた被動的な項はしばしば何らかの意味で、利益・不利益の与格で示される人物の制御下に置かれている。この関係は、(8b)や(9)であれば「農家が収穫を行えるようにする」、「彼女が花の世話をする」ということだが、このように「農家」と「収穫」、「彼女」と「花」との間に直接的な制御関係が成り立つこともあれば、(7b)のように、「彼女」が操っている乗り物に「タイヤ」が備わっているというかたちで、間接的な制御関係が成り立つこともある。もっとも、そうした関係が事実上あてはまらない事例も──利益・不利益の別を問わず──認められないわけではない。例えば、利

益の与格による(7a)では、「ドア」を開けてもらった「彼女」がドアを制御（管理）していたとは考えにくいし、クライストの戯曲『壊れ甕』の説明である(10)でも、「代官」は「甕」を制御できなかったからこそ不利益を被ったと言える。

(10) **Dem Richter** zerbrach der Krug.
the judge-DAT broke-3SG the jug-NOM
代官は甕が割れてしまった（甕を割ってしまった）。

2.3 判断の与格

判断の与格の例は(11)である。この例では、コートの長さに関する判断が与格で示された「私」の身の丈に鑑みて行われている、つまり「私」が判断の基準となっている。

(11) Dieser Mantel ist **mir** *(zu) lang.
this coat-NOM is-3SG me-DAT (too) long
このコートは私には長すぎる。

(12) Dieser Mantel ist **für mich** (zu) lang.
this coat-NOM is-3SG for me (too) long
このコートは私にとって長い（長すぎる）。

同様の関係は(12)のような前置詞句 für mich 'for me' でも表せなくはないが、(11)と(12)は、「私」と「コート」の間に成り立つ関係の点で根本的に異なる。すなわち、判断の与格を用いた(11)は、「私」が現に「コート」を身につけている状況を示唆するのに対し、(12)は、例えば店に陳列してある「コート」を指し、試着もせずに「長すぎる」と言う場合にも使用することができる（Brinkmann 1971: 440）。

また、判断の与格においては判断内容を表す形容詞・副詞に zu（余りにも）や genug（十分）が事実上、必須であるが、für 句を用いるときはその限りではない。

2.4 関心の与格

関心の与格は(13)のような用法で、その強い感情的効果に特色がある。

(13) a. Fáll **mir** nicht!
  fall-IMP me-DAT not
  転ばないでちょうだい！
 b. Dás war **mir** ein netter Kerl!
  that-NOM was-3SG me-DAT a nice chap
  あいつはいい奴だったね。
 c. Dér war **dir** gestern besoffen!
  that.man-NOM was-3SG you-DAT yesterday boozed
  奴が昨日ベロベロだったんだよ。

(13a–b)では mir (私)、(13c)では dir (君)が与格で示されている。これにより前者は話し手にとって、後者は聞き手にとって、それぞれ無関心でいられないような発言を行っているかのような効果が得られる。関心の与格はこのように、文の表す事実関係ではなく、文による伝え方を目当てとして用いるので、伝達に関与する人物を指す表現、つまり話し手を指す1人称、または聞き手を指す2人称の代名詞に限られる。また、これまでの自由な与格と違って共起する述語の種類を問わない（例えば、所有の与格や利益・不利益の与格は(13b-c)のような状態述語と相容れないが、関心の与格は問題ない）。その代わり、文ムード（☞第2章）に反応する。すなわち、関心の与格は(13a)のような命令文（またはそれに準ずる文）か、(13b-c)のような感嘆文にしか現れない。その際、命令文にはもっぱら1人称の与格が用いられる一方、感嘆文には1人称・2人称いずれの与格も可能である。

このように伝達の様態に関わる関心の与格は、機能の点で(14)のような心態詞（Modalpartikel: ☞第11章）に近いと言える上、構造の点でも、(13)が示すとおり、強勢を受けず、前域（☞第2章、第3章）に置かれないことから、心態詞との類似性が極めて高いと言える(Wegener 1985b: 49–53)。

(14) a. Fáll **bloß/nur** nicht! 転ばないで！
  fall-IMP MP not

b. Dás   wird   **vielleicht** ein Spaß!　これは面白くなるぞ！
      this-NOM becomes-3SG MP   fun

2.5　分類のための分類を超えて

　さまざまな自由な与格をひととおり確認したいま、あらためて従来の与格の分類を言語学的な観点から捉え直すことができる。所有・利益・不利益・判断・関心の与格のうち、範列的にも連辞的にも分布が限られている関心の与格（1・2人称で無アクセント、中域のみ）は、明らかに他の与格と一線を画す。また判断の与格も、形容詞や副詞に付く zu または genug によって導入されるという点で、他の与格と統語的な性質が異なると言える。

　他方、残りの3つの与格、つまり、所有・利益・不利益の与格は、相互に画然と区別するのが難しい。利益・不利益の与格についてはすでに 2.2 節で、利益の読みと不利益の読みが言語外の知識に依存していることを指摘した。また、所有の与格も利益・不利益の与格も、意味的・統語的には共通の条件のもとで認められるということも確認した。すなわち、いずれの与格も動作や変化の影響を被る対象の存在を前提としているのであり、このような対象は統語的には VP の項に相当する。その際、与格で示される人物とこの対象とのあいだにはおおむね何らかの所有関係が成り立つ。所有の与格の場合、一般的に言ってこの所有関係に相当するのは(1)や(3)のような身体的な所属関係だが、そのほかにも(4a)のような手許に置いているという意味での所有関係もある。また、利益・不利益の与格でも、(7b)や(8b)、(9)のように制御の関係がしばしば成り立つが、これも広義の所有関係の一種と見なされるだろう。

　また、所有の与格を特徴づけるはずだった所有関係が利益・不利益の与格の一部にもあてはまるように、利益・不利益の与格を特徴づけるはずだった利益・不利益の関係もまた、所有の与格の一部にあてはまる。例えば(1)で、後頭部に空き瓶を打ちつけられた mir（私）は単に「後頭部」の所有者であるだけでなく、この出来事によって不利益を被った「被害者」であるし、(3b)で歯を磨いてもらった「私」は、普通は自ら行うはずの行為（歯磨き）を行う手間が省けたという意味で恩恵に与ったとも言える。実際このような読み込みが、文脈や場面に鑑みて行われることで、所有の与格の例は、同時に利益・不利益の与格の例とも解されるのである。

さらに、さまざまな与格が画然と分類されるのではなく、互いに重なり合う部分を有している状況は、自由な与格の下位分類のみにあてはまるのではない。そもそも補足語(目的語)の与格と自由な与格——特に所有の与格と利益・不利益の与格——も決して画然と区別されるわけではない。

(15) a. Er　　hat　　mir　　die Telefonnummer　　auf den Zettel
　　　 he-NOM has-3SG me-DAT the phone.number-ACC on　the　slip

　　　 geschrieben.
　　　 written
　　　 彼は私のために電話番号を紙片に書いてくれた。
　 a´. Er　　hat　　die Telefonnummer　　auf den Zettel geschrieben.
　　　 he-NOM has-3SG the phone.number-ACC on the slip　　written
　　　 彼は電話番号を紙片に書いた。
　 b. Er　　hat　　mir　　geschrieben, es gehe　　ihm　　gut.
　　　 he-NOM has-3SG me-DAT written　　　 EXP goes-3SG him-DAT well
　　　 彼は私に、元気だと書いてよこした。

(15a)における与格は、これを欠く(15a´)との対比で言うなら自由な与格と見なされる。その際、「私」と「電話番号」または「紙片」の間に(3)や(4b)に見られたような所有関係は認められないことから、この与格はひとまず利益の与格であると考えられる。つまり、「電話番号を紙片に書く」という彼の行為が「私」の利益になったことになる。ところで、そのような行為がなぜ「私」の利益になったのかと言えば、(7a)のように、自ら行うべきところを他人が代わってくれたからということもあるかもしれないが、それにも増して、私がその電話番号を必要としていたという背景が考えられる。このような必要性が彼の行為によって満たされたおかげで、私は利益に与ったのである。この場合、この必要性を満たされた「私」は、いまやその電話番号を知識として所有している者でもある。しかも、この文の述語動詞 schreiben は現に(15b)のように「人に書いて知らせる」という意味でも使われる。このことを考慮するなら、(15a)の意味を「紙片に書いて私に電話番号を知らせた」というふうに捉え直すこともあながち的外れではない。すると、(15a)の与格

は(15b)のような目的語の与格と意味的に近いものになる。さらに(15a)の与格は、(15b)の与格同様、bekommen受動(☞第5章)によって主語にも転じ得る。統語的には目的語(補足語)といってまったく差し支えないのである。

(16) a.　Ich　　bekam　(von ihm)　die Telefonnummer　　auf den Zettel
　　　　 I-NOM got-1SG（by him）　the phone.number-ACC on　the　slip

　　　geschrieben.
　　　written
　　　私は(彼に)電話番号を紙片に書いてもらった。
　　b.　Ich　　bekam　(von ihm)　geschrieben, es　gehe　　ihm　　　gut.
　　　　 I-NOM got-1SG（by him）　written　　　 EXP goes-3SG him-DAT well
　　　私は(彼から)、元気だと書いて知らされた。

　このように与格の用法は、動詞に内在する論理的項関係に属するか否かで、自由な与格とそうでないものとに分かれるというほど単純な話ではない。その背後では、語彙的な意味と文脈・場面に基づく意味とが相互に複雑に作用し合っている。こうした作用により、基底の意味関係(例えば「書く」という動作)は拡大されたり、修正されたりし、その結果、動詞の形態は同じままであっても、複数の意味関係(「どこかに書きつける」、「誰かに書いて伝える」など)が派生することがあり、この1つ1つの意味関係に統語構造(文型)が与えられる。このため与格は、たとえ基底の意味関係の項でなくても、派生した意味関係においては項となることがしばしばあり、その限りで文型に属する成分、つまり補足語として振る舞う。このとき重要なのはこうした一連の過程を理解することであって、述語動詞の下、無限に生起する与格の事例を補足語または自由な与格のいずれかに、また自由な与格であれば、さらに下位のいずれかの与格に分類し尽くすことではない(小川1991, Ogawa 2003: 11–41)。そこで次節以降、補足語の与格から自由な与格(所有の与格、利益・不利益の与格)への連続性に着目し、当該の文の構造——特に格付与——が語彙分解(Rapp 1997: 31–79, Wunderlich 1997b, 2000, 藤縄2010b)の方法によってどのように捉えられるのか、概略的に説明する。

3. 意味構造―項構造―統語構造

　文の意味は、(17)のような基本関数と(18)の BECOME や CAUSE との組み合わせにより、構造的に把握することが可能である。

(17) a. ACT-ON(x, z)「x が z に働きかける」
Klaus(x)　hat　　den Aufsatz(z) gelesen.
Klaus-NOM has-3SG the article-ACC read
クラウス(x)はその論文(z)を読んだ。

b. BE(z, PROPERTY)「z は PROPERTY(性質)である」
Die Tür(z)　ist　　offen.
the door-NOM is-3SG open
ドア(z)が開いている。

c. LOC(z, PLACE)「z は PLACE に位置する」
Wolfgang(z)　wohnt　in der Stadt(PLACE).
Wolfgang-NOM lives-3SG in the city
ヴォルフガング(z)は街中(PLACE)に住んでいる。

d. POSS(y, z)「y は z を所有する」
Hanna(y)　hat　　viele Uhren(z).
Hanna-NOM has-3SG many clocks-ACC
ハンナ(y)はたくさん時計(z)を持っている。

(18) a. BECOME(POSS(y, z))
Hanna　　hat　　eine Uhr　bekommen.
Hanna-NOM has-3SG a clock-ACC got
ハンナ(y)は時計(z)をもらった。

b. CAUSE(ACT-ON(x, z), BECOME(BE(z, PROPERTY)))
Er(x)　hat　　die Tür(z)　geöffnet.
he-NOM has-3SG the door-ACC opened
彼(x)はドア(z)を開けた。

c. CAUSE(ACT(x), BECOME(POSS(y, z)))
Thomas(x)　hat　　seiner Freundin(y) eine Uhr(z) geschenkt.
Thomas-NOM has-3SG his girl. friend-DAT a clock-ACC gave

トーマス(x)はガールフレンド(y)に時計(z)を贈った。

(18a)の BECOME(以下 BEC と略記)は任意の状態関数に適用されて、「当該の状態に変化する」という複雑関数を産み出す一方、(18b-c)の CAUSE(以下 CS と略記)は、この BEC を用いた複雑関数に加え、さらに第1項として ACT(x)または ACT-ON(x, z)を取ることで、「x の行為が変化を引き起こす」という意味の複雑関数を形成する。その際、CS の第1項には ACT(-ON)が入り、第2項にはその他の基本関数を項とする BEC 関数が入るという関係は不可逆的である(Rapp(1997: 59)の「CAUSE の原理」を参照)。

このように構造化された文意味は、統語構造の基盤をなし、ひいては項の格を決めるのに役立つ。1つの文で実現し得る個体の項は、(18c)のように最大3つ(x, y, z)であると考えられる。この3つの項は、それぞれ意味構造中、最上位であるか否か、最下位であるか否かの点で評価されて項構造(argument structure)をなす。この項構造は基底の統語構造に投射され、最終的に各々の項はこの統語構造中の位置に見合った構造格を許可される。

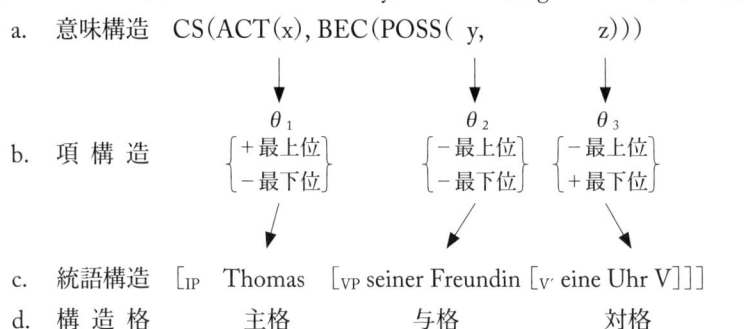

(19)　　Thomas(x) hat seiner Freundin(y) eine Uhr(z) geschenkt.(= (18c))
　　a.　意味構造　CS(ACT(x), BEC(POSS(y, 　　　z)))

$\qquad\qquad\qquad\qquad\qquad\quad\theta_1\qquad\quad\theta_2\qquad\quad\theta_3$

　　b.　項　構　造　$\begin{Bmatrix}+最上位\\-最下位\end{Bmatrix}$　$\begin{Bmatrix}-最上位\\-最下位\end{Bmatrix}$　$\begin{Bmatrix}-最上位\\+最下位\end{Bmatrix}$

　　c.　統語構造　[_IP　Thomas　[_VP seiner Freundin [_V' eine Uhr V]]]
　　d.　構　造　格　　　主格　　　　　与格　　　　　対格

CAUSE を用いない関数の場合も、基本的には(19)と同じ手続きで統語構造に投射される。ただし、先ほどの CAUSE の原理により、ACT(-ON)の第1項(動作主)が常に「＋最上位」と見なされる一方、ACT(-ON)以外の関数の項は「－最上位」と評価される。ACT(-ON)以外の関数においてどの項が主語になるかは、当該動詞が求める一致の素性 φ がどの項に割り振られるかによる(☞第5章)。このため、POSS(y, z)に基づく所有の動詞については、

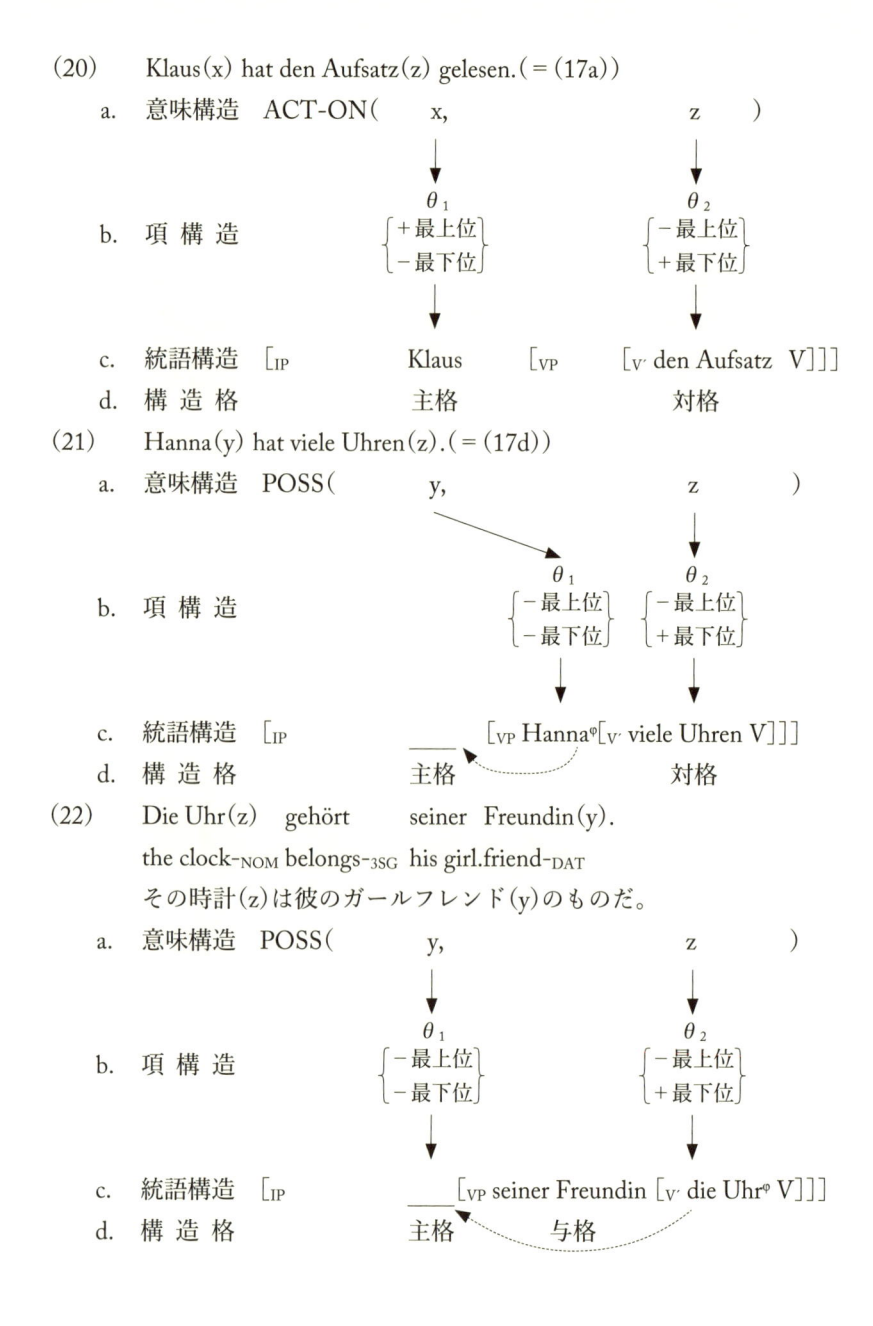

(20) Klaus(x) hat den Aufsatz(z) gelesen. (= (17a))
 a. 意味構造   ACT-ON(x,   z   )

          θ_1 θ_2
 b. 項 構 造 $\begin{bmatrix} +最上位 \\ -最下位 \end{bmatrix}$ $\begin{bmatrix} -最上位 \\ +最下位 \end{bmatrix}$

 c. 統語構造   [$_{IP}$ Klaus   [$_{VP}$ [$_{V'}$ den Aufsatz V]]]
 d. 構 造 格   主格   対格

(21) Hanna(y) hat viele Uhren(z). (= (17d))
 a. 意味構造   POSS(y,   z   )

             θ_1 θ_2
 b. 項 構 造 $\begin{bmatrix} -最上位 \\ -最下位 \end{bmatrix}$ $\begin{bmatrix} -最上位 \\ +最下位 \end{bmatrix}$

 c. 統語構造   [$_{IP}$ ___ [$_{VP}$ Hanna$^{\varphi}$[$_{V'}$ viele Uhren V]]]
 d. 構 造 格   主格   対格

(22) Die Uhr(z)   gehört   seiner Freundin(y).
   the clock-NOM belongs-3SG his girl.friend-DAT
   その時計(z)は彼のガールフレンド(y)のものだ。

 a. 意味構造   POSS(y,   z   )

            θ_1 θ_2
 b. 項 構 造 $\begin{bmatrix} -最上位 \\ -最下位 \end{bmatrix}$ $\begin{bmatrix} -最上位 \\ +最下位 \end{bmatrix}$

 c. 統語構造   [$_{IP}$ ___ [$_{VP}$ seiner Freundin [$_{V'}$ die Uhr$^{\varphi}$ V]]]
 d. 構 造 格   主格   与格

所有者(y)に一致の素性を付与するものであれば、(21)のようにyとzをそれぞれ主格と対格で実現し、所有物(z)に一致の素性を付与するものであれば、(22)のように与格・主格で実現することになる。

　(19)、(21)、(22)で明らかなように、POSS(y, z)のy項(所有者)は述語動詞本来の意味構造に含まれる場合、一貫して「−最上位、−最下位」と評価される。項構造においてこのような値を示す項は、統語構造上のVP指定部に投射される。その結果、当該動詞が(17d)や(18a)のような動詞でない限り、つまり、VP指定部にφを与えるような動詞でない限り、この項はこの位置に認められる構造格である与格で実現されるのである。

4. 所有関数の追加と自由な与格

　2節で確認したとおり、補足語の与格と自由な与格、とりわけ所有の与格と利益・不利益の与格とは連続的な現象である。典型的な補足語の与格が、(19)や(22)のように、動詞の意味構造にもともと内在しているPOSS(y, z)のy項を具現する一方、自由な与格は動詞の意味構造にもともと含まれないPOSS(y, u)を造語論の手続きとして追加することで得られる(Fujinawa and Imaizumi 2010, Wunderlich 2000)。

　この追加の手続きは、すでに確認したとおり、被動性の高い項の存在を前提に行われる。つまりPOSS(y, u)は、ACT-ON(x, z)またはBECOMEを有する関数と並列される。そこで(1)の述語動詞schlagen(打つ)や(9)の述語動詞treten(踏む)は、それぞれ(23)、(24)のような意味構造にPOSS(y, u)が&を介して追加されることで、(23′)、(24′)のように自由な与格(所有の与格や利益・不利益の与格)を項として取ることが可能になる。

　(23′)、(24′)で追加されたPOSS(y, u)のu項、つまり所有物は、もとの関数中にあるいずれかの項と同一のものを指す(Wunderlich(2000: 251)の「連結(Connexion)」の原則を参照)。(23′)ではPLACE項として実現されるPP中のden Hinterkopf(後頭部)、(24′)ではz項として実現されるPP中のdie Blumen(花)が、それぞれu項と同一のものと解釈される。他方y項は、(23′)でも(24′)でも、述語動詞本来の意味構造にPOSSが含まれるケースと同じく「−最上位、−最下位」と評価され、この値ゆえに、VP指定部に投射される。その際、(23′)、(24′)でのPOSS(y, u)の追加は、当該動詞の語形変化に

(23)　　Er(x)　hat　　die Flasche(z) auf den Boden　geschlagen.
　　　　he-NOM has-3SG the bottle-ACC on the　ground hit
　　　　彼(x)はその瓶(z)を地面に叩きつけた。

　　a.　意味構造　CS(ACT(x), BEC(LOC(z, 　　　PLACE)))

　　　　　　　　　　　θ₁　　　　　θ₂　　　　　θ₃
　　b.　項　構　造　⎰+最上位⎱　⎰−最上位⎱　⎰　PP　　⎱
　　　　　　　　　　⎱−最下位⎰　⎱+最下位⎰　⎱+ directional⎰

　　c.　統語構造　[IP　　er　[VP [V'　die Flasche　auf den Boden　V]]]
　　d.　構　造　格　　　　主格　　　　　　　　　　　　　　　　　対格

(23')　　... da hat er mir ... eine leere Flasche auf den Hinterkopf geschlagen.
　　　　　　　　　　　　　　　　　　　　　　　　　　　　　　　(=(1))

　　a.　意味構造　CS(ACT(x), BEC (LOC(z, PLACE)))& POSS(y, u)

　　　　　　　　　　θ₁　　　　θ₂　　　　　θ₃　　　　　θ₄
　　b.　項　構　造　⎰+最上位⎱　⎰−最上位⎱　⎰　PP　　⎱　⎰−最上位⎱
　　　　　　　　　　⎱−最下位⎰　⎱+最下位⎰　⎱+ directional⎰　⎱−最下位⎰

　　c.　統語構造　[IP　er　[VP　mir　[V'　eine ... Flasche　auf den H.k.　V]]]
　　d.　構　造　格　　　主格　　　与格　　　　　　　　　　　　　　対格

(24)　　Er(x) hat auf die Blumen(z) getreten.　彼(x)は花(z)を踏んだ。

　　a.　意味構造　　　ACT-ON　　　(x,　　　　z)

　　　　　　　　　　　　　　　　　　θ₁　　　　θ₂
　　b.　項　構　造　　　　　　　⎰+最上位⎱　⎰　PP　　⎱
　　　　　　　　　　　　　　　　⎱−最下位⎰　⎱(auf: ACC)⎰

　　c.　統語構造　　　　　　[IP　er　[VP [V'　　auf die Blumen　　V]]]
　　d.　構　造　格　　　　　　　主格

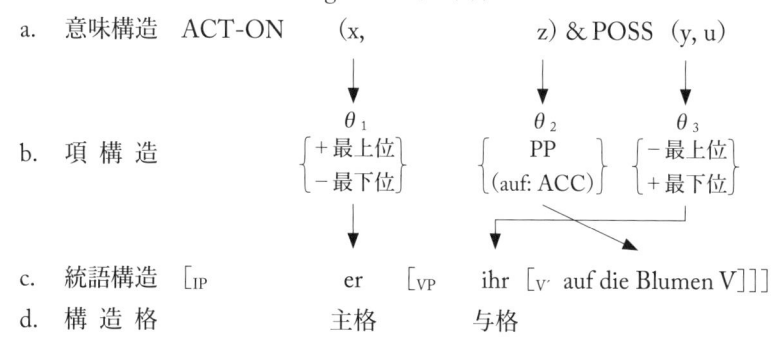

(24′)　Er hat ihr auf die Blumen getreten.(=(9))
　　a.　意味構造　　ACT-ON　　　(x,　　　　　　z) & POSS (y, u)
　　　　　　　　　　　　　　　　　↓　　　　　　↓　　　　　　↓
　　　　　　　　　　　　　　　　　θ₁　　　　　 θ₂　　　　　 θ₃
　　b.　項　構　造　　　　　　 ⎧+最上位⎫　　⎧ PP   ⎫　 ⎧−最上位⎫
　　　　　　　　　　　　　　　 ⎩−最下位⎭　　⎩(auf: ACC)⎭　⎩+最下位⎭
　　　　　　　　　　　　　　　　　↓
　　c.　統語構造　[IP　　　　　　er　　　[VP　　ihr　[V′ auf die Blumen V]]]
　　d.　構　造　格　　　　　　　 主格　　　　　 与格

反映しないかたちで行われるため、y 項が人称変化の一致の素性である φ を得ることはない。そこで、VP 指定部に投射された所有者の項は、一貫してこの位置で認められる構造格である与格の形で実現するのである。

　ちなみに、(24′)が不利益の与格の事例と解釈されるのは、追加された POSS(y, u) の直接的な貢献ではない。ここでの POSS(y, u) そのものは、「y が u を制御(世話)している」という広義の所有関係を表し、文全体としても「彼が花を踏む」という命題と「彼女が花を世話している」という命題が同時に成り立つことを意味しているにすぎない。しかし、常識に鑑みれば、人が世話しているものを踏む行為は一般的にその人にとって迷惑な行為であると考えられることから、この関係が同時に読み込まれ、不利益の与格と見なされるのである。

　このように、補足語の与格から自由な与格への連続性は、POSS 関数を接点として説明することが可能である。とはいえ、利益・不利益の与格の事例の中には、特定の対象(物)を(狭義であれ、広義であれ)所有するという関係を認めにくい(25)のような事例もあった。

(25) a.　Er hat **ihr** die Tür geöffnet.(=(7a))
　　 b.　**Dem Richter** zerbrach der Krug.(=(10))

　このような事例をも考慮するなら、もともと Wunderlich(2000)が提唱した POSS(y, u) を付加するという操作だけで、利益・不利益の与格のすべての事例をカバーすることには、限界があると思われる。

対案を考える場合、特に重要と思われるのは、このような与格が、当該の行為を自ら行おうと思えばできた人物、あるいは、その気になれば当該の結果を引き起こさないようにすることもできたはずの人物を指しているという点である。このような人物は、動作主(つまり、CS(ACT(x), ...)におけるx)と対照的な存在である。事態に積極的に関与する動作主と違い、この与格の人物の事態への関与は消極的である。

こうした事態への消極的な関与については、Imaizumi(2001)がAFFECTEDという関数を提案している。この関数は日本語のさまざまな態交替現象に応用可能だとされ、その中には間接受動も含まれる。ドイツ語の不利益の与格が日本語ではしばしば間接受動で自然に訳されることを思うとき、(25)のような事例も含めた与格の全体像は、個体と個体との間に成り立つ所有関係であるPOSSと、個体と事態との間に成り立つ消極的な関与関係であるAFFECTEDとの接点を探る中で見えてくるように思われる。本章では紙幅の関係上、残念ながら詳述することができない。ここでは、この方向でのアプローチとしてFujinawa and Imaizumi(2010)を挙げるに留める。

5. 自由な与格 vs. 間接受動

本章の最後のテーマとして、ドイツ語の自由な与格にしばしば日本語の間接受動が対応するわけを考えてみたい。

(26)　　dass [IP er [VP mir [V′　　　eine ... Flasche　auf den H.k. geschlagen]] hat]
　　　　　　　he-NOM　　me-DAT　　a ... bottle-ACC　on the head hit has-3SG
　　　　　　　動作主　>　所有者　>　被動者

ドイツ語の自由な与格は、追加された所有関数の第1項が、階層性を共通原理とするいくつかの構造表示のレベルを経て、最終的には最上位でも最下位でもない項として中間的な位置であるVP指定部に投射されて実現されるものである。一連のプロセスの最後に得られる基底の統語構造は意味役割の階層性を忠実に反映したかたちになっており、この階層性は、かきまぜ(☞第3章)が起こらない限り、(26)のように線状性のレベル(見た目の語順)にも反

映される。つまり、統語構造上、より高い階層にある項ほど語順の点でも前方に置かれるとともに、当該の項は意味の点でもより高位の役割を表す、という類像的(iconic)な対応関係が成り立つ。

　類像的な表現はプリミティブな方法であるが、それだけに習得は容易である。また、語順は普遍的な表現手段でもある(語順を持たない言語はない)。このことから、ソシュールの恣意性(arbitrariness)の原則とは正反対に、語順の類像性は、言語体系(統語論)において基盤的な役割を果たすものと考えられる(Leiss 1992: 5–11)。現に所与性(所与＞非所与)や発話への関与性(話し手・聞き手＞第三者)、有生性(有生＞無生)など少なからぬ階層が、一般的な条件下では類像的に語順に写し取られる。

　もっとも、これら多様な階層関係を同時にすべて語順と調和させることはしばしば不可能である。例えば、項Aが動作主で非所与、項Bが被動者で所与の項であれば、意味役割の階層と所与性の階層の両方を同時に最適な語順で実現することは叶わない。必ず一方の階層が反類像的に語順に写されることになる。

(27) a.　Ein junger Mann　fragte　　mich: ...
　　　　 a young man-NOM asked-3SG me-ACC
　　　　 動作主　　＞　　　　被動者
　　　　 非所与　　＜　　　　所与　（反写像的）
　　 b.　als　mich　ein junger Mann　fragte: ...
　　　　 when me-ACC a young man-NOM asked-3SG
　　　　　被動者　＜　動作主　（反写像的）
　　　　　所与　　＞　非所与

　このような反類像的な配列があるからといって、当該の語順が直ちに容認不可能となるわけではない。統語論はそうした逸脱そのものをなくすことはできないが、形態論の手段を用いることで、逸脱の存在をそれとして示すことはできる(藤縄 2003)。所与性に関して言えば、ドイツ語の名詞的表現は定・不定の別を示す。そこで(27a)における「非所与＜所与」という逆行した配列は、これと重なり合うかたちで「不定＜定」が提示されることにより、不問に付される。他方、意味役割階層については、格が同様の任を負う。

(27b)では「被動者＜動作主」というふうに逆行する意味役割の配列を「対格＜主格」がそれと示すことにより、統語的な反類像性が相殺されている。

　ここで冒頭の実例(1)に戻れば、この例に見られる自由な与格も（追加的な手続きの結果であるとはいえ）立派な項であり、この項によって示される形態論的な範疇は上述のような統語論の補完に一役買う。

(28)　　da hat er　　　mir ...　　eine leere Flasche ... geschlagen (= (1))
　　　　　動作主　＞所有者　＞被動者
　　　　　所与　　　所与　　＞非所与
　　　　　有生　　　有生　　＞無生
　　　　　第三者　＜話し手＞第三者

　この例ではおおむね類像的な配列が多層的に実現しているものの、発話への関与性の階層が囲いをつけたところで逆行している。しかし、ドイツ語には発話への関与性に関わるカテゴリーとして人称が存在し、これは人称代名詞によって示される。そこで、いま指摘した反類像性は、人称代名詞が示す「3人称＜1人称」によって相殺され、この文は何ら問題のない、自然な表現と受け止められる。このようにドイツ語は、語順に類像的に写し切れないさまざまな情報を、もっぱら名詞的表現の形態論的範疇によって処理する仕組みを発達させていると言える。

　これに対し、日本語には人称をはじめとする名詞的な範疇が広範に欠ける上、項はしばしば明示されないままでも済まされる。その代わり、動詞の範疇が豊かであり、「やりもらい」表現や直接・間接の受動態が認められる（Ono 2002: 239–271, Tanaka 2011）。

(29)　　私は　　犯人に　　空き瓶を　後頭部に打ちつけられた。
　　　　所有者＜動作主　＞被動者
　　　　所与　　所与　　＞非所与
　　　　有生　　有生　　＞無生
　　　　話し手＞第三者　　第三者

　文法の範疇として定・不定や性、人称を持たない日本語では、(29)のよう

に所与性や有生性、発話への関与性が反類像的にならないように配列することが重要である。しかしこのため、意味役割の階層が反類像的に写される蓋然性が、ドイツ語に比して高まると考えられる。ドイツ語であれば、常に表示される格に相殺を委ねることが可能だが、項の表示義務がなく、表示されてもしばしば係助詞によって潜在化してしまう日本語では、格に頼ることはできない。現に(29)では、意味役割階層に反して「所有者＜動作主」と配置されているが、このように通常と逆行するかたちで意味役割が配置されていることは、受動態によって暗示される。つまり日本語では意味役割階層と他の直示的・指示的階層とのずれは、動詞的範疇によって処理されるのである。

6. まとめ

　本章ではドイツ語の自由な与格について、そのさまざまな意味がおおむね所有関係を基盤に捉えられることを示した。また、補足語としての主格・対格・与格が意味論における項の階層性の原理を反映するかたちで決まることを確認したのち、自由な与格を基底の意味構造への所有関数の付加という操作の産物と捉え、ここに通常の述語に働くのと同じ原理があてはまることを明らかにした。さらに、ドイツ語が統語的階層性からずれる意味役割の階層性を格の連辞的な配列によって表示するのに対し、項を人称代名詞で表示する義務がない日本語では、同じずれを動詞の形態論による範列的な手続きによって示すという、ドイツ語・日本語間の体系的な差異にも言及した。

　最後に、ドイツ語の与格は、統語論、意味論、辞書論、語用論などさまざまな次元の言語知が合わさって生じる現象である。複合作用としての言語の中で形と意味とが不断に、またダイナミックに切り結ぶところに醍醐味があると言えるこの現象は、ドイツ語学の問題として、なお未解明の点が少なくない上、対照言語学的な観点からも検討すべき課題は多い。その意味で今後もなお興味の尽きないテーマなのである。

(第7章執筆：藤縄康弘)

〔付記〕本章は日本学術振興会科学研究費補助金(基盤研究(C)23520497)による研究成果の一部である。

> 読書案内

　Ogawa(2003)は、ドイツ語の与格に関する研究として、今日スタンダードと見なされるもの。ドイツ語の与格が任意の範疇Xの下で [$_{X''}$ DAT [$_{X'}$ [$_X$　]]] という図式で認可されることを明らかにするとともに、このようなドイツ語の戦略をフランス語や日本語と対照している。Wegener(1985b)は、上述 Ogawa(2003)と並び、ドイツ語与格の研究の集大成として欠かせない。ドイツ語与格の研究史を批判的に振り返り、自由な与格が、関心の与格を除いて、項として振る舞うことを明らかにした。分析においては、統語論と意味論とにバランスよく目配りがされている。Wunderlich(1997b)は、語彙分解文法に関する基本論文。概念構造(CS)、意味形式(SF)、シータ構造(TS)、句構造(PS)の4層を区別し、特に SF と TS の関係に重点を置いて説明がなされている。なお、自由な与格については、この理論に基づく Wunderlich(2000)を参照するとよい。

コラム　目的語の格（その2）

　ドイツ語学習者にとって目的語の格が不可解であることは、すでに第5章のコラムで触れたが、本章のコラムでもこの話題を取り上げる。

　「だれかを助ける」は日本語ではヲ格目的語を取る動詞だが、ドイツ語には対格支配の jn. [ACC] unterstützen のほか、与格支配の jm. [DAT] helfen があって、学習者を混乱させる。特に問題なのは、後者の与格支配である。この与格については、言語学者の中にも特異事例と見なす向きがあるのだが、決してそのようなことはない。これもドイツ語の一般的パターンに収まる現象である。

　すでに Wegener(1985b: 279–284) が指摘していることだが、2項動詞で与格目的語を支配するものは、他者の振舞いに対する反応・応答としての出来事を表すものが少なくない。例えば jm. [DAT] gehorchen（だれかに従う）は与格の人物による命令を念頭に置いた行動であるし、jm. [DAT] zusehen／zuhören（だれかの行いを注視する／だれかの言うことを傾聴する）も他者の言動があっての状況を示している。

　またこの線で捉えると、意味的にはほぼ同義でありながら、格支配が異なる jn. [ACC] treffen と jm. [DAT] begegnen（人に会う）のような対における微妙な差異も理解できる。対格支配の前者では、この対格で示される人物の振舞いは問題でない。たまたまそこにいた人が知り合いだと気づいて、「やあ」と声をかけたという具合に、こちらから他者への一方的な働きかけであって構わない。これに対し与格を支配する後者は、相手がやって来るのを受け、こちらも相手のほうに近づいて行くというような状況を表している。

　こうした反応・応答の関係では、主語の人物が目的語の人物に対して何かを行うという出来事に先立って（またはそれと同時に）、与格の人物のほうも何らかの振舞いを示している。その意味において、与格の人物は単なる対象ではなく、主語に次ぐ「第二の動作主」的な性質を帯びていると言える。

　ここで冒頭の「助ける」に戻ろう。日本語の「助ける」においては、救助・援助の場面で典型的なように、目的語の人物は自らは行動せず、一方的に助けられる存在で構わない。ドイツ語でも、対格を支配する unterstützen には同じことが言える。他方、与格支配の helfen は、unterstützen と異なり、出来事の項も取り得る (er half mir beim Kochen 'he helped me cooking')。ここでは与格の人物はただ座しているのではなく、主語とともに行動する存在である。helfen の与格支配を支えるのは、こうした比較的高い動作主性なのである。

第8章
ドイツ語の名詞表現の統語論と意味論

> **ポイント** この章では、ドイツ語の名詞句の統語的・意味的特徴について考察する。名詞句(限定詞句)を構成するものは名詞だけではなく、冠詞や数量詞もある。冠詞は、定と不定に区別されるが、個体(対象)の指示の仕方や、談話における情報の流れ、話者と聞き手の共有知識にも関連する。

実例 (1) Die Frau hatte zwei Töchter mit ins Haus gebracht, die schön und weiß von Angesicht waren, aber garstig und schwarz von Herzen. Da ging eine schlimme Zeit für das arme Stiefkind.
(Brüder Grimm. *Aschenputtel*『灰かぶり(シンデレラ)』)
[訳]「その女性は2人の娘を家に連れてきた。娘たちは顔が色白で美しかったが、心は真っ黒だった。それから哀れな子供にはつらい時が始まった。」 (訳は執筆者による)

説明 Frau(女性)やHund(犬)など、指示対象が数えられる単数の可算名詞は、ein/eineやder/die/dasなどの冠詞が付いて名詞句(限定詞句)となり、例(1)のdie Frau(その女性)のように、主語や目的語になる。一方、対象が数えられない不可算名詞は、冠詞なしで主語・目的語になる。Zeit(時)も不可算名詞であり、*Ich habe heute Zeit.*(私は今日暇がある。)のように、無冠詞で主語や目的語になる。しか

し、(1)では eine schlimme Zeit(つらい時)のように、不定冠詞 eine が付いている。このように、不可算の場合でも、対象の把握の仕方が変わったり、schlimm(つらい)のような形容詞で限定されたりすると、境界性のない対象が、数えられる境界を持った個体と把握され、不定冠詞が必要になる場合がある。また、日本語では、「女性は犬を連れてきた」というように、名詞単独で名詞句として談話状況に存在する既知の個体を指示できる(「女性」「犬」)。他方、ドイツ語では既知の個体を指示するには、der/das/die などの定冠詞が必要となる。このように、冠詞は名詞と関連して対象の導入や同定の仕方を表すが、冠詞のない日本語では、冠詞機能は理解しにくいので、ドイツ語の名詞表現を分析する際、特に注意が必要である。

問題提起
・名詞表現の主要部(中心)は、名詞か、限定詞(冠詞)か？
・可算名詞と不可算名詞・複数名詞の意味的な相違はどこにあるか？
・定冠詞や不定冠詞が談話の中で担う機能はどのようなものか？
冠詞がない日本語との対応はどのようになっているのか？

＊＊＊

1. はじめに

　名詞(noun)が、人や物などの個体(individual)、あるいは概念(concept)を表すことは一見当然のように思われる。しかし、対象を指示する働きを持つのは、実際には名詞それ自体ではなく、名詞句(NP: noun phrase)である。名詞句とは、主語・目的語のように、動詞や形容詞、前置詞の項(argument)として機能し得る名詞的な句のことである(☞第1章)。

(2) a.　　{Emil/er/der Junge/ein Junge/*Junge} schlief ein.
　　　　　 Emil/he/the boy　/a boy　　/*boy　　fell asleep
　　　　　{エミールは／彼は／その少年は／ある少年が} 眠り込んだ。

b. {Gold/das Gold} ist selten. 金というものは貴重だ。
　　{gold/the gold}　is　rare

　(2a)のように、固有名詞 Emil や人称代名詞 er 'he' は、冠詞なしで単独で名詞句になり、項として機能する。一方、Junge 'boy' のような普通名詞は、der 'the' や ein 'a' のような冠詞(article)を伴ってはじめて名詞句になり、言語外の対象を指示する。普通名詞の中で、Junge のように対象が数えられる単位性を持つものを可算名詞(count noun)と呼ぶ。ただし、冠詞が現れる位置には、mein 'my' のような所有冠詞や jeder 'every' のような数量詞も現れるので、一般化した形で限定詞(D: determiner)と呼ぶ。このように、名詞句を分析するには名詞と限定詞の関係を捉える必要がある。一方、(2b)の Gold も普通名詞だが、可算名詞とは異なり、単位性のない物質を指示する不可算名詞である。不可算名詞は、冠詞なしで名詞句になる点で、(2a)の Emil のような固有名詞と似ている(英語と違い、ドイツ語では定冠詞を付けて das Gold としても、総称的意味「金というもの」を表せる)。このように、名詞句を考察するには、名詞の種類(固有名詞、可算・不可算名詞)も区別しなくてはならない(Krifka 1989, Helbig and Buscha 2005)。
　さらにそれに加えて、性・数・格などの文法情報も関与している。

(3) a. *Hund　　bellt. b. Hunde　　bellen.
　　　dog-MA. SG. NOM barks　dogs-PL. NOM bark
　　　犬は吠える／犬が吠えている。
(4)　Ich ziehe Kaffee　　dem Tee　　vor.
　　　I　prefer coffee-MA. SG. ACC the　tea-MA. SG. DAT PRT
　　　私はお茶よりもコーヒーを好む。
　　(cf. Ich ziehe Tee dem Kaffee vor.「コーヒーよりお茶を好む」)

　(3a)の Hund 'dog' は可算名詞で、男性・単数・主格という文法情報を持っているが、単数可算名詞は、限定詞(定・不定冠詞)がないと名詞句にならない。したがって、Hund は項として機能せず、(3a)は非文になる。一方、(3b)の Hunde のように複数形になると、可算名詞は冠詞なしでも名詞句として機能する。これを裸複数形(bare plural)と呼ぶ。裸複数形が名詞句になること

は、英語やドイツ語などのゲルマン語の特徴である(フランス語などでは裸複数形はあまり現れない)。裸複数形が項として機能するメカニズムはいかに説明できるのか。Gold のような不可算名詞と Hunde のような裸複数形には類似点があるのか。これは、可算・不可算の区別、単数・複数の区別と、名詞句としての認可に関する問題であり、つきつめると議論がさまざまに分かれる(Krifka 1989, Chierchia 1998)。また、文(4)では Kaffee と Tee という不可算名詞が2つ現れる。動詞の対格目的語の Kaffee は無冠詞であるが、比較対象を表す Tee 'tea' は、定冠詞 dem が付いて男性・単数・与格であることが明示される。特定の「そのお茶(に)」の意味でも dem Tee は使えるが、(4)では飲み物の種類一般が話題になっており、特定のコーヒーやお茶が議論されているわけではない。つまり、Tee は不可算名詞なので、冠詞は不要であるはずである。実際、Kaffee と Tee の位置を入れ替えると、今度は Kaffee に定冠詞 dem が付く。なぜ与格目的語に定冠詞が付くのか。この問題には、名詞句の形態的・統語的な特徴と名詞句の意味が関与する。この章では、このような名詞表現の統語論と意味論の問題について詳しく考察する。

2. 名詞句・限定詞句の統語構造

まず、(5)のような、定冠詞と名詞からなる名詞表現の構造を考える。そこで、統語構造の基本となる X バー構造を思い起こそう(☞第1章)。

(5)　　Der Computer ist neu.　そのコンピュータは新しい。
　　　　the computer is new
(6)　　X バー構造：XP→[(指定部 ZP)[$_{X'}$ X^0(補部 YP)]]

句には主要部 X^0 が存在し、X^0 は補部を選択して中間投射 X′ に投射し、句を限定する指定部を取って句(最大投射)になる。(5)の der Computer の場合、2つの構造が考えられる。Computer の統語範疇である名詞 N が主要部になる場合(7a)と、定冠詞 der の範疇である限定詞 D が主要部になる場合(7b)である。

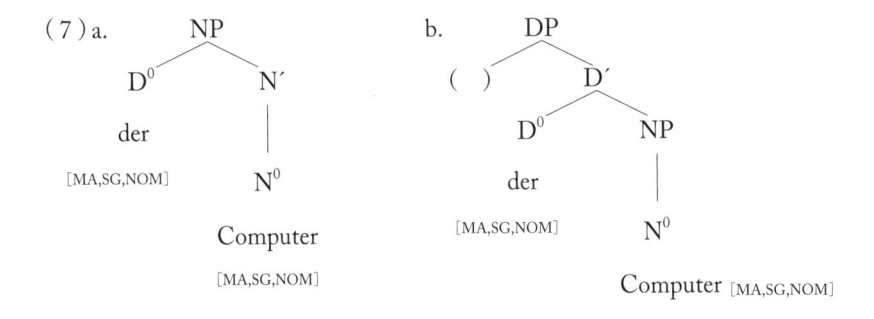

(7) a.
```
        NP
       /  \
      D⁰   N′
      |    |
      der  N⁰
  [MA,SG,NOM]
           Computer
         [MA,SG,NOM]
```

b.
```
        DP
       /  \
     ( )   D′
          /  \
         D⁰   NP
         |    |
         der  N⁰
     [MA,SG,NOM]
              Computer [MA,SG,NOM]
```

　(7a)ではNが主要部となり、N′に投射し、定冠詞derが指定部に入り、NPとなる。一方(7b)では、主要部は限定詞Dである。Nは名詞句に拡張し、Dの補部となる。中間投射D′は指定部なしで句となり、限定詞句DPができる(Abney 1987)。(7a–b)ともに、冠詞と名詞に性・数・格の文法情報が付随しており、それらは一致関係によって同じ値を取る。(7a)と(7b)を一般化して、句構造書き換え規則として表すと次のようになる。

(8) a.　NP→(D⁰) N′　　N′→N⁰(NP/PP)
　　b.　DP→(DP) D′　　D′→D⁰ NP

　(8a)のNP構造はよく知られているが、Xバー構造としては問題がある。(8a)の指定部は語彙レベルのD⁰である。これは、「指定部・補部に来る要素は最大範疇としての句である」というXバー構造と合わない。実際、(8a)ではN⁰の投射内で語彙レベル要素がN⁰、D⁰と2つあり、どちらが中心なのか曖昧である。他方、(8b)のDP分析では限定詞Dが主要部であり、1つの語彙レベルのD⁰が主要部となっている。また、補部には最大範疇のNPが現れる(DP分析では、名詞Nはそれ自体で句NPに投射できる)。
　日本語話者には分かりにくいが、名詞表現の中心は、名詞ではなく冠詞である。ピーターセン(1988)は、日本人英語の傑作として、Last night, I ate a chicken in the backyard. という作例を紹介しているが、ここで誤解の原因となったのは、不用意に付けられたaにある。冠詞aの存在によって、「chicken＝(不可算の)トリ肉」を食べたはずが、「a chicken＝ニワトリ1匹、それも裏庭で走っているのを丸ごと」食べた場面を連想させる結果になったのである(ピーターセン 1988)。このように(ドイツ語の場合も同様だが)、英語母語話

者が、指示対象について冠詞aで切り取れる個体かどうかをまず意識するとすれば、冠詞があってはじめて名詞表現が完成して句になるというDP分析は、この言語直観を適切に反映していると言える。

　DP分析の長所は他にもある。例えば、(9a)に後続する発話でder neue Assistant(新しい助手)の指示対象について再度言及すると仮定しよう(下付き指標₁は同一指示を表す)。この時(9b)のように、照応形としての人称代名詞 er 'he' が使えるが、(9c)のように、眼前の状況に存在する対象を直示的に指す指示代名詞 der 'that/he'「あの人」も使える。指示代名詞の形態は、対応する名詞表現の性と数に一致する定冠詞と似ている(属格や複数与格で定冠詞とは異なるが)。NP分析では、(9c′)のように、主要部がゼロ形∅になり、指定部しか存在しない変則構造になる。他方、DP分析の(9c)では、語彙レベルの限定詞Dが主要部となり、指示代名詞全体は、主要部Dが投射した形の適切な限定詞句である(Bhatt 1990, Olsen 1991)。

(9) a.　[_DP Der neue Assistent₁] ist da.　新しい助手はあそこにいる。
　　　　　the　new　assistant　　is　there
　　b.　[_DP [_D0 Er₁]] ist sehr jung.　彼はとても若い。
　　　　　　　　　he　is　very young
　　c.　[_DP [_D0 Der₁]] ist sehr jung.　c′.　[_NP Der₁ [_N′ [_N0 ∅]]] ist sehr jung.
　　　　　　　　that　is　very young　あいつはとても若い。

　DP分析では、er 'he' のような人称代名詞も主要部Dに属する。代名詞は単独で項になるので、補部も指定部も取らずDPに拡張する(10a)。ここに同じDに属する冠詞derが入る構造は適格に排除される(10b)。一方、NP分析では、人称代名詞erは主要部Nに入る。NP分析では(7a)のように、指定部に冠詞が入る場合もあるので、(10b)の *der er '*the he' のような誤った構造も許してしまう。したがって、NP分析では非文法的構造を排除できない。

(10) a.　[_DP [_D er]]　b. *[_DP [_D der er]](2つの主要部は不可能)
　　　　　　he　　　　　　　　　the he
(11) a.　[_NP [_N er]]　b. *[_NP der [_N er]](指定部―主要部)
　　　　　　he　　　　　　　the　he

もう 1 つ、(12a) の wir Linguisten(我々言語学者)のように、代名詞に名詞が同格で隣接する表現を見る(Lawrenz 1993)。(12a) の DP 分析では、代名詞 wir 'we' が限定詞 D として主要部となり、Linguisten 'linguists' を補部 NP として取る。意味的には、代名詞 wir(我々)の指示対象(話者を含む複数個人)が決まり、その所属が「言語学者だ」と叙述されていると分析できる。一方、(12b) の NP 分析では、代名詞 wir は N 主要部であり、Linguisten を補部 NP として取る。しかし、これでは、(12d) のような属格の補部 der Linguisten 'of the linguists'(言語学者たちの)と構造的な区別がつかない。また、(12a)は「言語学者たちの中の我々」のような属格的な部分の意味ではない。したがって、NP 分析では(12c)のように、特別な付加構造を別個に仮定する必要性が生じてしまう(N′ に名詞句を右付加)。

(12) a. [DP [D wir] [NP Linguisten]] 'we linguists' 我々言語学者
             we   linguists
   b. [NP _ [N′ wir] [NP Linguisten]]   〃
   c. [NP _ [N′ [N′ [N wir]] [NP Linguisten]]]   〃
   d. [NP die [N′ [N Gruppe] [NP der   Linguisten]]]
           the   group   of-the linguists
         言語学者らのグループ

このように DP 分析に立脚すれば、個体指示の鍵が限定詞 D であることが理解できる。例えば、(13a) の Frau(女性)のような可算の普通名詞が指示表現になるには冠詞 D が必要である。逆に、D によって指示対象が決まれば、(13b–c)のように補部が不要になる場合もある(代名詞・指示代名詞)。

(13) a. [DP [D die] [NP Frau]]   b. [DP [D sie]]   c. [DP [D die]]
           the   woman   she   she/that

3. 限定詞句における冠詞の意味、名詞の意味

次に、限定詞句における限定詞と名詞の意味を考えよう。普通名詞は通常、指示対象が所属する概念のカテゴリーを表し、意味的には述語

(predicate)に対応する(白井 1985)。名詞であるのに述語というのは分かりにくいが、ここで述語とは「個体の集合」を意味している。次の(14)の Hund (犬)によって、ある状況で犬に属する個体の集合 {Bob, Felix, Fido, Hachi, Lucky} を表すとしよう。Hund は、「犬である」というカテゴリーを表しており、「Katze(猫)でない」のは自明である。しかし、Hund は集合表現であり、特定の個体を指示することはできない。したがって、(15)のような名詞(名詞句)である Hund だけでは、個体を表す指示表現(項)にはなれない。

(14) [NP [N Hund]] ⇒ {Bob, Felix, Fido, Hachi, Lucky} (犬の集合)
(15)* Hund bellt. (*Dog barks.「(犬の集合が)吠えている」)

(15)をあえて「犬的集合が吠えている」と直訳すれば、意味の不適切さが理解できるかもしれない。ここで、Hund に限定詞が付くことによって個体指示が可能になる。まず、定冠詞の意味を考えてみよう。定冠詞は、名詞句が表す集合の中から特定の個体を1つ抽出する(Russell 1905)。

(16) a. [DP der [NP Hund]] bellt. その犬が吠えている。
   b. "Hachi" ⇒ Hachi (個体指示) c. BARK(Hachi) (命題 = 文意味)
(17)   DP (定冠詞 + NP) ⇒ ιx [NP(x)]
(18)   "der Hund" ⇒ ιx [DOG(x)] (ιx [DOG(x)] ⇒ 個体 Hachi)

例えば(16a)の der Hund 'the dog' は、(14)の集合から個体 Hachi を選び出す。さらに定冠詞と名詞句の意味を一般化すると、(17)のようになる。(17)は「集合 NP の値を満たす唯一の個体 x」を表す。ι(イオタ)は唯一性を表す演算子である。これに基づき、(16a)の DP を記述すると(18)のようになり、この状況で Hachi を指す。厳密に言えば、(14)のように Fido, Felix, Hachi…と、集合の要素としての個体が複数あるとき、DOG の唯一性は成り立たないので、x の値は定まらず、der Hund は指示値を持てない。そこで唯一性を満たすには、Hund の要素は {Hachi} だけというように、単元集合である必要がある。しかし、集合にあてはまる個体が状況内にただ1つだけ存在するという要求は強すぎる。実際の発話状況では、犬が1匹いる場合も複数の場合も、der Hund のような定表現は使用できる。話者と聞き手が、対象を同定

できるように十分絞り込んだ、曖昧でない文脈との関係があればよい。それには、先行発話で犬(ein Hund)が話題として導入される場合(言語的照応：anaphor)や、発話場面に存在する特定の犬を示す場合(言語外の直示：deixis)がある。そのような状況では、Hachi 以外の犬は(19)のように、話者と聞き手の注意の範囲から後景化する。冒頭の(1)で示した die Frau(その女性)も、「灰かぶり」の物語内で絞り込まれた特定の人、つまり Frau の集合を満たす人(父が後妻に迎えた女性)を指示する。また、Töchter は「その女性の娘たち」という意味の関係名詞であり、一義的関係(x→x の娘)を表す(Löbner 1985)。

(19) 　　[$_{DP}$ der Hund] ⇒ {~~Bob Felix Fido~~ **Hachi** ~~Lucky~~}　　(同定可能)

　結局、(16a)の文 Der Hund bellt. (その犬は吠えている)の意味表示は(20a)のようになる(犬である x を満たす曖昧でない個体 x があり、その x が吠えている)。今議論している状況では、(20a)は(20b)と同じ真理値になる。どちらも、犬のハチが吠えていれば真、そうでなければ偽となる。

(20) a.　BARK(ιx [DOG(x)])　b.　BARK(Hachi)

　このように、定限定詞句(「確定記述(definite description)」とも言う)は、固有名詞と同様に個体を指示する。しかし、話者が個体の名前を知らなくても、個体が所属するカテゴリーが分かれば、名詞の記述力によって個体の範囲が限定できる点で、定限定詞句は固有名詞よりも汎用性が高い。あるグループを見て特定の男を指して、Wer ist der Mann?(あの男は誰？)と聞く状況を考えてみる。der Mann という定限定詞句が指示する男性の名前(例えば Peter)を知っていれば、あえて尋ねる理由もない(この場合、der Mann の意味は ιx[MAN(x)](男である唯一の x)で、Peter には置き換えられない)。
　では、不定冠詞付き限定詞句の場合はどうか？ ein 'a' のような不定冠詞も、定冠詞と同様に普通名詞の意味である個体の集合に作用するが、この場合どれか 1 つの任意の個体を表す。例えば、(21)の ein Hund(ある犬)の場合、Bob か Felix か Fido... というように、犬の集合に属する個体のどれかを指す。したがって、(21)の文の意味は(22)のようになり、集合要素である

Bob が吠えているか、Felix が吠えているか…（犬の要素）のいずれかがあてはまる（選言の [p OR q] と同じである）。

(21)　　[DP ein [NP Hund]] bellt.　ある犬が吠えている。

　　　　Bob or Felix or Fido or Hachi or ...　（どれか）＋吠える
(22)　　BARK(Bob) or BARK(Felix) or BARK(Fido) or BARK(Hachi)...
(23)　　∃x [DOG(x) & BARK(x)]
　　　　犬であり、かつ吠えている個体 x がいる。

　(22)に名詞意味を組み込んで一般化すると(23)のようになる。E が左右逆転した∃を存在量化子（existential quantifier）と呼ぶ。演算子∃が変項 x を束縛する形の∃x[...x...] は、「[...x...] である個体 x が少なくとも 1 つある」ことを示す。(22)、(23)が示すように、指示対象がどの個体なのか不明でも、その所属カテゴリーが分かれば、それを示す名詞句 Hund によって対象を特徴づけることができ、その中の任意の要素を指示できる。しかし、集合要素のどれか 1 つを満たせばよいという点で、不定冠詞の指示性は定冠詞より弱い。

　会話や物語冒頭では、不定冠詞付き表現がよく使われる。(24)の最初の文では einen Hund 'a dog'、続く文では der Hund 'the dog' となっているが、どちらも同一の個体を指す（例えば Felix）。定冠詞と不定冠詞の使用は、話者による指示同定だけでなく、聞き手による同定の問題が関わる。ある対象が話題になるが、話者も聞き手もその対象を同定できない場合、不定冠詞が使われ、上記(22)のように、非特定的解釈になる（ein Hund「ある犬」）。他方、話者は、対象を既に知っていて同定できるが、聞き手はその対象をどれか同定できない場合、対象に関する話者・聞き手の共通理解がないので、(19)のような絞り込み表示をするわけにはいかない。したがって、不定冠詞によって、共有談話状況に新規に個体を導入し、聞き手に注意を喚起する必要がある（「談話状況に新たに 1 匹の犬 h を導入せよ」という指令）。その発話以降は、導入された指示対象 h は、既知情報としてマークされ、定冠詞付き表現（照応形）によって一義的に指示できる（Bisle-Müller 1991）。このように、不定冠詞付き名詞句（不定表現）で表される対象を新情報、定冠詞付き名詞句

（定表現）で表される対象を旧情報と呼び、談話機能上の区別を表す（☞第3章）。(24)の2つの文は、(25a, b)のように表示される。(25a, b)の名詞表現は、外延（指示対象）としては同じ値（例えば Felix）を取る。しかし、両者は談話上の機能が異なるのである（新情報 vs. 旧情報）。

(24)　　Robert sah einen Hund.　Der Hund heulte.
　　　　Robert saw a　　dog　　the dog　howled.
　　　　ロベルトは1匹の犬と会った。その犬は遠吠えしていた。
(25) a.　$\exists x\,[DOG(x)\ \&\ SEE(Robert, x)]$　b.　$HOWL(\iota x\,[DOG(x)])$

　上で述べたように、不定冠詞には、2つの区別があることに注意されたい。話者が特定の対象を意図して不定表現を使用するとき、その表現を特定的(specific)と呼び、他方、話者自身が対象を特定できず、任意の対象を意味する場合、非特定的(non-specific)と呼ぶ（(26)の2つの解釈）。

(26)　　Ein Gemälde ist verschwunden.　絵が1枚なくなった。
　　　　a　picture　is disappeared
(27) a.　特定の絵（例えば「モナリザ」）がなくなった。　　　（特定的）
　　 b.　どれか分からないが、ある1枚の絵がなくなった。　（非特定的）

　さて、限定詞 D には冠詞以外の数量詞(quantifier)も入る。例えば、普遍量化子 jeder 'every'、否定冠詞 kein 'no' などの数量詞は、次の意味を表す。ここで変項 P は、述部（動詞句）の意味に対応している。

(28) a.　jeder NP 'every NP' $\Rightarrow \forall x\,[NP(x) \rightarrow P(x)]$
　　　　（すべての個体 x について、x が NP の値を満たすなら、x は P である）
　　 b.　kein NP 'no NP' $\Rightarrow \neg\exists x\,[NP(x)\ \&\ P(x)]$
　　　　（NP を満たし、かつ、P の値を満たす x は1つも存在しない）

4. 固有名詞、不可算名詞、複数形の構造と意味

4.1 固有名詞、不可算名詞、複数名詞の構造

では、限定詞を必要としない固有名詞や不可算名詞の場合はどうか？ これらの構造には2通りの分析がある。1つは、指示表現はすべて限定詞句DPであり、限定詞のない固有名詞や不可算名詞にも発音されない限定詞（ゼロ冠詞）があるという分析である。もう1つは、言語によって指示表現の性質に相違があり、限定詞句DPが指示表現になるのはもちろん、名詞句NPも指示表現になるという分析である（名詞表現のパラメータ化）。前者の分析では、固有名詞・不可算名詞・複数名詞は、(29)のように、目に見えないゼロ限定詞∅を伴って限定詞句DPを形成する。指定部にはゼロ要素∅が入るが、(30)のように、そこに定冠詞 der/das/die が入る場合も可能である。

(29) a. [DP ∅ [NP Hans]]　b. [DP ∅ [NP Gold]]　c. [DP ∅ [NP Bücher]]
(30) a. [DP der [NP Hans]]　b. [DP das [NP Gold]]　c. [DP die [NP Bücher]]
　　　　the　　Hans　　　　　　the　　gold　　　　　　the　　books

(30a)では固有名詞に定冠詞が付いている（英語の*the Hans は非文法的）。これは日常会話ではよく使われる表現で（南ドイツでは定冠詞＋固有名詞が普通）、親しみ・軽い軽蔑を込めた「あの Hans」のような意味になる。

他方(30b, c)の定冠詞は、(29b, c)の無冠詞形とは基本的に異なる。Gold は「金というもの」「一定の金」、Bücher は「本というもの」「数冊の本」を表し、das Gold は「そこにある金」、die Bücher は「それら複数の本」を表す。

一方、フランス語やイタリア語では、(29)のようなゼロ冠詞が許されず、固有名詞を除いて限定詞が要求される。(31)はフランス語の例であるが、英語やドイツ語では無冠詞でよい環境もあるが（Wein、Bücher など）、部分冠詞 du, des（「ある（一部の）～」）を使わねばならない。

(31) a. [DP du [NP van]]　b. [DP des [NP libres]]
　　　　some　wine　　　　　some　books

3節の議論と考え合わせると、指示表現・動詞の項として機能するのは、

名詞それ自体ではなく、限定詞を伴った限定詞句 DP であるという見方ができる。Longobaldi(1994)は、これを次のように一般化している。

(32)　　名詞的表現が項になるのは、それが語彙的に埋められた限定詞 D を伴う場合に限られる。　　　　　　　　　　（Longobaldi 1994: 620）

　項となる表現は限定詞句でなければならない。言い換えると、指示と関わるのは名詞自身でなく、限定詞 D の性質による(呼びかけや、コピュラ文 A ist B の述語名詞(B の部分)など、非項では限定詞は必須ではない)。日本語や中国語など、冠詞のない言語はともかく、(32)は、ドイツ語やフランス語など、限定詞の発達した言語にはあてはまる。この見方では限定詞のない句でも、指示表現である限りゼロ冠詞が存在するのである。

(33) a.　[$_{DP}$ [∅$_i$] [$_{NP}$ Hans$_i$]]　b. [$_{DP}$ [∅$_j$] [$_{NP}$ Gold]]　c. [$_{DP}$ [∅$_k$] [$_{NP}$ Bücher]]
　　　　　　ハンス　　　　　　　　　　金　　　　　　　　　　本
(34) a.　Gold liegt im　Safe.　b.　Gold ist rar.
　　　　gold　lies　in the safe　　　gold　is　rare
　　　　金庫に金がある。　　　　　　金は希少だ。
(35) a.　Bücher sind auf dem Regal.　b.　Bücher sind interessant.
　　　　books　are　on　the　shelf　　　books　are　interesting
　　　　本棚に本がある。　　　　　　　　本というものは面白いものだ。
(36) a.　(∃x)[Gold(x) & IN(x, the_Safe)]
　　 b.　RARE(Gold$_k$)
　　 c.　GEN$_x$[Book(x) → Interesting(x)] (GEN：総称演算子)

　(33a)の固有名詞では、名詞句の Hans に指示的な力がある。これを Hans の指示指標 i とゼロ冠詞の指標 i の同一性によって表す(定冠詞が付いて der$_i$ Hans$_i$ になっても同様)。一方、不可算名詞や複数名詞のゼロ冠詞には、3通りの解釈がある。1つは、フランス語の部分冠詞と同じような不定存在解釈である。例えば、(34a)(35a)のような文では隠れた存在量化があると考えられる((36a)の解釈)。ドイツ語には複数形の不定冠詞はないので、ゼロ限定詞が用いられる。2つめに、物質名詞・裸複数名詞の場合、種(kind)の意味が

ある。例えば、個体を包含する種全体にかかる述語(rar「希少な」、ausgestorben sein「絶滅した」)がある場合、種の意味になる((36b)の解釈。kはkind)。3つめは、(36c)のような総称解釈であり、「本は一般に面白い」という読みを持つ。総称解釈は、普遍量化∀と似ているが、大多数の個体に一般的にあてはまるという解釈になる(一部少数の例外があってもよい)。

　限定詞の指示力を認める分析に対して、日本語も含めてさまざまな言語を見ると、無冠詞言語にも指示作用はある。したがって、項としての能力は言語ごとに類型化されているという見方も成り立つ。それによれば、名詞表現が指示的に機能するには2つの方法がある。1つは、限定詞句になる場合と、他方は固有名詞のように、独自の力で個体を指示する方法である。

(37)　　指示表現：(i)限定詞句 DP　(ii)個体表現 NP

　固有名詞は個体を指示するので、DPではなく、[_NP Hans]のようにDのないNPと考えることもできる。また、Gold, Bücherのような不可算名詞、裸複数形もNPとして分析できる。NPが単独で項になるかという点から、名詞句の言語間の相違を考察したものがChierchia(1998)の名辞写像パラメータである。これによれば、名詞句は、「限定詞なしで項になるか(±arg(ument))」、「名詞句が限定詞の項として述語となるか(±pred(icate))」という2つの素性を持ち、言語によって次の3つの組み合わせが可能である。

(38)　　名辞写像パラメータ(nominal mapping parameter: NMP)
　　a.　[＋arg, －pred]言語。名詞句単独で項になる。「子供」などの名詞は種(kind)を指示する。(中国語、日本語タイプ)
　　b.　[－arg, ＋pred]言語。名詞句は単独では項になれず、限定詞の項となる。したがって限定詞(冠詞)が必要である。(ロマンス語など)
　　c.　[＋arg, ＋pred]言語。中間タイプ。[＋pred]素性の場合(普通名詞)では限定詞を伴って項になるが、不可算名詞や裸複数名詞には[＋arg]の素性があり、冠詞なしで項になる。(ドイツ語、英語などゲルマン語)

　(38)によれば、固有名詞は個体を指し、不可算名詞と複数名詞は種を指示

する。これらは［＋arg］素性を持ち、無冠詞で項になる。日本語の名詞（「犬」など）は、集合名詞（Vieh「家畜」、furniture「家具類」など）に似て、単数・複数を統合した不可算名詞として種を表す。フランス語では、名詞は［－arg, ＋pred］となり、限定詞が必要だが、日本語は［＋arg, －pred］になるので、限定詞が不要である。これによって、「女性は犬を連れてきた」といった文の裸名詞句が説明できる。ドイツ語は中間的であり、限定詞も無冠詞も生じる。

4.2 可算名詞、不可算名詞、複数名詞の意味

　次に名詞の種類の意味について検討する。名詞は(39)のように分類できる。固有名詞は、限定詞なしで個体を指示する。一方、普通名詞は限定詞が付くが、意味的に単位性のある可算名詞と、単位性のない不可算名詞に分かれる。不可算名詞は、さらに物質名詞や抽象名詞に分かれる。

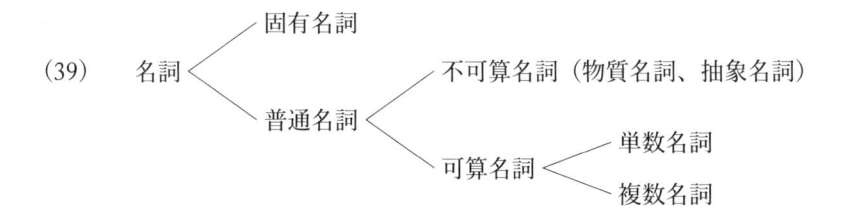

(39)　名詞 ─┬─ 固有名詞
　　　　　　└─ 普通名詞 ─┬─ 不可算名詞（物質名詞、抽象名詞）
　　　　　　　　　　　　　└─ 可算名詞 ─┬─ 単数名詞
　　　　　　　　　　　　　　　　　　　　└─ 複数名詞

　可算名詞は、指示対象が最小部分を持つ。例えばBuch（本）は、厚い本、小さな本など、種類はさまざまだが、印刷物としてそれ以上分解できない最小部分を持ち、内部構造（表紙、目次、本文等）がある。これが個体としての単位となる。1冊の本を寸断してしまうと本ではなくなり、個体としてのBuchとそれ以外のものとの境界は明確である。そのような最小部分を持った対象の集合が可算名詞の指示対象である（Bunt 1985）。

(40)　Buch　（本）{ ☐☐☐☐☐☐☐ }

　不可算名詞はどうか？　Frieden（平和）のような抽象名詞は、指示対象が1つの（概念的）まとまりである点で固有名詞と似ている。他方、物質を表す不可算名詞には、(40)のような最小部分はそもそも存在しない。Wasser（水）などの液体やSalz（塩）などの粒状の物質を考えるとよい（Krifka 1989）。

(41)　　Wasser　（水）

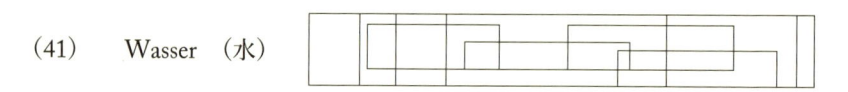

　（41）が示すように、水の最小部分は定まらない。H_2O のような分子単位はあるが、それは人間の認知において重要ではない。物質名詞のような不可算名詞は、指示対象のどこを取っても均質(homogeneous)である。均質的とは、対象が分割可能(divisive)で、累積的(cumulative)であることを表す(Krifka 1989)。均質的対象は部分―全体構造を持つ。一定量の水(例えば6リットル)の半分も水であるというように分割可能である。また、1リットルの水に2リットルの水を足しても水に変わりはないという点で累積的である。

　Wasser(水)の場合、最小部分はないが、一定の部分に分割できる(A, B, C…の部分)。それら部分も Wasser で、それらが結びついて A＋B、A＋C、A＋C のような和(union)にもなる。また、最終的な全体和 A＋B＋C も Wasser である。興味深いことに、可算名詞複数形(複数名詞)の指示対象も似たような部分―全体構造がある。例えば、Bücher(複数の本)を例に取る。

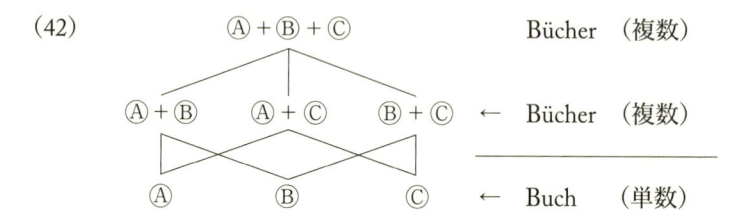

(42)　　　　　　　Ⓐ＋Ⓑ＋Ⓒ　　　　　　Bücher　（複数）

　　　Ⓐ＋Ⓑ　Ⓐ＋Ⓒ　Ⓑ＋Ⓒ　←　Bücher　（複数）

　　　　Ⓐ　　　Ⓑ　　　Ⓒ　　←　Buch　　（単数）

　Buch(本)は単数では、Ⓐ、Ⓑ、Ⓒの最小部分がある。それらが組み合わされてⒶ＋Ⓑ、Ⓐ＋Ⓒ、Ⓑ＋Ⓒの和による複数個体となると、単数の Buch ではなく、複数 Bücher となり、それらはさらに結合して大きな和Ⓐ＋Ⓑ＋Ⓒ…になり、不可算名詞と同様に部分―全体構造を持つ。このように、不可算名詞と複数名詞は、均質性、部分―全体構造において類似した特徴を持つ。言い換えれば、それらの指示対象は明確な境界性がない。上の例でこれを考えよう。

(43) a.　Gold liegt im Safe.　　b.　Bücher stehen auf dem Regal.
　　　　金庫に金がある。　　　　　本が本棚にある。

金庫にある金は延べ棒かもしれないし、金貨かもしれないが、どんな形であれ Gold の性質を持つ限り、いくつに分けても、追加しても Gold で指示できる。同様に、本棚の本は5冊あろうが30冊あろうが(2冊以上の)本である限り、それらを分けても Bücher であり、付け足しても Bücher である。

しかし、数量表現によって一定の制限を付けたときには境界性が出てくる。複数名詞の場合は数詞、物質名詞の場合は助数詞・類別詞が付く。

(44) a.　drei Bücher　{A＋B＋C, D＋E＋F, G＋H＋J}　□□□
　　　b.　zwei Liter Wasser　1 L Wasser＋1 L Wasser　□□

drei Bücher(3冊の本)の場合、3冊の本が1つの最小単位となり、別の3冊の本も drei Bücher となるが、6冊のまとまりになると、もはや drei Bücher とは呼べない(累積的でない)。同様に、zwei Liter Wasser(2リットルの水)も、1リットル単位で計測した水が2杯分あればよいが、そこに2リットルの水を追加すると、(vier Liter Wasser「4リットルの水」とは言えるが)zwei Liter Wasser とは言えなくなる。例(1)で挙げた eine schlimme Zeit も同様に分析できる。Zeit(時間)は分割可能・累積的で、不可算名詞である(Ich habe Zeit.「私は暇がある」)。しかし、schlimm(つらい)という限定表現が付加された結果、(44)と同様、最小部分を持つ概念的対象として認知され、eine schlimme Zeit(1つの「つらい時期」)と可算化されるのである。

(45) a.　Zeit (時間)…　　　　　　　　　　　　　　　…無境界的
　　　b.　eine schlimme Zeit　schlimme Zeit　境界性

4.3　不可算名詞と複数名詞の意味

不可算名詞と複数名詞の用法には、その他の点でも類似性がある。

(46)　　不定の量・定の量の指示
　　a.　Da　ist Wein.　　　b.　Da　ist der Wein.
　　　　there is　wine　　　　　　there is　the wine.
　　　　そこにワインがある。　　　　そこにあのワインがある。

  c. Da sind CDs.   d. Da sind die CDs.
    there are CDs   there are the CDs.
    そこに CD がいくつかある。 そこに例の CD（複数）がある。

(47) 種の指示
  a. <u>Gold</u> ist rar. b. <u>Saurier</u> sind ausgestorben.
    gold is rare   dinosaurs are extinct
    金は貴重だ。   恐竜は絶滅している。

(48) ゼロ冠詞による総称表現
  a. Bier ist gesund.   b. Hunde sind treu.
    beer is healthy   dogs are faithful
    ビールは（一般に）健康的だ。 犬は（一般に）忠実だ。

(49) 定・不定表現による総称表現
  a. Der Hund bellt. 犬は吠えるものだ。（定名詞句）
    the dog barks
  b. Ein Hund bellt. 犬とは吠えるものだ。（不定名詞句）
    a dog barks

 不定、定の量については明らかだろう。不可算名詞も複数名詞も部分―全体構造を持つので、量・数の指示対象について言及できる場合には不定表現となる。ドイツ語では、不可算名詞も複数名詞も、無冠詞で不定の対象を指示できる。それが状況内で最大（包括的）であることが明確で、一義的に特定される場合は der Wein（そこにあるワイン全部）のような定表現となる。

 裸複数名詞は、2つ以上の個体和を指示するだけでなく、単数個体も含む。例えば Haben Sie Kinder? 'Do you have children?' と問われた場合の答えとして、Ja, ich habe ein Kind. 'Yes, I have one child.'（はい、1人います。）は適切だが、Nein, ich habe ein Kind.（いいえ、1人です。）は奇妙である（Nein, ich habe nur ein Kind.「いや、1人だけです」も不自然）。この場合、複数 Kinder（子供たち）は、複数の子供と単数の子供の両方を含むと考えられる。

 種解釈は、全体量を拡張したものと言える。ある物質や複数名詞の指示対象について、個々の状況を越えて、状況全体を想定したときの全体量をひとまとまりとして把握すると、それは1個の最大の（抽象的）個体となり、個体を包括する概念となる。したがって、種は一種の固有名詞と考えられる。

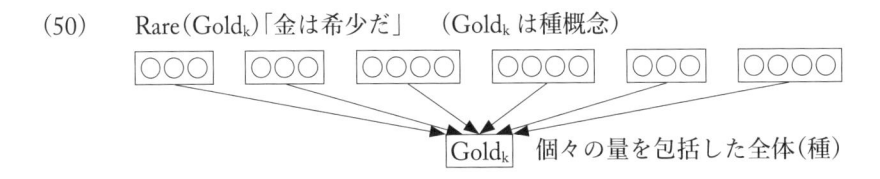

(50)　　Rare(Gold_k)「金は希少だ」　　(Gold_k は種概念)

総称解釈は、種解釈と似ているが、全体をまとめたものではなく、個々の対象について網羅的に言及したもので、普遍量化と似ている。不可算名詞や裸複数名詞の見えない限定詞の1つが総称演算子 GEN(generic) である。

(51)　　$GEN_x[BIER(x) \to HEALTHY(x)]$
　　　　ほとんどのビールである x は健康的だ。
(52)　　$GEN_x[DOG(x) \to FAITHFUL(x)]$　　ほとんどの犬である x は忠実だ。

このように見ると、不可算名詞と複数名詞の類似性が把握できるだろう。

5. 作用域―数量詞句の意味解釈

数量詞のある句は、文中で他の数量表現と作用域の大小を伴い、意味解釈の相違をもたらす場合がある。特に、数量表現が2つある場合、1つの文でも意味解釈が2通りある場合がある。

(53)　　Jeder Student spricht zwei Fremdsprachen.
　　　　every student speaks two foreign-languages
　　　　すべての学生は2つの外国語を話す。
(54) a.　Hans も Peter も Gabi も Sabine も全員、英語と日本語を話す。
　　 b.　Hans と Peter は英語と日本語、Gabi は英語とロシア語、Sabine はロシア語とスペイン語を話す。

(53)は、(54a)と(54b)の2つの解釈を持つ。(54a)では存在量化に対応する数詞 zwei 'two' の作用域が広く、(54b)では、jeder 'every' の作用域が広い。

(55) a.　$\exists_2 y\,[Language(y)\ \&\ \forall x\,[Student(x) \to Speak(x, y)]$

言語yであるものが2つ存在する、その言語yはxが学生であれば、すべての人xがyを話すような言語である。
  b. $\forall x\,[\text{Student}(x) \to \exists_2 y\,[\text{Language}(y)\,\&\,\text{Speak}(x, y)]]$
  すべての学生xについて、言語yがあり、xがyを話す、そのような言語yが2つある。(Fremdsprache「外国語」はLanguageと表示する)

6. 定冠詞の他の働き

　先に、定冠詞は個体指示の機能を持つ限定詞であると述べた。しかし、(4)で挙げた定冠詞は少し異なる働きがある(例(56)として再掲)。

(56) 　Ich ziehe Kaffee dem　　　 Tee vor.
　　　　I　 prefer coffee to-the-DAT tea PRT
　　　　私はお茶よりもコーヒーを好む。

　(56)のdem(定冠詞derの与格)は、「そこにあるお茶」といった対象指示の働きではなく、「お茶一般」という総称解釈である。総称解釈では、物質名詞は通常無冠詞でよい(Tee ist gesund.「お茶は健康的だ」)。つまり、(56)の定冠詞demには意味的な機能はない。この定冠詞の意義は、与格を明示するための形式的なものである(関口1960)。一般に、主格や対格(直接目的語の格)は構造格と呼ばれ、文中で明確な位置を持つため、格表示は形態的に明らかでなくてもよい((56)の対格Kaffeeでは無冠詞)。一方、属格は名詞句の中での名詞主要部との関係によって明示されねばならない。

(57) 　[DP das Aroma [DP des　　Kaffees]] ist gut.
　　　　　　the aroma　　of. the coffee　 is　good
　　　　コーヒーの香りは良いものだ。

　(57)の総称解釈のdes Kaffeesにおける定冠詞(属格)には指示的機能はない。このように、ドイツ語の名詞句を考える際には、人称・数・格や性といった形態論的情報も考慮する必要がある。つまり、名詞句の形態情報を最も

明確に示すものが冠詞(限定詞)の部分なのである。

限定詞の中で意味的に無標のものが定冠詞der/das/dieであるということは興味深い。不定冠詞には「1つ」という数の意味と「未知(不定)」という特性が付随するので、上のような格表示の理由では使えない(das Aroma eines Kaffeesは「ある1種類のコーヒーの香り」の意味)。

格表示と関連するもので、その他の現象としては、固有名詞・不可算名詞・などに付く定冠詞用法がある。

(58) a. (Der) Hans ist nett.　b. (*The) John is nice.　　(固有名詞)
　　　ハンスはいい人だ。
(59) a. (Das) Wasser ist kostbar.　b. (*The) water is valuable. (不可算名詞)
　　　水は貴重だ。

既に述べたように、会話で人名などの固有名詞に定冠詞が付く場合があり、指示的貢献はないが、親しみなどのニュアンスが加わることがある。しかし、英語ではthe Johnなどの形式は許容されない。(59a)では、種指示の意味で無冠詞の不可算名詞が使用されるが、定冠詞が付いてもよい(複数名詞も同様)。英語では同じ意味でthe waterは使えない。このように見ると、これらの例でドイツ語定冠詞には指示的意味はなく、虚辞の働きしかないように見える。しかし、主格・性・数など文法情報の明示化の機能はあるので、この点はドイツ語の特徴(格機能明示)として捉えることができる。

他にも、定冠詞には弱定名詞句(weak definite NP)の機能がある。弱定名詞句とは、定冠詞が付されているにもかかわらず、特定の対象を指示せず、不定の解釈にしかならないような定の表現のことである。

(60) a.　Gehen wir heute ins　　　Kino!　今日は映画館に行こう。
　　　　Go　we today into. the movie
　　b.　Gehen wir heute in das Kino!　今日はあの映画館に行こう。

(60a)のinsは前置詞inと定冠詞dasが結合した前置詞と定冠詞の融合形である。この場合、場所が特定されない不定の「ある映画館」の解釈になる(喫茶店に行くのでなく、映画を見に行くといった活動の含意)。特定の映画館に

行く場合には、(60b)のように融合形ではない定冠詞 in das の形が現れる。

7. まとめ

　この章では、ドイツ語の名詞的表現の統語的・意味的な働きを考察した。冒頭に掲げた問題設定にそって、最後に第8章のまとめを示す。

・名詞表現の主要部(中心)は名詞か、限定詞(冠詞)か？
　対象指示の点で名詞表現を見ると、その主要部は基本的に限定詞 D であり、項は限定詞句として実現すると考えられる。名詞の役割は対象のカテゴリー分類を行うところにあり、限定詞は指示対象を限定する。ただし、固有名詞・不可算名詞・複数名詞は、限定詞なしで指示力を持つ。これは、ゼロ限定詞∅からなる限定詞句 DP として分析する方法と、名詞句 NP が指示性を持つという分析の2つが可能である。後者では、不可算名詞や裸複数名詞は NP として現れ、意味解釈のレベルで存在量化や総称演算子が導入される。

・可算名詞と不可算名詞・複数名詞の意味的相違はなにか？
　単数可算名詞は、指示対象として最小部分を持つので、直接的に数えられる。可算名詞の指示対象は個体の集合であるが、それぞれには累積性や分割可能性があてはまらない。そのため、単数可算名詞が指示性を獲得するには限定詞が必要となる。他方、不可算名詞と可算複数形は、最小部分が特定されず、累積的・分割可能という特徴を持ち、部分―全体構造を持つ。これが無冠詞形の基礎になり、種解釈や総称解釈につながる。冠詞のない日本語で、個体解釈を持つ名詞は、ドイツ語の裸複数名詞に相当するものと考えられる(「犬」≒ Hunde のように)。

・定冠詞や不定冠詞が談話において持つ働きはどのようなものか？
　定冠詞の基本的働きは、対象を一義的に同定することであり、不定冠詞の基本的働きは、不特定の対象の存在を示すことである。また、談話では話者が対象を知っていても聞き手が知らない場合は、不定冠詞 ein で対象を導入し、次に定冠詞 der/das/die で言及済みの対象を示す必要がある。

　このように、指示表現としての名詞表現、談話内の情報提示における名詞表現の役割は多種多様である。ドイツ語の冠詞の役割は基本的に英語と似て

いるが、相違もあり、考察すべき課題はまだまだ多い。

(第8章執筆：吉田光演)

読書案内

　Krifka(1989)は、可算・不可算名詞の意味論的区別などについて厳密な分析を行っている。ドイツ語の専門書としては比較的読みやすい部類である。白井(1985)は、本章で導入した名詞、定・不定名詞句、数量表現などについての意味論について日本語で書かれた入門書として一読の価値あり。ただし、形式意味論の代表であるモンタギュー意味論の解説書としてかなり難しい。関口(1960、復刻版2008)は、ドイツ語の定冠詞について、膨大な例文の分析に基づき独自に分析した労作である(独特の用語も使われている)。有田(1992)は、関口文法に即した冠詞入門書の性格のもので、こちらは読みやすい。Löbner(1985)は、英語論文であるが、ドイツ語の例文が多数あり、定冠詞の機能(定表現)について、詳細な検討を加えている。Lyons(1999)は、英語をはじめさまざまな言語の定表現について経験的・理論的に分析している。Carlson and Pelletier(1995)は、総称表現を分析した論文集で、興味深い論文が多数ある。

> **コラム** 「無冠詞名詞と不定冠詞付き名詞の深い溝」

第1章で無冠詞名詞と不定冠詞付き名詞の区別が論じられている。

（1）　　Ich bin (ein) Berliner.　私は（1人の）ベルリン市民だ。

1963年冷戦最前線の地を訪れた米国大統領 J. F. Kennedy が自らを ein Berliner（ベルリン人の1員）だと述べたことは、ベルリンの壁に苦しむ市民への真情あふれる連帯表明として歓迎された。一方、無冠詞の Ich bin Berliner. の方は、国籍・所属を申告する文で、本当のベルリン市民しか使わない。だからケネディが使っていたら奇妙だったと言われるが、1章の説明のように、一般には無冠詞の方が無標である。しかしこれには実は注意が必要である。
本章で述べるように、単数可算名詞は限定詞を伴って項になる。国籍・身分・職業を表す名詞も可算名詞だから原理的に冠詞が必要である。実際、Ein Berliner kam nach Japan.（1人のベルリン市民が日本に来た）という文で主語になれば、冠詞が現れる。ただし、限定詞の必要性は「項である」という条件が付くことに注意されたい。(ich bin/du bist/er ist…など)A＝B形式のコピュラ文の述語名詞(B)は項ではなく、非項である（述部 B sein「Bである」の中に取り込まれている）。項でない句は冠詞があってもなくてもよい。呼びかけ(Liebe Maria「親愛なるマリア」)や、Ich fühle mich als Weltbürger.（私は自分が世界市民と感じる）における同格的 als NP（NPとして）なども独立的な非項であり、冠詞はなくてよい。英語では述語名詞でも不定冠詞 a が必要だが、ドイツ語では、国籍・身分・職業・社会的分類を表す名詞が述語名詞として用いられる場合は無冠詞でよい。そこで ein を使うと「のような人」と比喩的連想が働くことがある(Er ist ein Arzt.「彼は医者のような者だ＝素人医者」)。一方、それ以外の名詞を述語名詞として使うときは、英語の場合と同様に、集団の中の1員としての所属を示す意味で不定冠詞を使う。

（2）　　Mozart war ein Genie.　（モーツァルトは天才だった）

不定冠詞の解釈は多々あるが、Genie（天才）などの名詞は、程度差や所属の濃淡があり個体差を表す(ein echtes Genie「真の天才」、ein verkanntes Genie「埋もれた天才」)。一方、国籍・職業・社会的分類は、程度差のない特性のリストとして考えられているので無冠詞になる。いずれにせよ、冠詞・無冠詞の区別があるので、(1)のような深い意味の違いも生じると言える。

第9章
複合動詞

> **ポイント**　ゲルマン系の言語には、基底動詞を形態的、統語的に拡張する独自の仕組みがある。日本におけるドイツ語の文法学習書は、これらの拡張された動詞を複合動詞と呼び、それらを分離動詞と非分離動詞に分けている。この章では、これらの動詞の言語学的な分析を紹介し、その問題点を探る。

実例

（1）Am nächsten Morgen **wachten** wir um acht Uhr **auf**, **zogen** uns **an**, **fuhren** mit dem Aufzug **hinunter** und frühstückten in einem Café in der Nähe.

（村上春樹『羊をめぐる冒険』のドイツ語訳 *Wilde Schafjagd*）

[訳] 翌朝の八時に目を覚ますと、我々は服を着こんでエレベーターで下に降り、近所の喫茶店に入ってモーニング・サービスを食べた。

（村上春樹『羊をめぐる冒険』）

（2）»...Und niemand darf wissen, was los ist, das habe ich Marleen **versprochen**. Hier wohnen ungefähr zwanzig Leute, die wir alle **bekochen** müssen, kannst du mir mal sagen, wie?«

（Dora Heldt. *Kein Wort zu Papa*）

[訳]「...そして誰も何が起きているのか知ってはいけないの、それを私はマルレーンに約束したわ。ここにはおよそ20人の人が泊まっ

ていて、その人達に私たちはみんなで料理を提供しなければならないのよ、どうやったらできるというの？」

(訳、例文中の太字は執筆者による)

説明　(1)では、分離動詞の aufwachen(目覚める)、anziehen(服を着させる)、hinunterfahren(下に降りる)が使われている。ドイツ語の平叙文では、文の最後に分離前綴りが置かれるところから、文末までいかないと動詞が決定できないことがある。この例では、zogen の前のコンマまでいってはじめて auf が分離前綴りであり、動詞が aufwachen であることが分かる。他方(2)では、非分離動詞 versprechen(約束する)、bekochen(…のために料理を用意する)が使われている。それぞれ、sprechen(話す)、kochen(料理する)という基底動詞に ver-、be- という接頭辞が付いて作られている。

問題提起
・「分離動詞」と「非分離動詞」の文法上の違いとは何か？
・「分離動詞」は、語か句か？　主要部はどこか？
・これらの動詞は、項構造のレベルでどのような拡張がされているのか？

＊＊＊

1. はじめに

「分離動詞」(seperable verb)とは、ある動詞の前に付けられた接頭辞(prefix)が、ある条件の下で分離すると見なされることから付けられた名称で、いったんそのような動詞を認めてしまったために、今度は接頭辞の付いた分離しない動詞が「非分離動詞」(inseperable verb)と呼ばれることになった。考えてみると奇妙である。本来、接頭辞とは、ある語(word)の前に付く(固定)部分であり、分離可能な接頭辞(separable prefix)を基準に接頭辞を考えることは本末転倒である。「非分離動詞」は、単に接頭辞動詞(prefix verb)であり、一定条件のもとで「分離して見える」部分は、接頭辞ではないのではないか、

という疑問が生じた。

　近年、さまざまな言語の比較研究から、「分離動詞」は、「動詞＋不変化詞（particle）」という単位で扱われるようになった(Wunderlich 1983, Stiebels 1996, Olsen 1997, Lüdeling 2001, Zeller 2001, Dehé et al 2002, Duden 2006 など)。particle とは、そもそも、「小さな粒」のことで、「小辞」と訳されることもあるが、ドイツ語文法では、「語形変化をしない語」を Partikel と呼んできた背景から、この「分離して見える」部分を「(動詞)不変化詞」(verb particle)、この「動詞＋不変化詞」のまとまりを、不変化詞動詞(particle verb)と呼ぶようになった(近年の研究動向は、岡本(2003)を参照)。

　この不変化詞は、機能的には動詞の意味に密接に関係する語群だが、品詞上では統一的に捉えられない(後述するように、名詞、形容詞、副詞、前置詞に由来する)。このような「動詞＋不変化詞」の組み合わせは、ドイツ語だけでなく、英語、ノルウェー語、オランダ語、スウェーデン語でも観察され、近年では言語間の共通点と相違点が議論されている。さらに、ゲルマン語系ではない言語(例えば、エストニア語、グルジア語、ハンガリー語など)でも類似した言語現象が観察されている。(1)の和文に見られるように、日本語では「着込む」のような「着る＋込む」の組み合わせで作られる構造も、「動詞＋補助動詞」で構成されており、動詞の拡張という視点で見れば、似た現象と位置づけられる。

　まず、(1)に使われている不変化詞動詞 aufwachen（目覚める）を例にとり、ドイツ語と英語を比較してみよう。

（3）a.　Wir wachten um acht Uhr　　auf.
　　　　 we　woke　at eight o'clock PRT
　　　　 私たちは、8時に目をさました。
　　 b.　*Wir aufwachten um acht　Uhr.
　　　　 we　PRT-woke at　eight o'clock
（4）a.　*We woke at eight o'clock up.
　　 b.　We woke up at eight o'clock.

　不変化詞動詞 aufwachen は、英語の wake up にほぼ対応し、不変化詞 auf は、この場合 up にほぼ対応する。(3a)では、定動詞第2位(V2 の位置)に基

底動詞の定形 wachten が置かれているが、不変化詞 auf は文末に置かれる。そして、(3b)のように V2 の位置に aufwachten という形で置かれることはない。他方、英語では、(4a)のように up が文末に置かれることはなく、(4b)のように up は定動詞直後に置かれる。この語順の違いは、ドイツ語の基本語順が SOV で、英語が SVO であることに起因する(☞第2章)。意味の上では、基底動詞 wachen が「目覚めている」という状態の意味を持つのにたいし、不変化詞動詞 aufwachen は、「目覚める」という状態変化を表す。

　英語の wake up は、さらに他動詞としての用法を持つが、目的語が代名詞の場合、特別な文脈がなければ(5b)のように代名詞を wake up の右に出すことはできない。見方を変えれば(5a)では、2つの語順が可能であり、不変化詞の置かれる位置が2箇所あるとも言える(ノルウェー語も同様)。ドイツ語では、このような現象は見られない。他動詞の wake up に対応するのは aufwecken で、(6a)のように不変化詞 auf の位置は文末に固定されている。

(5) a. At dawn I woke John up/woke up John.
　　b. At dawn I woke him up/*woke up him.
(6)　　Im　　Morgengrauen weckte ich Johann/ihn auf.
　　　 in. the dawn　　　　woke　I　Johann/him PRT
　　　 明け方に私はヨハンを起こした。

　この章では、2節で、不変化詞動詞と接頭辞動詞の文法上の違いを概観し、3節では、不変化詞動詞を文法上どう捉えることができるかを検討する。4節では、これらの動詞が基底動詞と比較して項構造(argument structure)上でどのように変化し、その結果どのような意味が加わっているかを見る。最後に、5節で、英語との比較からドイツ語の接頭辞動詞と不変化詞動詞の特徴を考える。

2. 概観

2.1　動詞の拡張の意義

　基底動詞に接頭辞を付けたり不変化詞を組み合わせることで動詞を拡張することは、少数の表現の組み合わせから多くの表現を作り出す仕組みであ

り、言語表現の経済性を担っている。構成部分の意味を、その構造に従って合成すると全体の意味になるという構成性の原理が守られている限りは、言語を習得する際の負担も軽くなることを意味する。

しかし、特定の接頭辞や不変化詞を付加することでできあがる構造とその意味は、必ずしも明確に構成的に理解できるわけではない。例えば、不変化詞動詞 aufhören は、hören（聞こえる）という動詞にいったいどんな意味の auf を付けたら、「…をやめる」という意味になるのか分からない（Paul (2002) は、「聞くことは話すことをやめることを意味した」という説などを紹介しているが、現代ドイツ語の語感からは想像できない）。

不変化詞動詞は、接頭辞動詞よりも、一般的に意味上構成的（compositional）であり、全体の意味が予想できる、と考えられているが、かと言って任意の基底動詞がすべての不変化詞と結びつくわけではない。その結果、外国語としてドイツ語を学習する場合も困難が生じる。一方では、不変化詞動詞がある程度構成的であるため、母語話者にとってあたりまえの動詞の拡張として辞書に載っていない場合がある。他方では、不変化詞や接頭辞の意味と構文をある程度学習しても、個々の動詞によって許容されている意味、構文が異なることがある。これらが単に語彙部門の問題なのか否かは、議論の分かれる点であるが、いずれにせよ構文や意味における規則、あるいは制約を文法の中で説明する必要がある。

ドイツ語における接頭辞動詞は、一部の個別的なものを除けば、接頭辞が拘束形態素（bound morpheme）であり、単独では語となり得ないものと、不変化詞と同形であるものに分けられる。不変化詞は、単独でも単語として機能

表 1　接頭辞と不変化詞のタイプ分類

接頭辞／不変化詞のタイプ	動詞接頭辞／動詞不変化詞
接頭辞動詞 A タイプ	be-, ent-/emp-, ge-, er-, miss-, ver-, zer- など
接頭辞動詞 B タイプ	durch-, hinter-, über-, um-, unter-, wider- など
不変化詞動詞前置詞由来	ab, an, auf, aus, bei, durch, hinter, ein, mit, nach, über, um, unter, vor, wider, zu など
不変化詞動詞形容詞由来	bereit, fern, fertig, fest, frei, glatt, hoch, tot, voll など
不変化詞動詞副詞由来	da, fort, heim, her, hin, herein, hinein, los, weg, wieder, zurück, zusammen など
不変化詞動詞名詞由来	preis, stand, statt, teil など

する自由形態素(free morpheme)であり、前置詞、形容詞、副詞、名詞から由来するものがあるが、前述のように、一部は接頭辞としても機能する。

これらの関係を整理すると、一般的には表1のようになる。接頭辞動詞Aタイプは、拘束形態素を用いる場合で(外来語系の接頭辞もあるが、ここでは扱わない)、Bタイプが自由形態素を用いる場合であるが、Bタイプはほとんどが前置詞由来であり、不変化詞としても使われている。

2.2　接頭辞動詞と不変化詞動詞の違い

不変化詞動詞と接頭辞動詞を区別する基準は、一般的に以下の3つを挙げることができる。

(**A-1**)　接頭辞は強勢を持たないが、不変化詞には強勢が置かれる。
(**A-2**)　不変化詞動詞は、平叙文、疑問文、命令文で不変化詞が文末に置かれる。
(**A-3**)　接頭辞動詞では、基底動詞の過去分詞形で語頭の過去分詞標識 ge- が現れず、接頭辞が直接付加される。

基準(A-1)を不変化詞動詞 abfahren(出発する)と接頭辞動詞 erfahren(体験する)の場合で見てみると、基底動詞 fahren(乗物で行く)に対して、不変化詞動詞 abfahren は、(a-1)のように不変化詞に強勢が置かれるのに対して、接頭辞動詞 erfahren は、(a-2)のように基底動詞の第1シラブルに強勢が置かれる。そして、この強勢の置かれる位置は、過去分詞形にしても変わらない(表2参照)。また、過去分詞を比較すると、基準(A-3)にあるように、接頭辞動詞の erfahren は、過去分詞標識 ge- が現れないことが分かる。

表2　不変化詞動詞と接頭辞動詞の比較

動詞の種類	不定形	過去基本形	過去分詞形
(a-1)不変化詞動詞	ábfahren	fuhr ab	ábgefahren
(a-2)接頭辞動詞	erfáhren	erfúhr	erfáhren

不変化詞が文末に置かれるケースは基準(A-2)で、(7)のようになる。

(7) a.　Der Zug fährt/fuhr um 15 Uhr ab.

```
     the   train goes/went at    15 o'clock PRT
```
　　　その電車は、15 時に出発する／した。
  b.　Fahr sofort   ab!
```
     go     immediately PRT
```
　　　すぐに（乗物で）出発しなさい。

　(7) の不変化詞動詞 abfahren は、平叙文現在形／過去形で (7a)、命令文で (7b) のように、不変化詞 ab は文末に置かれるが、文末の位置は、第 2 位に置かれた定動詞と最も緊密に結びつく位置である。

2.3　不変化詞動詞と正書法

　ドイツ語では、従属文の中で動詞が後置されるが、その際、(8a) のように不変化詞（この場合は weg）は「分離しない」と説明されることがある。しかし、ここで weggeht という形を見て、分離していないと考えるのは、正書法に引きずられた考え方である（☞第 2 巻）。実際に、Adelung (1971)（初版 1782 年）や Drach (1963)（初版 1937 年）は、このような「まとめ書き」に反対していた。実際に、ここで weg geht と書いても言語現象としては何ら変わらない。従属文中での動詞の後置という観点から見ると、(8a) で文末に動詞定形 geht が置かれるところに語順の特性があり、さらに、不変化詞の weg に強勢が置かれるところに音韻上の特性がある。この点で、同じように従属文中で動詞が後置するオランダ語でも、(8b) のように同様の現象が見られる。

（8）a.　Mein Bruder sagt, dass er weggeht.
```
       my    brother says  that he PRT-goes
```
　　　私の兄は、彼が立ち去ると言っている。
  b.　mijn broer   zegt dat hij weggaat.
```
       my    brother says  that he PRT-goes
```

　このような観点からすると、現在の正書法から「見える」1 つのまとまりが、果たして 1 つの語なのかはどうかは怪しくなる（旧正書法では radfahren（自転車に乗る）という「分離動詞」があったが、新正書法では、Rad fahren となり「分離動詞」ではなくなった、という説明は規範と実際の言語現象と

を混同している)。weggehen(立ち去る)の過去分詞は、weggegangen と現在書くことになっているが、これも weg gegangen と分かち書きすれば2つの語彙的な単位と見える(ただし、不変化詞によっては強勢の置かれる位置が、同形の副詞とは異なることもある)。

さらに、ドイツ語では、動詞を zu 不定詞にすると zu は基底動詞の前に置かれるが、(9a)で示すように、anrufen(電話をかける)の zu 不定詞形は、anzurufen と「まとめ書き」することになっている。しかし、この形は、不変化詞 an が基底動詞の zu 不定詞形 zu rufen の前に置かれているということで、不変化詞 an は動詞の内部にない、と主張することもできる。

同じ状況は、(9b)のオランダ語の場合も観察されるが、こちらは分かち書きされているので、opbellen(電話をかける)の te 不定詞形は op te bellen となり、この関係はつかみやすい。

(9) a. Aber ich versuchte sofort meine Familie anzurufen.
   but I tried immediately my family PRT-to. call
   でも私はすぐに家族に電話しようとした。
         (abendblatt. de, 07. 01. 2005、2011年1月5日参照)
 b. Als men hem probeert op te bellen, wordt er niet opgenomen.
   if one him tries PRT to. call, is it not PRT-picked
   彼に電話をかけようとしても、彼は電話にはでないだろう。
         (www.marcschuilenburg.nl、2011年1月5日参照)

オランダ語の場合は、さらに従属文中での不変化詞動詞は、助動詞(完了の助動詞、話法の助動詞、使役動詞など)と結びついた場合、ドイツ語の(10)とは異なり、(11a, b)のように2種類の語順が可能である。

(10) Ich weiß, dass Johann seine Mutter anrufen will.
   I know that Johann his mother PRT-call will
   ヨハンが自分の母親に電話をしたいということを私は知っている。
(11) a. Ik weet dat Jan zijn moeder op wil bellen.
   I know that Jan his mother PRT will call
   ヤンが自分の母親に電話をしたいということを私は知っている。

b.　Ik weet dat Jan zijn moeder wil opbellen.
　　　　I know that Jan his mother will PRT-call

　不変化詞動詞に関する統語論的な取り扱い方に関しては、3.2節で触れるが、オランダ語での従属文での語順は、ドイツ語と異なり、助動詞等を伴った動詞群が文末にくる時には(12)に示すように2種類の語順が可能である(このような従属文における動詞群後置語順は、ドイツ語においても近世までは確立していなかったことが知られている。☞第2巻)。

(12) a.　dass er ein neues Auto *will kaufen/kaufen will.
　　　　that he a new car will buy /buy will
　　b.　dat hij een nieuwe auto wil kopen/kopen wil
　　　　that he a new car will buy /buy will
　　　　彼が新しい車を買いたい(こと)

2.4　不変化詞動詞に課せられた制約

　これまでの研究の中で、不変化詞動詞の特徴として指摘されているいくつかの現象をまとめておこう。

(**B-1**)　不変化詞を話題化することはできない(Stiebels 1996, Lüdeling 2001)。ただし、不変化詞が1項述語として解釈できる場合は、話題化が可能なこともある(岡本 2004)。

(13) a.　Johann hat seine Mutter angerufen.
　　　　Johann has his mother PRT-called
　　　　ヨハンは、お母さんに電話をした。
　　b.　*An hat Johann seine Mutter gerufen.
　　　　PRT has Johann his mother called

(**B-2**)　völlig 'completely', ganz 'entirely' 以外の副詞で不変化詞を修飾することはできない(Stiebels and Wunderlich 1994)。

(14) a. Peter fährt den Pfahl ganz um.
　　　 Peter drives the stake entirely PRT
　　　 ペーターは、ポールにぶつかり、それを完全にひっくり返す。
　　b. *Peter fährt den Pfahl sehr um.
　　　 Peter drives the stake very PRT

　(14a)では、ganz が、(14b)では sehr 'very' が不変化詞 um の前に置かれているが、不変化詞の um を修飾していると解釈され容認可能なのは、(14a)である。この不変化詞は、およそ「ひっくり返る」という状態変化を表すと考えられるが、sehr を使って程度を高めることができないのは、状態変化がそもそも事態の成立の可否のみに焦点を絞っているからである。

(**B-3**)　位置変化をあらわす不変化詞動詞は、通常、方向を表す前置詞句を持たない(Olsen 1997)。

(15) a. Er stieg ein.
　　　 he boarded PRT
　　　 彼は、乗り込んだ。
　　b. Er stieg in den Bus.
　　　 he boarded into the bus
　　　 彼は、バスに乗った。
　　c. Er stieg in den Bus ein.
　　　 he boarded into the bus PRT
　　　 彼は、バスに乗り込んだ。
(16)　　Bitte keine Werbung in den Briefkasten
　　　 please no advertisement into the postbox

　　　 reinwerfen! (Weydt 2010)
　　　 PRT-throw
　　　 どうか、広告を郵便箱に入れないで下さい。

　(15a, b)はともに自然なドイツ語であるが、(15c)は不自然な感じを与え

る。その原因は、不変化詞 ein が用いられているにもかかわらず、方向を表す前置詞句が使われているからで、(15a)のように、不変化詞動詞 einsteigen を使った場合、この部分は言外に前提されており、普通省略される。この点を裏づける指摘は、すでに多くなされているが、Weydt(2010)は(16)のような張り紙が郵便箱に貼られている場合、まさに言外に前提とされる方向を表す前置詞句 in den Briefkasten があるために、そこの住人が外国人であろうと想像できると述べている。

さらに、不変化詞はたとえ名詞由来のものであっても指示機能を持たないこと(Stiebels and Wunderlich 1994)、また、不変化詞が質問の答えにならないこと(Lüdeling 2001)が指摘されている。このような性質を総合的に捉えると、不変化詞は、心態詞と同じように、文構成素以下の存在であることが見えてくる(☞第11章)。

2.5 不変化詞動詞と接頭辞動詞間の揺れ

不変化詞が文末に置かれるという不変化詞動詞の特徴は、danksagen(感謝の辞を述べる)、notlanden(不時着する)、schutzimpfen(予防接種をする)などの一部の動詞では成り立たない。表3では、過去形で分離していない場合は接頭辞動詞的であり、過去分詞形で基底動詞の過去分詞標識である ge- が残されている点は不変化詞動詞的である。

これらは、現在、不変化詞動詞なのか接頭辞動詞なのか不確定な状態にあり、揺れがあるために母語話者によって判断が異なる。このような揺れが見られる場合は、該当の動詞が不定詞でのみしか用いられなかったり、不定詞と過去分詞形のみで用いられたりする。言い換えれば、これらの複合動詞には、語彙的に不特定な部分が残されていることになる。

表3　変則的な不変化詞動詞

不定形	過去基本形	過去分詞形
danksagen	danksagte (sagte Dank も可)	dankgesagt
notlanden	notlandete (landete Not は不可)	notgelanden
schutzimpfen	schutzimpfte (impfte Schutz は不可)	schutzgeimpft

ここでは、この種類の「不完全な動詞」がある程度存在することに注意すべきだろう。bauchreden(腹話術をする)、hohnlachen(…を軽蔑する)、

lobpreisen(…を賛美する)のような動詞にも、不変化詞動詞なのか接頭辞動詞なのかという点に関して揺れが見られる。不完全な用法しか持たない動詞には、名詞からの転換でできあがったwarnstreiken(時限ストライキをする＜Warnstreik)、逆形成でできあがった bergsteigen(山登りをする、＜Bergsteiger)、dauerparken(長時間駐車する、＜Dauerparker)、windsurfen(ウインドサーフィンをする、＜Windsurfer)などがある。近年頻繁に使われるdownloaden(ダウンロードする)、upgraden(バージョンアップする)、updaten(アップデートする)などの外来語動詞も過去分詞形で揺れを持つ(例 downgeloadet vs. gedownloadet)。使用頻度が高まれば、それに応じて現在不特定な過去形、過去分詞形も特定の形に収斂されていくと想像できるが、動詞のように文の骨格を作る品詞であっても、すべての実現形がはじめから決まっているわけではないことを示している。

2.6 不変化詞と接頭辞が同形の場合

　ドイツ語の複合動詞を扱うと、接頭辞動詞としても、不変化詞動詞としても用いられる動詞が存在することがしばしば指摘される。表1の接頭辞動詞Bタイプがこれに該当する。このような二重のステイタスを持つ接頭辞／不変化詞は、durch-、über-、um-、unter- がその大部分を占め、数はそれほど多くはない。LGDaF(2008)における見出し語で、二重のステイタスを持つ動詞を数えると表4と図1のようになる。ここから durch-動詞と um-動詞では、不変化詞動詞が多く、逆に über-動詞と unter-動詞では、接頭辞動詞が多いことが分かる。また、不変化詞動詞としても接頭辞動詞としても使える動詞は、この4種類の複合動詞形で合計40しかない(全体のおよそ7.2％)。

　このような不変化詞と接頭辞が同形になる場合は、その絶対数は少ないと思われるがドイツ語に限らず他言語にも存在する。例えば英語では、down-、up-、out-、over-、under- などに見られる。不変化詞動詞：接頭辞動詞のペアで言えば、例えば play down: downplay、lift up: uplift、play out: outplay、take over: overtake、go under: undergo などがある。

表4 LGDaF(2008)における二重ステイタスを持つ複合動詞の分布

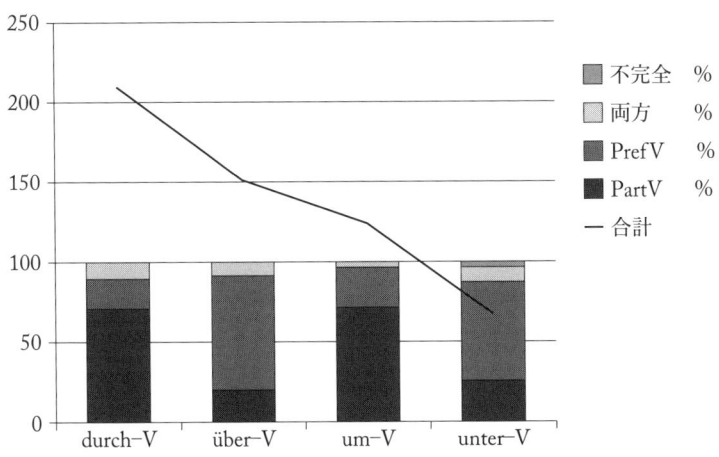

動詞の種類	不変化詞動詞	接頭辞動詞	両用法	不完全	合計
durch-V	150(71.4%)	40(19.1%)	20(9.5%)	0.0%	210
über-V	31(20.3%)	110(71.9%)	12(7.8%)	0.0%	153
um-V	90(72.0%)	31(24.8%)	4(3.2%)	0.0%	125
unter-V	18(26.1%)	43(62.3%)	6(8.7%)	2.9%	69

図1 LGDaF（2008）における二重ステイタスを持つ複合動詞の分布

3. 不変化詞動詞の文法構造

3.1 複合動詞の主要部はどこか

　文の統語構造と同じように、複合語にも内部構造があり、その複合語の文法的性質を決める主要部があると考えられる。英語と同様に、ドイツ語でも、右側主要部の規則(righthand head rule)が適用できる。これは、複合語の文法的特性を決める部分が最も右にある要素であることを述べたもので、例えば、Hausbank(主要取引銀行)という複合名詞では、Bank(銀行)が主要部なので複合名詞の文法上の性は Bank の性と一致し女性、Bankhaus(銀行の建物)という複合名詞では、Haus(家)が主要部なので複合名詞の文法上の性は Haus の性と一致し中性となる。

　まず、不変化詞動詞が1つの動詞であると仮定して、最初に挙げた例文のaufwachen(目をさます)を例にその主要部を考えてみよう。

(17)　　[_V auf- [_V wach]]

　(17)では、主要部は右の wachen(目をさましている)で、そこに不変化詞の auf が付いていると考えられる。文の中で主語と一致する屈折語尾は auf に付くことはなく、また時制を担う語尾も auf に付かない。このような文法的性質を決めているのが、語中の右の要素である wach(-en)であるように見えるが、実は動詞 wachen よりも wach(目をさましている)という形容詞の方が短い形式で根底にある。もし aufwachen が 1 つの動詞だと仮定すると、その内部構造の概略は、(18)のようになるだろう。

(18)　　[_V auf- [_V [_A wach]]]

　しかし、実は、不変化詞動詞でも接頭辞動詞でも、その構成要素の最も右にくるものが、現存する動詞とは限らない。例えば、不変化詞動詞の aufmuntern(…を元気づける)は、形容詞の munter(元気な、陽気な)から派生しており、muntern という動詞は存在しない。接頭辞動詞 entkorken(コルクを抜く)は、名詞 Kork(コルク)から派生しており、korken という動詞はないといってよい(実際には、Duden-GW(2000)には、selten(稀)と注意書き付きで載っている)。このように、派生の途中で、明らかに主要部であるはずの位置に動詞がない場合にはどうしたらよいだろうか。Olsen(1990)は、(19a, b)のように動詞範疇のゼロ形態素∅_V を接尾辞として付加する提案をしているが、これは、途中で転換(conversion)を行う操作に相当する。

(19)a.　　[_V auf- [_V [_A munter] ∅_V]]
　　 b.　　[_V ent- [_V [_N kork] ∅_V]]

　このように不変化詞動詞や接頭辞動詞で明示的な動詞を経ずに作られるもので、形容詞を基底に持つものには、不変化詞 auf(e. g. aufheitern＜heiter：…を元気づける)、接頭辞 be-(e. g. belustigen＜lustig：…を楽しませる)、接頭辞 ver-(e. g. verdeutlichen＜deutlich：…を明らかにする)がある。それに対して、名詞を基底に持つものは、接頭辞 be-(e. g. benoten＜Note：…を採点する)、接頭辞 ent-(e. g. enthaupten＜Haupt：…の首をはねる)、接頭辞 ver-

(e. g. versklaven＜Sklave：…を奴隷にする)などがある。

　他方、右側主要部の規則が、複合動詞の形態論では成り立っていないと主張する立場もある。その根拠は、主に、不変化詞や接頭辞が4節で示すように、項構造を決定する場合があることに注目し、不変化詞や接頭辞に内在すると考えられるある種の素性が継承されて、文の項構造を決定するという考え方である(Lieber 1992, Lieber and Baayen 1993 など)。

　例えば、(20a)の laden(…を積む)という動詞を、beladen(…に積む)という動詞に変え、(20b)のようにすることはできない。それは、接頭辞である be- が付くことにより、対格目的語が「積まれる場所」を表すことになり、後続する前置詞句が方向性を持つ目標であることと矛盾してしまうからで、これは、be- という接頭辞が持つ項構造に対して持つ特性と考えられる。(21a)における lächeln(微笑む)は自動詞で、対格目的語をとれないが、(21b)の anlächeln(…に向けて微笑む)は、不変化詞を付けることで他動詞化し、対格目的語に置かれるものに対しての「方向づけられた行為」を表す。ここでは、不変化詞 an が項構造の決定権を持っているように見える。

(20) a.　Die Kräne laden die Container auf die Frachtschiffe.
　　　　 the cranes load the containers onto the cargo-ships
　　　　 それらのクレーンがコンテナを貨物船に積み込んだ。
　　 b.　*Die Kräne beladen die Container auf die Frachtschiffe.
　　　　 the cranes PREF-load the containers onto the cargo-ships
(21)　　 Monika lächelte mich *(an).
　　　　 Monika smiled me　(PRT)
　　　　 モニカは、私に微笑みかけた。

3.2　不変化詞動詞の統語論

　形態的に問題なく1つの動詞と考えられる接頭辞動詞と異なり、不変化詞動詞は、その構成部分が不変化詞として別の位置に生起するところが問題となる。そもそも、不変化詞動詞という1つの形式が存在するのか、それとも、「動詞＋不変化詞」という句なのだろうか。

　ここでは Zeller(2001: 51–53)に従って、(22)を例に、従来の統語的扱いに関する提案を概観してみよう。

(22)　　weil　　Peter die Tür　abschließt
　　　　because Peter the door PRT. closes
　　　　なぜなら、ペーターがそのドアを閉めたから。
　(C-1) 形態論的アプローチ
　　　　[$_{C'}$ weil [$_{IP}$ Peter [$_{VP}$ die Tür [$_{V^0}$ abschließt]]]]
　(C-2) 編入的アプローチ
　　　　[$_{C'}$ weil [$_{IP}$ Peter [$_{VP}$ die Tür [$_{V'}$ [$_{PrtP}$ PRT^0_i] [$_{V^0}$ ab$_i$-schließt]]]]]
　(C-3) in-situ アプローチ
　　　　[$_{C'}$ weil [$_{IP}$ Peter [$_{VP}$ die Tür [$_{V'}$ [$_{PrtP}$ ab] [$_{V^0}$ schließt]]]]]

　(C-1)のアプローチは、語彙的なアプローチであり、不変化詞動詞を1つの動詞（V^0）として扱う。この一番単純な方法は、不変化詞動詞が語彙部門の中で複合述語として作られると考えるが、文中で分離した時に特別な操作が必要になる（Neeleman and Weerman 1993, Stiebels 1996, Olsen 1997 など）。(C-2)の編入（incorporation）に基づくアプローチと(C-3)の in-situ アプローチは、共に統語的な分析に主眼を置くが、編入を支持する分析では、不変化詞動詞を1つの動詞と認めながらも、PRT が移動して編入されると考える（Riemsdijk 1978, Grewendorf 1990 など）。小節（small clause）を使った分析もこの中に入る。(C-3)のアプローチは、Zeller(2001)の取った分析方法で、不変化詞は統語レベルでは顕在的に動かず、「もとの位置」（in-situ）に留まり、統語レベルで作り出された構造が「あたかも1つの動詞のように見える」とする（Wurmbrand 1998, Lüdeling 2001 など）。

　Zeller(2001)のアプローチでは、結果として不変化詞と基底動詞が統語構造において独立した主要部を形作っていて、「不変化詞動詞」は、実は語ではなく句である、という分析を提供する。Zeller(2001: 53)の図2は、「不変化詞＋動詞」構文の概略を示しているが、Prt^0 は、V^0 と共に構造的隣接関係（structural adjacency）を作っているとする。構造的隣接性は、主要部統率とは異なり双方向からシメトリックに言及できる関係とする。

　このような関係を定義することで、不変化詞は、動詞の補部の1つをなすと同時に、その内部が枝分かれせず、それ自身として主要部として機能していると捉えることができる。その結果、不変化詞動詞は、語の構造に近い領域で、2つの主要部を持つ局所的な統語構造を持つもの、と分析される。文

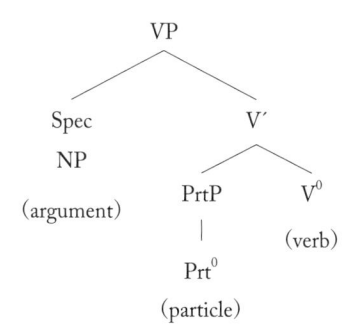

```
                    VP
                  /    \
               Spec     V'
                NP     /   \
              (argument) PrtP  V⁰
                        |    (verb)
                       Prt⁰
                     (particle)
```

図2　「不変化詞動詞」の句構造

中で不変化詞が分離するように見える場合は、V⁰ が Comp⁰ や Infl⁰ へ移動すると説明する。Zeller(2001)は、不変化詞の話題化、オランダ語の副文中の語順問題や英語の「動詞＋不変化詞」構文をも統一的に説明できる点が魅力的な分析である。

4. 項構造の変化

　動詞の項構造は、項となる名詞句の意味役割の数と種類を規定し、文の統語構造へと投射され、意味役割が項に連結されると想定されている。動詞の項構造の交替現象は、しばしば意味の違いを伴って現れるが、母国語話者が無意識の内に知っている語彙的知識に属する(Levin 1993: 2)。
　基底動詞を接頭辞動詞化をしたり、不変化詞動詞化することで、項構造が変化することが一般的に観察されているが、そのパターンは少なくとも次の4種類ある。

(**D-1**)　項の数が増える場合
(**D-2**)　項がリンクされる名詞の格が変わる場合
(**D-3**)　項の意味役割が変わる場合
(**D-4**)　項構造も意味役割も変わっていないように見える場合

(**D-1**)　**項の数が増える場合**
　(23a)における不変化詞動詞 abarbeiten は、活動を表す自動詞 arbeiten(働

く)に不変化詞 ab が付き他動詞化し、「〈債務、課題など〉を働いて取り除く」という意味になる。意味役割上では、目的語は漸減的対象(decremental theme)で、働くことで徐々に減少していくものになっている。一方、(23b)では、活動を表す自動詞 laufen(走る)に接頭辞 ent- が付き、「…から(走って)逃げ去る」という意味になる。「走る」という意味は背景化され、「逃げる」意味が中心となるのは、英語の run away に似ているが、与格の目的語が現れ、意味役割上は起点が加わったことになる。

(23) a. Peter arbeitete seine Schulden *(ab).
　　　　Peter works　　his　debts　　PRT
　　　　ペーターは働いて債務を支払った。
　　b. Peter *(ent)lief　　seinen Eltern.
　　　　Peter PREF. ran his　　parents-DAT
　　　　ペーターは両親のところから逃げ出した。

(D-2)　項がリンクされる名詞の格が変わる場合

　(24a)では自動詞 antworten(答える)が前置詞 auf とその前置詞目的語を伴って使われているのに対して、接頭辞 be- を付けた beantworten は他動詞化し、(24b)で見るように対格で対象が表現されている。(25a)では自動詞 klagen(訴える)が前置詞 gegen とその前置詞目的語を伴っているが、(25b)では、不変化詞 an を伴った anklagen は、対格目的語に「訴えられる人」が現れる。これらの場合、自動詞の時に斜格で表現されていた名詞が、接頭辞、あるいは不変化詞の付加により対格として実現しているが、意味上の差違はほとんどないと言われている。

(24) a. Peter antwortete auf die Frage.
　　　　Peter answered　on　the question-ACC
　　　　ペーターは、その質問に答えた。
　　b. Peter beantwortete　　die Frage.
　　　　Peter PREF.answered　the question-ACC
　　　　ペーターは、その質問に答えた。
(25) a. Peter klagte gegen　den Mann.

Peter sued　against the　man-ACC
ペーターは、その男を告訴した。
b.　Peter klagte den Mann　　an.
Peter sued　the man-ACC PRT
ペーターは、その男を告訴した。

(D-3)　意味役割の変化を伴う場合

英語のloadによる(26)のような位置交替(locative alternation)はその顕著な効果により有名である。(26a)には(27a)、(26b)には(27b)がそれぞれ対応する。

(26) a.　He loaded the hay onto the cart.
　　 b.　He loaded the cart with hay.
(27) a.　Er lud　　Stroh auf　den Wagen.
　　　　he loaded hay　 onto the cart
　　　　彼は干草を荷車に積んだ。〈動作主、対象、目標〉
　　 b.　Er belud　　　den Wagen mit　Stroh.
　　　　he PREF-loaded the　cart　　 with hay
　　　　*彼は荷車を干草で積んだ。〈動作主、目標、対象〉

　英語では単一の動詞で位置交代を表すのに対して、ドイツ語では、接頭辞be- が付いた形が項交替に対応する手段となっている(laden 'load' 単独でも、辞書には項交替が可能のような例文が記載されているが、通常容認されない)。意味役割の観点から捉え直すと、位置項は、起点、目標、場所に、「位置がかえられるもの」は、対象、被動者、道具のいずれかに対応している。(27a)では、対象であるStroh(干草)が目標であるWagen(荷車)へ移動するが、(27b)では、目標であるWagen(荷車)へ対象であるStroh(干草)が移動している。
　次に malen-bemalen のペアを見てみよう。(28a)の文では、malen(絵を描く)結果として「オフィスビルが描かれる」が、(28a)の bemalen(絵を描く)では「オフィスビル」をあたかもキャンバスのように、描く場所として利用したことをあらわしている。すなわち、(28b)のように bemalen を使うと、

目的語には場所項が置かれ、被動目的語（affected object）となるのに対して、malen では、目的語は行為の結果作り出されるものを表すので、結果目的語（effected object）となる。意味役割から説明すると、malen の目的語は、漸増的対象（incremental theme）であるのに対して、bemalen の場合は、文に現れていない対象（この場合は、「絵」）が目標（対格目的語）へ移動することになる。

(28) a.　Er hat zahlreiche Geschäftshäuser gemalt.
　　　　 he has numerous business-blocks   painted
　　　　 彼は数多くのオフィスビルの絵を描いた。〈動作主、漸増的対象〉
　　 b.　Er hat zahlreiche Geschäftshäuser bemalt.
　　　　 he has numerous business-blocks   PREF-painted
　　　　 彼は数多くのオフィスビルに絵を描いた。〈動作主、目標〉

　この be- 動詞を使った(27b)や(28b)は、(26b)と同様に目的語の位置に現れるものに対して、多くの場合、全体的解釈（holistic interpretation）を与える。つまり、(27a)では、荷車は干草でいっぱいになっていないが、(27b)では、満杯になっているように解釈される。ただし、全体的解釈は、すべての be- 動詞で見られるわけではない（Günthner 1974, Eroms 1980）。
　なお、冒頭の(2)の例の bekochen（…のために料理を用意する）は、対格目的語の意味役割が受益者となり、kochen（料理する）が対格目的語で結果目的語を伴う場合と意味役割が異なっているが、現象としてはここに分類される。

（D-4）　項の数も意味役割も変化しない場合
　(6)で取りあげた aufwecken（目をさまさせる）という他動詞は、(29a)で示すように不変化詞 auf を取った wecken でも、他動詞で、目的語となる対格名詞の意味役割も被動者と変わらず、ほぼ同じ意味で使うことができる。(29b)において不変化詞動詞 auflachen（突然笑い出す）は、アスペクトとして起動相（inchoative）の意味を持つ。基底動詞は、単なる活動動詞であるところから、アスペクトの違いを不変化詞 auf が担っていると考えられるが、どちらも自動詞であり項構造は変わらない。

(29) a. Weck mich bitte　um 6 Uhr　　(auf)!
　　　　wake me   please at   6 o'clock (PRT)
　　　　どうか私を 6 時に起こして下さい。
　　 b. Thomas lachte　laut　(auf)!
　　　　Thomas laughed loudly (PRT)
　　　　トーマスは、（突然）大声で笑った（笑いだした）。

5. 不変化詞動詞の結果構文

　結果構文とは、動詞によって示される行為と関係した結果として生じる項を持つ文である。ドイツ語、オランダ語、英語などでは、かなり多く作られるのに対して、フランス語、韓国語、日本語などではあまり成立しないことが知られている。表面的には DP$_1$ V (DP$_2$) AP/PP の形式になり、文末の AP/PP が結果状態を示し、対格目的語 DP$_2$ に対して叙述する文となる（☞第 4 章）。

　形容詞由来の不変化詞を伴う不変化詞動詞の一部は、実は結果構文そのものである。まず、(30a, b) を比較してみよう。

(30) a. Er hat den Teller leer　　gegessen.
　　　　he has the plate empty eaten
　　　　彼は、その皿をたいらげた。
　　 b. Er hat eine Ratte mit einem Stock totgeschlagen.
　　　　he has a   rat   with a   stick PRT-hit
　　　　彼は、一匹のネズミをステッキで撃ち殺した。

　(30a) では、動詞は essen（食べる）だが、他動詞として使われているとは言い難い。なぜなら、対格目的語が、「食べられるもの」（意味役割としては対象）ではない。むしろ、食べるという行為をした結果、Der Teller ist leer.（その皿が空である。）という状態への変化が起きたことを表している。従って、essen は自動詞であり、その結果、対格目的語の示すものが何らかの変化を被り、結果状態が生起したと考えられる。それに対して、(30b) は、目的語にあるネズミが、「打たれ」た結果、tot（死んでいる状態）に変化することを意

味している。(30b)では、totschlagen(殴り殺す)という不変化詞動詞が使われ、(30a)では、leer essen(…を殻にするまで食べる)という句が使われているように見えるが、これは見かけ上(正書法上)の違いにすぎない。従って、das Tier totschießen(その動物を撃ち殺す)や、totfahren(…を車でひき殺す)なども同類の結果構文で、sich totlachen(死ぬほど笑う)は、その比喩的表現である。前置詞由来の不変化詞動詞の中にも、結果構文に見えるものがある。(31a)の不変化詞動詞 zumachen(閉じる)だが、Die Tür ist zu. で「そのドアは閉じている」という意味で使え、zu 自体が「閉じている」という状態を表すことができる。(31b)の不変化詞動詞 durchtanzen は、「踊って靴底が抜ける」という意味だが、やはり、靴底(Sohle)を主語として、Die Sohle ist durch. で「靴底が抜けている」の意味で使える。両方のケースで、不変化詞は、結果構文の末尾に置かれる形容詞と同等と見なすことができる。

(31) a. Er machte die Tur zu.
   he made the door PRT
   彼はそのドアを閉めた。
 b. Sie tanzt ihre Schuhe (völlig) durch.
   she dances her shoes (totally) PRT
   彼女は踊って自分のはいていた靴に(完全に)穴をあけてしまう。

(Stiebels and Wunderlich 1994: 952)

6. まとめ

不変化詞動詞と接頭辞動詞をひとまとまりで扱ってきたが、大局的に見て、その違いはどこにあるかというと、不変化詞動詞は統語的構造を利用したまとまり、すなわち、句であり、接頭辞動詞は形態論の中でのまとまり、すなわち語である、ということになるだろう。この2つのタイプの動詞表現は、統語論と意味論の接点、具体的には項構造のレベルでの多様性にも影響を与えている。一般的には、接頭辞動詞の方が項構造が固定しており、意味役割も比較的明確になっているが、不変化詞動詞は揺れが大きく(特定の不変化詞と項構造の対応関係が多彩)、新語が形成されやすい。意味のレベルでは、前置詞由来の不変化詞動詞を同じ形の接頭辞と比較すると、一般的に場

所と場所移動の意味を持つことが知られているが、基底動詞と不変化詞動詞を比較すると、意味の限定がより明確になっている。

3.1 節で取りあげた Kork(コルク)という名詞から派生された複合動詞を比較してみると、今述べた問題点の一部が明らかになる。korken という動詞は Duden-GW(2000)には(32)のように記載されている。

(32)　　(selten) a) mit einem Korken verschließen, b) entkorken

Sternefeld(2006: 39)が「korken という動詞はない」と言っているのとほぼ符合し「稀にしか使わない」ことが記され、「a)コルクで栓をする、2. コルク栓を抜く」という2つの意味が載っている。つまり、「栓をする」のか「栓を抜く」のか、決定できていない。一方、英語の cork は、名詞であると同時に動詞用法を持つ。その場合、意味は「コルクで栓をする」であり、「コルク栓を抜く」時には、uncork を使う。ドイツ語の複合動詞では、4つの可能性がある。不変化詞動詞では、aufkorken(コルク栓を抜いてあける)と zukorken(コルクで栓をする)、接頭辞動詞では、entkorken(コルク栓を抜く)と verkorken(コルクで栓をする)である。この関係は表5のようになる。

表5「コルクで…する」の独英対照

	名詞	動詞(栓をする)	動詞(栓を抜く)
英語	cork	cork	uncork
ドイツ語	Kork	zukorken(不変化詞動詞) verkorken(接頭辞動詞)	aufkorken(不変化詞動詞) entkorken(接頭辞動詞)
		(korken)	

不変化詞では、zu が「閉じる」意味として、auf が「開く」意味として広く使われている。これらは、幼児の言語習得の場面でも、動詞よりも早い時期に現れることが知られており、1項述語であると考えられる。それに対して、ver- には、元来「閉じる」意味はないが、接頭辞の be- と並んで他動詞化する手段として広く定着している。不変化詞動詞 zukorken, aufkorken も接頭辞動詞 verkorken, entkorken も、結果性と方向性を明確に持っており、基底動詞 korken が「閉じる」場合にも「開く」場合にも使えてしまうのとは好対照を見せている。英語と比べると、ドイツ語では、表5で見たように、名詞

を転換して動詞にしたものをそのまま使うことに抵抗感があり、その分だけ複合動詞、特に不変化詞動詞が多く使われ、さまざまな項構造を可能にしていると思われる。

(第9章執筆：岡本順治)

読書案内

　近年の不変化詞動詞の研究は、Wunderlich(1983)に始まったと言ってよい。荒削りではあるが、さまざまな疑問が投げかけれている点では、一読の価値がある。Stiebel and Wunderlich(1994)とStiebels(1996)は、接頭辞動詞と不変化詞動詞を語彙分解文法(LDG)で扱ったもので、ここからドイツ語だけでなく、多くの言語の比較研究が始まったので、必読文献と言える。Zeller(2001)は、本文でも一部紹介したように、生成文法の枠で不変化詞動詞を扱った博士論文が元になっている。多言語における「動詞＋不変化詞」構文の研究は、Dehé et al.(2002)の論集が参考になる。

コラム　aufschließen は、なぜ「開ける」のか？

　schließen という動詞は「閉じる」という意味だが、不変化詞動詞を調べてみると、奇妙なことに気がつく。aufschließen のように、動詞不変化詞 auf をつけると、「開ける」の意味になる。つまり、起こっている現象としては、(1)のようになる。

（1）　　schließen（[閉じる]）+ auf =[開ける]

　単純に推測すると、auf には、行為の方向性を逆転させる意味があるように見える。辞書を注意してみると、aufschließen の反意語として、zuschließen が載っていて、こちらは「閉じる」という意味だ。そうすると、今度は(2)のような等式が成立しているように思える。こうすると、今度は、動詞不変化詞 zu には意味がない、という結論が導かれる。

（2）　　schließen（[閉じる]）+ zu =[閉じる]

　この問題を解決してくれるのは、auf や zu が、そもそも形容詞のように使われ、「開いている」あるいは、「閉じている」という状態を表すことができるという事実だ。(3a)は、「ドアが開いている」、(3b)では「ドアが閉じている」の意味になる。

（3）a.　Die Tür ist auf.　（そのドアは開いている。）
　　　b.　Die Tür ist zu.　（そのドアは閉じている。）

　つまり、(1)、(2)ではなく、むしろ(4)、(5)を考えなければならない。

（4）　　schließen（[閉じる]）+ auf [開いている]=[開ける]
（5）　　schließen（[閉じる]）+ zu [閉じている]=[閉じる]

　こう考えると、aufschließen、zuschließen の場合は、schließen に残された意味は、語彙使役的な意味(CAUSE)でしかない、ということになる（実際に、aufmachen、zumachen としても同じ意味の動詞となる）。では、schließen を使わずに何でわざわざ zuschließen と言うのだろうか。それは、どうやら単体の動詞よりも不変化詞動詞の方が「行為の方向性を明示する」ことができるからのようだ。

第10章
情報構造

> **ポイント**　「情報伝達」は言語の主要機能であるが、このために、言語には情報伝達のためのしくみが備わっている。話し手は、そのしくみを最大限に生かして、聞き手にわかり易く伝えるべく情報を配置する。本章では、ドイツ語の文における情報構造を記述するために、「焦点―背景構造」と「トピック―コメント構造」の2つの概念を導入する。これらの2つの概念は、互いに密接に関係しているが、それぞれ独立した構造を持っている。これらの構造を表示するために、ドイツ語は、語順、語彙、構文、プロソディの各分野でさまざまな手段を使っている。

実例　Romane las sie so gut wie nie.　　　（村上春樹、『1Q84』、8頁）
[訳] 小説は、（彼女は）まず読むことはなかった。

説明　ドイツ語では、格が明示的に示されるため、いろいろな語順が可能である。例では、対格目的語（Romane）が前域に立ち、主語が文の中盤に現れている。ここで主語―述語からなるいわゆる無標な語順を崩しているのは、この文が使用される状況である。であるから、この文が適切な表現かどうかを判断するためには、前後の文脈が必要となる。

　　　Geschichte gehörte neben Sport zu Aomames Hauptinteressen.

<u>Romane</u> las sie so gut wie nie, aber von historischen Darstellungen konnte sie nicht genug bekommen.

ここでは、主人公アオマメの主関心事について述べられており、「歴史」と「小説」が対比されているのである。そのため、"Geschichte"、"Romane"、"von historischen Darstellungen" の3つの概念がそれぞれ文頭に配置され、明確な対比を表現しているのである。

このように、ドイツ語（および言語一般）において適格な文を作るためには、単に「文法的に正しい並び」にするというだけでは不十分であり、「話し手がどのように聞き手に情報を伝えているか」ということを考慮に入れる必要がある。

問題提起
・ドイツ語では、情報を伝えるためにどのようなしくみを持っているか。
・情報を伝えるために、ドイツ語には、どのような語彙的、構文的、統語的手段が備わっているか。
・重要な情報構造の表示システムであるプロソディは、どのような情報を表出しているか。

＊＊＊

1. 情報を伝達するしくみ

　言語の主要な機能の1つは、情報を伝達する機能である。言語の発信者（話し手）が、自身の考えていること、見たことなどあらゆることを、たかだか数十種類にすぎない音や文字を使って、受け手に伝えるという言語の機能は、あらためて考えてみると驚異的なことである。この「情報を伝達する」という役割を果たすために、言語は、どのようなしくみを備えているのであろうか。本章は、その問題についてドイツ語を例にとって考察してみたい。

　話し手が、話したいことを聞き手に理解しやすいように、話し手は、情報を提示するわけである。その際に、問題となるのは、「情報をどのような順番で提示するのか（語順）」、「特別に重要な情報をどのように示すのか」、という

ことであろう。比較的自由な語順を持ち、かつ情報価値を示すための語彙的、統語的な手段を多く備えているドイツ語は、この問題を考える際に、非常にすぐれた研究対象であると言えるだろう。

情報の提示の順番を考える上で、次の例を見てみよう。

（1）a. <u>Weil er krank ist</u>, bleibt Kai heute zu Hause.
　　　　because he sick is　stay　Kai today at home
　　b. Kai bleibt heute zu Hause, <u>weil er krank ist</u>.
（2）a. <u>カイは病気だから</u>、今日は家にいる。
　　b. カイは今日は家にいる。<u>病気だから</u>。

　理由とその帰結を表す場合、理由となるものが先行し、帰結はその後に続く。これは当たり前のことだと思うだろう。理由が先行して、帰結が後から来たほうが、分かりやすくもあるだろう。しかしながら、我々の使う言語は、「逆の」言い方を可能にしている。上の例で、それぞれ(a)の例は「自然な」流れ、(b)の例は、「帰結」→「理由」とつながる、多少「不自然な」流れとなっている。日本語の例で見ると、(2b)の例は甚だイレギュラーである。理由が「つけたし」的に述べられている状況では使うことのできる言い回しだが、書き言葉では、明らかに不自然である。

　ドイツ語の例では、どうであろうか？　weil 文が先行する場合(1a)と後続する場合(1b)では、どちらが「自然」と捉えられるのだろうか？

　実は、ドイツ語の weil 文は、先行することも後続することも「文法的には」可能であるが、80％以上が後続する、つまり「不自然な」順番で用いられる(Tanaka 2011: 147)。では、ドイツ語の話者にとって、「帰結」は「理由」に先行するものなのだろうか？　それとも、「理由」を「帰結」に後置する動機づけが他に存在するのであろうか？

　このことは、語順の決定は、「論理的に自然な順序」以外にも他の要因があり、ドイツ語の weil 文の語順の決定の際には、その「他の要因」が優先されているということを示唆する。

　1つには、文法構造上の理由がある。日本語では述語が文末に置かれるため、必然的に主文の述語も後置されるということは、日本語において「理由」→「帰結」の順序に反映され、主文で述部が後置されないドイツ語において

は、必ずしも主文の述部が最後部に位置する必要がない。そのため、「論理的な順序」から逸脱した形が可能になってくる。

しかしながら、このことは、説明の半分にすぎない。文法構造的には、より「自然な順序」を崩してもいいというだけで、これをわざわざ変える必要はないわけである。「わざわざ変える」ためには、それなりの理由があるのだ。

「理由」には、話し手と聞き手にとってすでに自明である「理由」と、話し手の言表においてはじめて説明される理由とがある。お互い分かっている理由は既知の情報、新しく提示される理由は、未知情報というわけである。ドイツ語では、この情報の「既知」と「未知」が副文の順序を大きく左右するという特性がある。

（3）a. <u>Weil sie keine Zeit hat</u>, kann sie nicht einkaufen gehen.
　　　　 because she no time has can she not shop　go
　　 b. <u>Da sie keine Zeit hat</u>, kann sie nicht einkaufen gehen.
　　　　 as she no time has can she not shop　go

(3a)は、weil 文が先行している。この場合、「理由」に当たる部分、すなわち「彼女には時間がない」という事柄は、話し手、聞き手にとって既知の情報であり、そのため先行して配置される。ドイツ語には、「既知の」理由を提示するための接続詞 da があるが、この語を用いることによって「理由」は、談話状況において明白なものとして存在しているということが表示されているのである。

接続詞 da の「明白性」は、語順の「既知性」と重なっており、それゆえ、da で提示される理由の文は、通常、主文に先行する。後置された場合、非常に不自然な表現となる(4b)。一方、接続詞 weil は、「既知」、「未知」に関しては中立的な表現である。それゆえ後置も可能である(4a)。先に述べたように、weil については、後置の方が標準的であることから、weil は「聞き手にとって未知の理由」を提示するために用いられることが多いと言うことができるだろう。

（4）a. Sie kann nicht einkaufen gehen, <u>weil sie keine Zeit hat</u>.
　　 b. ?Sie kann nicht einkaufen gehen, <u>da sie keine Zeit hat</u>.

このように、「話し手、聞き手にとっての情報の既知」が語順や語彙を決定することがある。本章では、以下、この「情報性」と文構造の関係を見ていこう。

2. 機能的文構成

　言語の機能に注目し、それに基づき文構造の記述をはじめたのは、20世紀前半のチェコにおけるプラハ学派であった。プラハ学派の中心人物の1人であるV. マテジウス(Mathesius)は、情報構造に基づいた文の構造を、「機能的文構成」と名付け、自然な文の流れを記述した。

　機能的文構成は、自然な文成分の配置は、情報価値の低いものから高いものへと移行していくということを示したものである。

nicht-informativ ◀┈┈┈┈┈┈┈┈┈┈┈┈┈┈┈┈┈┈┈┈┈▶ informativ
情報度が低い　　　　　　　　　　　　　　　　　　情報度が高い

図1　機能的文構成

　文における情報度の移行を記述するために、マテジウスは、テーマーレーマ(Thema-Rhema)という概念を導入した。

> "theme": 'that which is known or at least obvious in the given situation, and from which the speaker proceeds in his discourse'. 　　(Mathesius 1939)

　テーマは、既知ないしは状況から明らかな情報であり、ここから、話し手は、自身の発話を展開していく。一方、レーマは、テーマから展開して出てくる新しい情報部分を指す。何が「テーマ」であるのかは、一義的には決まらないことがあるが、テーマを指定する際によく用いられるのが、「疑問テスト」である。

(5) a.　Wen　hast du　bei der Party getroffen?
　　　　whom have-2SG you at the party 　meet-PP
　　　　君はパーティで誰に会ったの？

b.　(Ich habe) Peter (getroffen).　　ペータだよ。
　　　　　（テーマ）レーマ（テーマ）

　(5)のaの疑問文が発せられる状況において、b内での既知の情報は、「私がパーティで誰かに会った」ということであり、話し手は、その部分から話を展開する。「誰」に該当する部分が新情報というわけであるが（ここではPeter)、それがb文のレーマとなる。テーマは、既知情報ということもあり、しばしば省略されることがあり、その場合、「テーマなしの発話」がなされる。機能的文構成の考え方に基づくと、情報価値の低いテーマが先行し、新しい情報であり情報価値の高いレーマがそれに続くというのが、自然な情報の流れになるわけである。
　このテーマーレーマという概念は、直観的にも理解しやすく、これを用いると例えば1節で扱ったweil文の位置関係の原則などをうまく記述することができるが（「weil文がテーマの際には、主文に先行し、レーマの場合には、主文に後続する」）、一方で、定義があいまいであり、かつ、本来異なる概念を混ぜて定義を行ったという、問題点もあった。上のマテジウスの定義で、前半下線部分「既知のもの」と後半波線部分「話し手が発話の出発点にするもの」とは、重なることも多いが、実は2つの異なったものに言及している。次の例を見てみよう。

（6）a.　Wen hast du bei der Party getroffen?
　　　b.　(Ich habe) deine Schwester (getroffen).
　　　　　（僕は）君の妹に（会った）。

　(6)の文で、deine Schwesterは、話し相手の妹(姉)であるから、当然話し手にとっても聞き手にとっても既知の情報である。それにもかかわらず、この状況では、レーマとして解釈される。「僕がパーティで会ったのは」というテーマに対して、「君の妹に会った」というレーマが提示されているわけである。ここでは、レーマは、「君の妹」ではなく、動詞句全体「君の妹に会ったこと」であるから、その意味で「新情報」であるという説明は可能である。しかしながら、新情報であっても、「談話の出発点」として話し手が設定することは、十分にあり得ることである。

(7) a. Was möchtest du noch bei uns machen?
what want-2SG you still at us do
きみは、私たちの国でまだ何をしてみたいですか。

b. Hm... Ich war ziemlich überall in Deutschland. Aber <u>eine Stadt in
hm I was quite everywhere in Germany but a city in

<u>Ostdeuschland würde ich gerne noch besuchen.</u>
East Germany would-like I still visit
うーん。私はドイツではかなりいろいろなところに行きました。でも東ドイツの町(は行ったことがないので)を訪れてみたいです。

　(7)のbの文の後半の下線のある文において、話し手が、「出発点」として選んだのは、„eine Stadt in Ostdeutschland" という新情報の文成分である。もちろん、この場合も、「レーマが先行している」と解釈することができるが、その場合でも、「出発点」はやはり „eine Stadt in Ostdeutschland" と考えるのが自然であろう。

　本章では、以下にマテジウスのテーマ―レーマの定義が含んでいた複数の概念を整理して、解体していこう。テーマ―レーマは、現在でも、研究者によっては好んで用いる概念であるが、「あいまいである」との批判は免れ得ないものである。

　このように、テーマ―レーマの考え方は、話し手が「何を既知情報として捉えているか」、「何を談話の出発点に据えるのか」、「何について語るのか」という少なくとも3つの観点から異なった機能を持ったものとして考えることができる。以下、それぞれの機能に、焦点―背景、トピック―コメントの考え方を見ていこう。

2.1　焦点―背景

　話し手は、文を構成する際には、すでに聞き手との間で既知の事柄(旧情報)からスタートし、それを基盤にしてその文での主情報(新情報)を提示する。これは、2章で見た、基本語順から逸脱する場合の文の適格性を左右する原理となっている(2章の例文(6a–d)において、同じ文について言及している)。

(8) a.　weil　　der　　Mann dem　　Mädchen eine CD　gab
　　　　because the-NOM man　the-DAT girl　　　a-ACC CD gave
　　　　その男が、その少女にある一枚の CD をあげたので
　　b. weil der Mann einem Mädchen die CD gab
　　　　ある少女にその CD を…
　　c. weil der Mann die CD einem Mädchen gab
　　　　その CD をある少女に
　　d. ??/*weil der Mann eine CD dem Mädchen gab
　　　　ある CD をその少女に…

　基本語順と言える与格(dem/einem Mädchen)―対格(die/eine CD)である場合、それぞれの名詞句の情報の新旧(上の例では定冠詞(旧情報)・不定冠詞(新情報)の使用によって表している)にかかわらず、適格な文となる(a, b の例)。一方で、基本語順から逸脱している対格―与格語順の場合、旧から新の場合(c)は適格な文となるが、新から旧への流れ(d)では不適格ないしはかなり有標の文となってしまう。

　このように情報の新・旧は、ドイツ語の文の構成を考える上でなくてはならない原則である。注意が必要なのは、ここで「新・旧」と述べている情報は、必ずしも「聞き手が知っているか否か」ということとイコールではないということである。

(9)　　Kannst du　dir　vorstellen?　Unsere neue Lehrerin ist <u>deine</u>
　　　　can　　you you-DAT image　　our　　new teacher　is your

　　　　<u>Mutter</u>!
　　　　mother
　　　　想像できるかい。僕たちの新しい先生は君のお母さんだよ。
(10)　　Du bist es, der　das gesagt hat.
　　　　you are it　who that say-PP has　君がそれを言ったんだよ。

　上の(9)、(10)の例で、それぞれ下線の引いた部分が新情報となる。これらは「君のお母さん」、「君」ということから、聞き手が知らないということ

は想定し得ない。これらが新情報なのは、「私たちの新しい先生」と「君のお母さん」と、あるいは、「それを言った人」と「君」との結びつきが聞き手にとって「未知の情報」なのである。この意味で、「新情報」、「旧情報」というよりは、そのコンテクストにおいて「活性化されている情報」、「活性化されていない情報」(activated/inactivated information)と考える方が正確であろう。「活性化されている情報」は、「活性化されていない情報」を持ち出すための背景設定を行うのであるが、その意味で、以下、本章では、「新情報」を「焦点(情報)」、「旧情報」を「背景(情報)」と呼ぶことにしたい。

「焦点」は、1つの発話の中で1つとは限らない。次の例を見てみよう。

(11) a. Was hast du am Wochenende gemacht?
 　　　what have-2SG you on. the weekend do-PP 週末に何をしたの？
 b. Am Samstag habe ich Tennis gespielt und am Sonntag bin
 　　　on. the Saturday have I tennis play-PP and on. the Sunday am

 ich einkaufen gegangen.
 I shop go-PP
 土曜日にはテニスをして、日曜日には買い物に行ったんだよ。

(11)では、a.の部分で提示された質問に対し、b.では、「土曜日には」「テニスをして」「日曜日には」「買い物に行った」ということを述べている。これらの「焦点」は音韻的にもアクセントを伴って現れ、発話の中心部分を形成している。このように談話の中では、「焦点」部分と「背景」部分が入り組んで登場するが、特に「焦点」部分は、音韻的および統語的手段によって明示的に示される。

このような手段の1つとして、ドイツ語には一連の焦点詞(focus particle)と呼ばれる語がある。焦点詞の働きは、名が示す通りある特定の語を焦点化し提示するものである。

(12) 　Nur Markus konnte die Prüfung bestehen.
 　　　only Markus could the exam pass
 　　　マークスだけがその試験に合格できた。

(13) Sogar Markus konnte die Prüfung bestehen.
　　　even　Markus could　the exam　　pass
　　　マークスまでその試験に合格できた。

　波線で示した部分が焦点詞、そしてそれぞれ焦点詞の後にその焦点となる新情報が配置される。焦点部分は、通常音韻的にもアクセントが置かれ、背景部分から際立ったものとして提示される。また、焦点詞は、1つの句の中の「焦点」を表すこともできる。

(14) In unserer Gruppe haben wir nur starke Gegner.
　　　in our　　group　have　we only strong opponents
　　　僕たちのグループは強い相手ばかりだ。
(15) Der Flug kann auch nach dem Reiseantritt
　　　the flight can　also　after the　beginning-of-journey

　　　umgebucht werden.
　　　change-PP　become
　　　飛行機の便は、旅行開始後も予約変更可能です。

　焦点詞は、焦点をただ単にマークするだけではなく、付加的な情報を加えていくのであるが、これについては、3.2.2節で扱いたい。
　このように、実際の文における情報構造は、焦点と背景が入り組み分布している。また、焦点も、すべて同様に関心の中心というわけではなく、それぞれの文の部分の中での相対的に新しい情報、全体の新情報など、その情報性には濃淡が見られる。ドイツ語には、この情報構造を表出するさまざまな手段が備わっているが、それらについては、3節で見ていこう。

2.2　トピック―コメント

　トピック―コメント構造(主題―題述構造)は、マテジウスの定義の後半部、すなわち「話し手が談話の出発点として選ぶもの」(トピック)と「それについて述べられるもの」(コメント)との関係を記述する概念である。話し手は、今まで述べられてきたこと(旧情報)から談話を展開していくことが多い

が、基本的に、「述べられてきたこと」と「これから述べることの出発点」は、それぞれ独立した別の概念である。

(16) Geschichte gehörte neben Sport zu Aomames Hauptinteressen.
history   belonged beside sport to Aomame's main-interest

Romane las sie so gut wie nie,   aber von historischen
novels   read-PST she so well as   never, but of histrorical

Darstellungen konnte sie nicht genug bekommen.
description   could she not   enough get

歴史は、スポーツと並んでアオマメの主要な関心事であった。小説を読むことはまずなかったが、歴史の話には飽くことはなかった。

(村上春樹『1Q84』8頁)

(16)の文章において、下線部の文は、Romane(小説)ではじまっている。これ以前に「小説」について述べた箇所はなく、文脈からは「焦点」と考えられ、また、実際、音読する場合には、Romaneにアクセントが置かれることになる。このように、ある文の出発点、枠組みを設定する働きを持つものがトピックであり、これは、「背景」とは独立した概念である。

「主語」という概念も、トピックに類似した概念である。主語は、ヨーロッパ諸語においては、動詞の人称変化によって統語的に定義されるが、その機能的な側面は、トピックと非常に類似したものである(ゲルマン語でも、動詞の人称変化は、元来トピックに依るものであった(Givon(1976)参照))。統語的な主語表示の手段を持たない日本語においては、トピックと主語とは混同して用いられることも多い。

ドイツ語において、トピックは、「文の出発点」として、文頭、すなわち前域に現れる。

(17) a. Wir spielen heute in der Schule Tennis.
       we play   today in the school tennis
       私たちは今日学校でテニスをします。
    b. Heute spielen wir in der Schule Tennis.

今日は、学校でテニスをします。
c. In der Schule spielen wir heute Tennis.
学校では、今日テニスをします。
d. Tennis spielen wir heute in der Schule.
テニスは、今日、学校でします。

　日本語でのトピック表示手段は、係助詞の「は」であるが、前域に来る要素は、多くの場合、「～は」と訳されることが多い。
　文頭位置は、「主語の位置」と見なされることも多いが、主格主語が文頭に現れるのは、ドイツ語全体の60％程度である（Winter(1961)による）。この数字が物語ることは、たしかにトピックとして表れる要素は主語が多いのであるが、少なくとも残りの40％は、主語以外のものがトピックとして用いられているということである。
　Li and Thompson(1976)は、ある言語が「主語」を文構成の基本的原理として持っているのか、「トピック」をそれとして持つのかによって、言語を表1のように分類した。これによると、ドイツ語は、他のインド・ヨーロッパ諸語と同様「主語卓越言語」に数えられるが、その「主語卓越性」は英語ほど強くなく、日本語の属する「主語＆トピック卓越型言語」のグループに近いものとなっている。

表1　主語あるいはトピックの卓越性による言語の分類
（Li and Thompson 1976: 460）

主語卓越言語	Indo-European, Niger-Congo, Finno-Ugric, Simitic, Dyirbal, Indonesian, Malagasy, ...
トピック卓越言語	Chinese, Lahu, Lisu, ...
主語＆トピック卓越言語	Japanese, Korean, ...
主語＆トピック非卓越言語	Tagalog, Illocano, ...

　ドイツ語では、主語だけでなく、トピックもその文構成に大きくかかわっている。「主語―述語」関係は、主語となる名詞の人称と動詞の語尾との間の一致関係という統語現象によって支えられている。一方、「トピック―コメント」関係を明示しているのは、ドイツ語において独自に発達してきた枠構造

である。枠構造では、前域でマークされるトピックに対して、文終端部に位置する動詞句がコメントの核となっている。

(18)　Gegen Deutschland [hat Japan] in der letzten WM nicht [gespielt].
　　　against Germany　　has Japan　in the last　　WM not　　play-PP
　　　ドイツとは、日本はこの間のワールドカップでは戦わなかった。

　(18)の文で、囲まれた部分同士の関係が「主語―述語関係」、波線が引かれた部分が、「トピック―コメント関係」を示す部分である。
　最後に、「トピック―コメント」構造と「焦点―背景」構造の違いをもう1つ見てみよう。トピックは、相対的な情報の重要度を示す「焦点―背景」とは異なり、「文中で語られる話題」を提示するものであるため、基本的に1つの文、それも主文において1組に限られる。このことは、日本語の「は」が基本的には主文でのみ用いられることや、ドイツ語においても、前域は、基本的に主文にのみ生じる現象であることからも裏付けられる。

(19) a.　カイは(カイが／Xが)負けたことに腹をたてた。
　　 b.　カイが負けたことに腹をたてた。
(20) a.　Kai hat sich　　darüber　　geärgert, dass er verloren hat.
　　　　Kai has himself about. that annoy-PP that he lose-PP　has
　　 b.　*Kai hat sich　　darüber　　geärgert, er hat verloren.
　　　　Kai has himself about. that annoy-PP he has lose-PP

　(19a)の文において、「は」でマークされている主語(カイ)は、主文の動詞(腹をたてた)にかかり、副文にはかからない。そのため、副文の主語は、コンテクストによって決まる。それに対し、(19b)では、「負けた」(副文の動詞)のはカイであり、「腹をたてた」(主文の動詞)は不明である。(20a)、(20b)の対照に現れている、ドイツ語の主文性はより明確である。動詞 verloren hat (負けた)を中心とする副文は、主文に特徴的な定形2位ではなく、常に副文語順(定形後置)をとる。

　以上、本節では、文の情報構造を記述するために、少なくとも2つ(焦点―

背景、トピック―コメント）の概念ペアを設定することが必要であることを述べた。次節では、これらの情報構造を示す概念が、ドイツ語においてどのように表現されるかについて、見ていこう。

3. 情報構造を表示するさまざまな仕組み

「焦点―背景」、「トピック―コメント」の両構造を示す手段としては、「語順」によるもの、特定の「語彙」によるもの、「構文」によるもの、そして「プロソディ」によるものがある。以下、それぞれのドイツ語における表出手段について概観していこう。

3.1　語順

これまで見てきたように、格の表示、主語の形態的表示が明示的であるドイツ語において語順は、情報構造を表示する重要なものとなっている。「焦点―背景」において、通常、背景は焦点に先行する。また、「トピック―コメント構造」は、トピックの前域配置によって表示されることが上で述べられた。これらは、無標の場合に現れる語順である。一方、有標の場合、すなわち、何らかの別の表現手段でそれと示されている場合、この無標の語順からの逸脱が可能となる。

3.2　情報構造を表す語彙的手段
3.2.1　冠詞、人称代名詞

ある情報がすでに既知のものであるか、それとも未知のものであるかについて、ドイツ語の名詞句は異なった冠詞を持つ。定冠詞は先行するテクストおよび談話状況においてすでに導入されているもの、不定冠詞は導入されていないものをそれぞれマークしているが、これらが「背景」と「焦点」と必ずしも重ならないことは明らかであろう。定冠詞が付き、既知のものとして示されている名詞句も、「他の語との組み合わせ」によって文の焦点情報になり得るわけである。

(21)　　Er ist nicht der Japaner, von dem　ich dir　　vorhin erzählt habe.
　　　　he is not　the Japanese of　which I　you-DAT just　　tell-PP　have

彼は、さっき僕が君に話した例の日本人じゃない。

(21)では、der Japaner という語自体はすでに出てきたものと考えられるが、ここでは der Japaner と er との結びつきが否定され、「その日本人ではない」という部分全体が文の焦点となっている。人称代名詞や所有冠詞なども、照応表現ないしは直示表現ということからすでに前出のものを受けているわけであるが、これらも文の「焦点」として現れ得る(例文(9)、(10)参照)。

3.2.2　焦点詞（focus particle）

2.2 節で扱った焦点詞は、その名が示すとおり、係る語を「焦点」としてマークする。焦点詞は、直前ないしは直後から係る。その際、焦点はアクセントを持つ。

(22)　　Allein sie/sie allein ist daran schuld.　彼女だけに責任がある。
　　　　alone　she　she alone　is　for. that　be-to-blame

焦点詞の代表的なものとしては、nur、allein、auch、selbst、sogar などが挙げられるが、これらは、単に係る語を焦点としてマークするだけではなく、制限や付加などの一定の意味を付け加える。否定詞 nicht も、焦点詞の1つとして捉えることができる。nicht の語順も、基本的に「焦点の前」であり、いわゆる全文否定の場合は、動詞句全体を否定すると考えるので動詞句の直前に置かれる。

(23) a.　Wir spielen nicht heute in der Schule Tennis.
　　　　 we　play　 not　today in the school tennis
　　 b.　Wir spielen heute nicht in der Schule Tennis.
　　 c.　Wir spielen heute in der Schule nicht/kein Tennis.
　　 d.　Nicht wir spielen heute in der Schule Tennis, sondern ihr.

いくつかの焦点詞は、係る語の直前、直後だけでなく、離れて配置されることがある。

(24)　Gegen Deutchland haben wir in der WM　　auch gespielt.
　　　against Germany　have　we in the World-Cup also　play-PP
(25)　Gegen Deutschalnd haben wir in der WM nicht gespielt.
(26)　Gegen Deutschland haben wir in der WM nur gespielt.

　(24)、(25)において、auch、nicht は直後の gespielt ではなく、トピックである前域要素の gegen Deutschland に係っている。この際、新情報要素にはアクセントが置かれ、通常、特殊なイントネーションパターンで発話される。一方、同じ焦点詞でも、auch, nicht 以外は、ほとんどこの隔離配置のパターンをとることはない。(26)の例で、nur は、gegen Deutschland ではなく直後の gespielt に係り、「ワールドカップでのドイツと我々の対戦は、ただやっただけというものであった（まともな試合にならなかった）」のような意味になる。このように、焦点詞は、トピックに係ることのできるもの(auch, nicht)、できないものに分けることができるが（それ以外）、これは、日本語の文法における係助詞（は、も）とそれ以外（だけ、さえ他）との区別に対応している。日本語でトピック構造を示すものとされる係助詞に意味的に対応するドイツ語の焦点詞も、トピックへの強い関係性を示す。

　以上、ドイツ語において焦点詞は、「焦点―背景」だけでなく、「トピック―コメント構造」とも深く関わっていることを示した。(24)、(25)で見られるように、焦点詞を使うことで無標の語順から逸脱した語順をとることが可能になり、それにより、「トピック」が「新情報」要素になるという有標な情報構造の分布が表現されている。

3.3　構文的手段

　ドイツ語には、有標な情報構造を表示するために、語彙的な手段の他に構文的手段がある。ここでは、分裂文(3.3.1 節)と名詞句分離構文(3.3.2 節)の2つを扱う。これらの構文は、特殊な情報構造を表示するために発達したパターンと考えることができる。

3.3.1　分裂文(cleft sentence)

　分裂文は、いわゆる強調構文と言われるもので、この構文においては、焦点部分と背景部分とが、明示的に2つに分けて表現される。

(27)　　Es war die Sonne, die　mir　　am　　meisten fehlte.
　　　　it　was the sun　that me-DAT on-the most　lacked
　　　　　　　　　　　　　　　　　　　　　　　(Duden 2009: 1036)
　　　　僕がもっともなくて残念だったのは、太陽だ。

(28)　　Es war auf der Uni,　　wo　er die Liebe zur　　Musik
　　　　it was at　the university where he the love　to-the music

　　　　und zum　Schauspielen entdeckte.
　　　　and to-the drama　　　discovered
　　　　彼が音楽や演劇への愛を見出したのは、大学においてであった。

　この構文では、「es ist X＋関係文」という形式をとるが、Xの部分に「新情報」が、関係文が「旧情報」が提示される。ここでは、「新情報」が先行し、それに「旧情報」が後続しており、機能的文構成の観点からは有標な語順であると言える。一方で、「新情報」もいきなり出てくるのではなく、「es ist…」というそれ自体無標な構造を持った導入部を持っている。この分裂文の分裂が保たれながら、語順が逆転している場合の構文に疑似分裂文(pseudo cleft sentence)がある。

(27a)　　Was mir am meisten fehlte, war die Sonne.
(28a)　　Der Ort, wo er die Liebe zur Musik und zum Schauspielen entdeckte, war die Uni.

　分裂文は、英語では多用されるが、ドイツ語では、語順が比較的自由ということもあり、それほど多くは用いられない。強調したい要素を前置し、アクセントを置くだけで、類似した情報構造の文は簡単に作ることができるためと考えられる。

(27b)　　Die Sónne fehlte mir am meisten.
(28b)　　Auf der Úni entdeckte er die Liebe zur Musik und zum Schauspielen.

　しかしながら、分裂文は、「焦点」と「背景」を明示的かつ分析的に表現で

あり、ドイツ語でも特に音調的手段を使用できない書き言葉においては有効な手段である。

3.3.2　名詞句分離構文（NP-splitting）

2.3節で、「主語＆トピック卓越言語」としてのドイツ語の特徴に触れた。これは、ドイツ語の文構成において、「主語」と「トピック」が同様に重要な役割を果たすことを意味する。この節で扱う名詞句分離構文は、この「主語」を中心とした文構成と「トピック」を中心としたそれがいわば混在する構文である。この構文では、「主語―述語」という陳述と、「トピック―コメント」という陳述が並行して存在し、そのため1つの名詞句があたかも分離して配置されているかのような文型を作る。

(29)　Zeugnisse hat er angeblich immer sehr gute gehabt.
　　　reports　 had he supposedly always very good have-PP
　　　彼は成績はいつも非常に良いものをとっていたと言っていた。
　　　　　　　　　　　　　　　　　　　　　　　（Zifonun et al. 1997: 1617）

(30)　EC-Geldautomaten gibt es mittlerweile 48000 in 15 Ländern.
　　　EC-cash-dispensers gives it by-now 　 48000 in 15 countries
　　　ECカードのキャッシュディスペンサーはいまや15の国に48000ある。
　　　　　　　　　　　　　　　　　　　　　　　（Zifonun et al. 1997: 1617）

(29)では、sehr gute Zeugnisse という名詞句が、分離して配置されている。これは、"Er hat sehr gute Zeugnisse." という主語を中心とした構造に、「トピック」を強調した、"Zeignisse sind sehr gut." という「トピック―コメント」構造が重なってできたイレギュラーな形であると考えることができるだろう。(30)においては、"Es gibt 48000 Geldautomaten." と主語―述語構造の文に対して、"Geldautomaten sind 48000." というトピック―コメント構造が隠れた陳述構造として存在している。この名詞句分離構文において、トピックとして前域に位置するのは、不定の場合冠詞を持たない複数名詞または不可算名詞であり、これらが後続する形容詞、数詞などによってより細かく規定されていくという構造をとる。

名詞句分離構文のさらなる条件として、主語制約がある。主語名詞句の分離には、動詞の種類によって制約があることが観察される。

(31) *Soldaten haben Bier zu Mittag nur bayerische getrunken. （他動詞）
　　　 soldiers   have beer at lunch   only bavarian drink-PP
(32) *Studenten haben da   nur japanische getanzt. （非能格自動詞）
　　　 students   have there only Japanese dance-PP
(33) 　Zigaretten sind hier nur japanische vorrätig. （コピュラ動詞）
　　　 cigarrets are here only Japanese in-stock
　　　 タバコは、ここには日本のしか在庫がない。
(34) 　Bier schmeckt mir nur deutsches. （非対格動詞）
　　　 beer tastes   me only German
　　　 ビールは、僕にとってはドイツのだけがおいしい。

　(31)、(32)のような、他動詞および普通の自動詞の主語を分離すると非適格な文が生じる。一方で、コピュラ動詞や一連の非対格動詞(☞第5章)の主語は分離が可能である。
　この制約は、動詞の他動性に関係している。直接目的語や動作主でない主語などは、主語—述語で典型的に表される「動作」の枠組みに直接組み込まれていない。それゆえ、動作の枠組みが課するシータ役割(themantic role、☞第1章)の統制が強く働かない。名詞句の分離は、明らかなシータ制約の違反であるが(同じ意味役割の名詞句が1文中に2つ存在することになる)、この違反を正当化する動機づけがあれば、名詞句分離が許容されることになるのである。この「正当化する動機づけ」というのが、「トピック—コメント構造」であり、名詞句分離構文というのは、動作の枠組みが弱い状況下において認可されるトピック構文であると考えることができる。このように、「情報構造」上の要請により、ドイツ語の一般統語構造であるシータ制約がキャンセルされるしくみは、統語論をその意味機能の観点から記述していこうとする立場(機能統語論)からも非常に興味深いものである。
　本節で扱った「構文」による「情報構造」の記述のしくみは、ドイツ語の文法が、「話し手がいかに情報を伝えるか」という点からも規定されていることを示す例であると言えるだろう。

3.4 プロソディ（韻律）の働き
3.4.1 アクセント付与規則

「情報構造」を表現する手段として、非常に重要な働きを持つのがプロソディである。「文法構造」は一般に、構造的に決まっており、本章で扱ったように機能的に定められる部分は、どちらかと言うと例外的なものとされることが多いが、ドイツ語において音調的な手段は、「情報構造」を強く反映するものとして考えられている。それは、例えば、「強調したいものを強く発音する」という単純な現象からも直観的に理解されるだろう。

ドイツ語において、プロソディは、文の情報構造、特に「背景」と「焦点」の区分に基づいて形成される。焦点にはアクセントが置かれるが（例えばJackendoff 1972: 247）、この際、文の全体(35)ないしは部分のみ(36)を強調するかによって、その焦点アクセントの位置が決まる。2.2節で概観したように、1つの文中でいくつもの要素が焦点としてマークされることも可能である(37)。（以下の例では、[F]によって焦点(focus)の領域が示され、囲みによって焦点アクセントを受ける音節が示されている）。

(35)　　[F Maria ist eine Hei̇delbergerin].　　　　（Duden 2009: 98）
　　　　 Maria is　a　　Heidelbergerin
　　　　マリアはハイデルベルクっ子だ。

(36)　　[F Ma rı̇a] ist eine echte Heidelbergerin.

(35)　　[F Ma rı̇a] ist keine [F ech te] Heidelbergerin.

一方で、「焦点要素にアクセントが置かれる」という規則には、例外もある。

(37)　　(Mensch, Paul besitzt einen Gauguin.)
　　　　 wow　　Paul owns　a　　Gauguin
　　　　おい、パウル、ゴーギャンの絵持っているんだって。

　　　　　　　　　　　　　　　　　　　　　　　　　　　　（Féry 2011: 22）
　　　　Einen Gau guı̇n besitzt Peter au ch.
　　　　a-ACC　Gauguin owns　Peter also
　　　　ゴーギャンの絵だったらペータも持っているよ。

(37)では、他のアクセントを受ける焦点要素(Gauguin, auch)と隣り合った場合に、この文脈で焦点情報であるはずの Peter がアクセントを受けないケースである。

3.4.2　情報構造と 2 つのアクセントパターン

上の(37)の文では、2 つの要素に強アクセントが置かれているが、それぞれのアクセントが異なったイントネーション曲線を描いている。最初の要素 (Gauguin) は上昇アクセント (rising accent) であり (下の表示は、L (低アクセント)、H (高アクセント)、*(強アクセント) をそれぞれ表している、L*H の組み合わせで上昇アクセントを表示)、2 番目の要素は下降アクセント (falling accent、高から低へのアクセントを H*L で表示) である。

(38)　　Einen Gauguin besitzt Peter auch.
　　　　　　L*H　　　　　　　H*L

下降アクセントは、主にそれによってマークされた情報が聞き手にとって新情報であり、それを話し手が示す際に用いられる。つまり「焦点」の表示である (Féry 2011, Duden 2009, Jackendoff 1972)。

(39)　　Wo ist Maria?　—　Sie ist zu Hause.
　　　　　　　　　　　　　　　　　H*L
　　　　マリアはどこ？　—（彼女は）家にいるよ。
　　　　　　　　　　　　　　　　　　　　　　(Duden 2009: 106)

一方、上昇アクセントは、話し手と聞き手がすでに関心を向けている対象をあらためて取り上げるときに用いられる。これにより、トピックが表示されることから、トピックアクセントと呼ばれる。

(40)　　Wo ist Maria?　—　Maria ist zu Hause.
　　　　　　　　　　　　　　L*H　　　H*L
　　　　マリアはどこ？　—マリアだったら、家にいるよ。
　　　　　　　　　　　　　　　　　　　　　　(Duden 2009: 111)

このように、それぞれのアクセントパターンが上述した2つの情報構造を表示する働きを持っていると考えることができるが、一方で、この対応は必ずしも絶対的な規則というわけではなく、例外的な現象も多く観察される（Féry 2011: 20 を参照）。

4. まとめ

　以上本章では、単に言語内部に存在する規則としての文法ではなく、「話し手と聞き手がどのようにどのように情報を伝え合うか」という、いわば言語の運用に関わる規則性について扱った。

　言語の情報構造を記述する手段として、焦点―背景、トピック―コメントという2つの構造を表す概念を導入した。これらの構造を表示する手段として、語順、語彙的手段、構文的手段、音調的手段（プロソディ）を順に扱ったが、実際の使用において、これらの手段は組み合わされて用いられるものである。特にプロソディについては、それ自体独立した構造を持つ一方で、（話し言葉では）上に挙げた諸手段と連携した形で情報構造の表示に寄与しているのである。

（第10章執筆：田中　愼）

読書案内

　ドイツ語の情報構造についての最新の研究の状況をコンパクトにまとめたものとして、Féry(2011) がある。この論文では、情報構造についての諸概念が整理され、その言語的実現形式について音韻論的な特徴を中心に説明されている。Walker, Joshi and Prince(1998) では、90年代以降、テクストの構成について計算主義的なアプローチを展開している中心化理論についての著作であるが、ここでは、文レベルを超えた情報の展開についての詳細な記述が見られる。情報構造に関しての音韻的な記述は、上に挙げた Féry(2011) の他、Duden(2009) に詳しい。ここでは、イントネーション記述の基本的な概念も分かりやすく説明されており、ドイツ語のイントネーションの機能の概要を把握するう上でも役に立つ。

コラム 「構造と機能」

　本章で扱っている「情報構造」は、言語の機能的な側面(何のためにその文法現象はあるのか？)に注目して記述しているという意味で、他の章の記述と方向性を異にしている。他の章が、「ドイツ語の構造をいかに記述するか？」という問題設定をしているのに対し、本章では、「情報を伝える」という目的を設定し、その目的の達成のためのしくみには何があるかという問いを立てているわけである。

　言うまでもないことであるが、この「構造的記述」と「機能的記述」の2つの方法はたがいに排除するものではなく、補完し合う関係にある。言語は、いわば所与の「構造」の枠内で「機能」するものと考えることができる。英語のthere構文とドイツ語のes構文を比較することで、この「構造」と「機能」の関係がより具体的に把握できるだろう。英語のthere構文とドイツ語のes構文は、互いに似ているが、異なった「構造」を示すとされる。

(i) 　There comes a boy along the street.
(ii) 　Es kommt ein Junge die Straße entlang.
(iii) 　*There served you Mr. Smith.
(iv) 　Es bediente Sie Herr Schmidt.

　英語のthereは、構造上、(外項)主語位置(いわゆるIP-Spec)に立つとして、内項主語を持つとされる非対格動詞は許容するが、明らかな外項主語を持つ他動詞は許容しない。一方で、ドイツ語のes構文のesは、IP-SpecではなくCP-Spec(ドイツ語の前域領域)を占めるものとされ、構造上、他動詞も許容する(iv)。つまり、there構文とes構文は、構造的に異なった構文である。

　一方で、これらの構文間には類似性も多く見られる。それぞれの構文は、いわゆる「提示」の機能を持ち、新しい物やことを導入する働きを持つとされ、この構文の特殊形である存在表現(there is/are..., es gibt...)は、強い不定性を示す。ドイツ語のes構文では、他動詞も許容されるのであるが、これらの用法をコーパスで検索すると顕著に非対格自動詞の用法が多く、他動詞の用例は、(iv)に見られる、慣用的なものにほぼ限られており、生産的な構文とは言いがたい。

　ここでの観察をまとめてみよう。ドイツ語と英語の類似した構文間には、構造的な相違と機能的な類似が見られる。そして、ドイツ語のes構文では、この構造的な違いを「生かした」機能が実現されていることが分かる。このように、我々言語使用者は、構造上の制約を受けながら、言語のしくみを最大限に利用しているのである。

第11章
心態詞

> **ポイント**　ドイツ語の話し言葉に頻繁に現れ、独和辞典では副詞に分類されている語がある。ドイツ言語学では、Modalpartikel（話法の不変化詞）あるいは、Abtönungspartikel（色合いを添える不変化詞）と呼ばれるもので、日本語では、「心態詞」（＝心的態度を表す言葉）という用語が定着している。その存在は昔から気づかれていたにもかかわらず、「よけいなもの」、「冗長なもの」、「削除可能なもの」として伝統的に扱われてきた。その理由は、これらの語が話し言葉で多く使われ、書き言葉にもっぱら価値を置く人達に軽視されていたからだと言われている。1960年代からの語用論研究の進展にともない、心態詞と話し手の心的態度、発話行為、文タイプとの関係が研究されはじめ、今ではさまざまな言語における談話詞（discourse particle）と比較研究されている。

実例　（1）„Nun hör **aber** auf! Computerviren sind **doch** keine Lebewesen!"

（Karl Olsberg. *Das System*）

［訳］「もうやめてくれよ！　コンピュータ・ウイルスは生き物じゃないだろ！」

（訳、例文中の太字は執筆者による）

説明 (1)では、最初の命令文に心態詞の aber が、2 番目の平叙文には心態詞の doch が使われている。命令文の中の aber は、話し手の「我慢のならない」気持ちを表していると言われている。2 番目の文の doch は、話し手の「反駁」の気持ちを表すのに使われていると説明されたり、「話相手に何か忘れていることを思い出させる」機能があると言われている。対応する自然な日本語にするのは難しいが、機能的には日本語の文末にくる終助詞「ね」「よ」などとの類似性が指摘されている。

問題提起
・心態詞は、文法上、どのような特徴があるか。(定義の問題)
・心態詞の意味はどのように説明できるか。(話法、状況、知識)
・心態詞を使った文にはどのような音声上の特徴があるか。(プロソディ)

＊＊＊

1. はじめに

　話し言葉に属して書き言葉には現れない表現というと、日本語なら、終助詞と呼ばれる一群の語が思い浮かぶ。例えば、(2a)の命令は、かなりきつく響くが、(2b)のように文末に「よ」をつけると、話相手をせかす強調表現になるが、「よ」の代わりに「ね」を付けることはできない(「ね」は通常、命令文と共起しない)。

(2) a.　さっさとご飯を食べろ。
　　b.　さっさとご飯を食べろ {よ／*ね}。

　このような終助詞の「ね」や「よ」は、話し手の感じたことを表現しているとも言えるが、状況に依存して解釈されるので、その正確な意味や使い方を外国人に教えるとなると、かなり難しい。
　ドイツ語の心態詞を分析対象とする時も、同じような困難が待ち構えてい

る。心態詞の意味や機能は、実世界を記述するものでもなければ、事物の関係を捉えたり出来事を表現するものでもない。むしろ、話し手がどのような状況で、どのような知識や信念を持ち、聞き手に何をどのように訴えるのかに関わっている。

ドイツ語の心態詞には、まずその形式的な特徴がある。それは、心態詞と呼ばれる語群が、もともと別の品詞に属する語として成立しているからで、それらの元の語の意味を多かれすくなかれ引きずりながら、「心的態度」を表す表現に横すべり(drift)しているように見える。還元的な見方をすれば、心態詞には中心的な基本的な意味しか存在しない、とも言える。

本章では、2節で心態詞の定義を同音語の存在、強勢アクセント、文タイプとの関連性、前域との関係から検討し、3節では心態詞の表す意味を話法的意味、状況と共有知識、基本的意味仮説に関係させながら考える。4節では、心態詞を使った文の持つプロソディーの特徴を紹介する。

2. 用語の定義

2.1 概観

不変化詞(Partikel)という用語は、伝統的にドイツ語文法で用いられてきたもので、語形変化を伴わない品詞の総称である(☞第9章)。心態詞が、Arnt(1960)、Krivonosov(1963, 1977)によって、「話法の不変化詞」(modal particle)と呼ばれたのは、当初「話し手の心的態度」を表すと考えられたからで、現在でも広くModalpartikelという用語が使われている。他方、Weydt(1969)が提唱した「色合いを添える不変化詞(Abtönungspartikel)」という用語も同様に使われているが、Zifonun et al.(1997)のように、不変化詞を細分類して、Modalpartikelを「法副詞(modal adverb)」の意味で用い、Abtönungspartikelを心態詞の意味で用いる場合もあるので注意が必要である。Duden(2006: 597)では、Abtönungspartikel (Modalpartikel)と併記しているところからも、この2つの呼称が並列して使われていることが分かる(本章ではModalpartikelを採用し、MPと略す)。

具体的に、Duden(2006: 598)では、最も多く使われる心態詞として、(3)の17を挙げている。

（3）　ja, denn, wohl, doch, aber, nur, halt, eben, mal, schon, auch, bloß, eigentlich, etwa, nicht, vielleicht, ruhig

　なお、何を心態詞に入れるかは、研究者によってゆれがあり、Weydt (1969)では 13、Weydt et al.(1983)では 26、Helbig(1990)では、実に 38 を心態詞としているが、Zifonun et al.(1997: 1209)では、その中心的なもの(A グループ)として 16、広い意味で心態詞として捉えられるもの(B グループ)として 6 を挙げている。

（4）　A グループ：aber, auch, bloß, denn, doch, eben, etwa, halt, ja, mal, man（地域的）, nicht, nur, schon, vielleicht, wohl
　　　B グループ：eh, eigentlich, einfach, erst, ruhig, überhaupt

　心態詞を定義づける試みは、Weydt(1969)、Krivonosov(1977)をはじめとして数多く行われてきたが、それにもかかわらず心態詞の全体数にこれだけのゆれがあるのは、どの基準を優先するかにかかっている。Helbig(1990)は、心態詞を合計 17 の主な特徴と、5 つの付随的な特徴で特徴づけようとしているが、1 つ 1 つの心態詞をすべての基準に照らし合わせて判断しているわけではない。むしろ、これまでの心態詞研究の中で指摘された特徴を最大限に取り入れて説明することに主眼を置いている。
　ここでは心態詞を特徴づける 10 の特徴を Diewald(2009: 124–125)に従って示すにとどめる。

（5）　心態詞は、以下の特徴を持つ。
　　a.　語形変化をしない、
　　b.　他の品詞に属する姉妹語を持つ、
　　c.　強勢アクセントを持たない、
　　d.　文の構成素にはならない、あるいは、句を作らない、
　　e.　組み合わせて使うことが可能、
　　f.　文の中域に現れる、
　　g.　一定の文タイプとの親和性がある、
　　h.　指示的な意味を持たない、

i.　文、あるいは発話全体をスコープとする、
　　　j.　話し手に関係した方向づけの機能を持つ。

2.2　同音語の存在

　「他の品詞に属する姉妹語を持つ」という特性は、これが果たして語源的関連性を持った類義語(homonym)なのか、それとも単なる偶然として音が同一である同音語(homophone)なのか、多義語(polysemy)なのか、異義語(heterosemy)なのか、立場によって議論が分かれる。Diewald(2009)は「姉妹語」(doublet)という名称を用いているが、これは歴史言語学で「同じ語源を持ち、語形と意味が異なるもの」と定義されているため、本章では、中立的な「同音語」を用いる。以下の表1では、心態詞の同音語をまとめた(Helbig 1990 の分類に基づき作表)。

　ここでは、1つの典型的な例として aber を見てみよう。

(6) a.　Die Mannschaft hat gut gespielt, ***aber*** sie hat das Spiel
　　　 the team 　　　has well played　but　it　has the game

　　　 nicht gewonnen.
　　　 not 　won　　　　　　　　　　　　　　　(Helbig 1990: 81)
　　　 そのチームはいいプレーをした、でも、その試合に勝てなかった。
　b.　Das war ***aber*** eine Reise!
　　　 that was MP　a　 travel　　　　　　　　　(Helbig 1990: 80)
　　　 あれは、なかなかの旅行だったよ。
　c.　Peter hat ***aber*** ein Auto.
　　　 Peter has but　a　car　　　　　　　　　　(Helbig 1990: 82)
　　　 ペーターは、でも自動車を持っている。

　(6a)は、aber が接続詞として用いられているもので、(6b)は心態詞の aber の例である。それに対して、(6c)の中の aber は心態詞ではなく、接続詞の aber が文中に入り込んだもの、つまり接続詞浮遊(conjunction floating)と考えられる(英語の however や、日本語の「でも」と比較するとよい)。Helbig (1990)では、(6b)に用いられている aber に対して、「事態や特徴の特別な程

表1 心態詞の姉妹語の属する品詞（Helbig（1990）の分類に基づき作表）

心態詞	接続詞	副詞	形容詞	動詞	返答詞	程度詞	法副詞	否定詞
aber	○							
auch	○	○						
bloß			○					
denn	○	○						
doch	○	○			○			
eben		○	○		○			
eigentlich			○					
etwa							○	
halt				○				
ja					○	○		
mal		○						
nicht								○
nur		○				○		
ruhig			○					
schon		○			○	○		
vielleicht							○	
wohl		○			○	○		

度に関する話し手の驚き」を表すものと説明されている。(6b)では文末に感嘆符が付いているところから想像できるように、この文は、平叙文の形をしていながら、感嘆文としての効果を持っており、文アクセント（sentence accent）は、Reise に置かれる。

　同音語の存在は、心態詞の歴史的発展を文法化（grammaticalization）、あるいは、間主観化（intersubjectification）の視点から捉えられる可能性を示唆している（Abraham 1991, Diewald 1997, Autenrieth 2002, Wegener 2002, Molnár 2002, Diewald and Ferraresi 2008）。また、話者の心的態度を表し、同音語が存在するという2つの特徴をクローズアップすれば、Thurmair（1989）のように自由な与格（☞第7章）の一種である mir や、Duden（2006）のように否定語の nicht を心態詞に含めることにもなる。

2.3　強勢アクセントを持たないこと

　一般に、心態詞は強勢アクセントを持たない（unstressed）と定義されている。例えば、(7a)における vielleicht は、心態詞の用法で、「話し手の驚き」を表すと

言われているが、viellcicht に強勢アクセントは置かれていない。もし、(7b)のように vielleicht に強勢アクセントが置かれると、それは法副詞になり「ひょっとして」の意味になる。しかし、よく見ると、(7b)と同じように、ここで問題となっているのは、文アクセントであることが分かる。(7a)では、IST に対照的なアクセントが置かれ(Verum-Akzent と呼ばれる)ており、文末の感嘆符から想像できるように、平叙文のイントネーションが用いられてはいない。なぜなら、(7c)でも、vielleicht に強勢アクセントが置かれていないが、この場合は心態詞と言い切ることができず、Helbig(1990)は、解釈が曖昧になる、と説明している。

(7) a. Diese Kiste IST vielleicht schwer!　（心態詞）
　　　 this box is MP heavy
　　　 なんて、この箱は重いんだ。
　　b. Diese Kiste ist vieLLEICHT schwer.　（法副詞）
　　　 this box is perhaps heavy
　　　 この箱は、ひょっとして重いかもしれない。
　　c. Diese Kiste ist vielleicht SCHWER.　（曖昧）

(Helbig 1990: 231)

　この心態詞の一般的特徴づけにもかかわらず、いくつかの心態詞は強勢アクセントを持つ、と説明されている。なぜそのような逸脱を認めても特定の語を心態詞とするのか、という疑問がわく。それには、特定の語が(i)「話し手の心的態度」に関連するという直感と、(ii)その中域で現れる位置の制限が関係している(☞第3章)。

　強勢アクセントがある場合と無い場合の双方が認められる心態詞は、Helbig(1990)によれば9例、(定義に反して)必ず強勢を持つものは8例ある。(8a–c)の denn, ja, wohl の例は、必ず強勢アクセントがあるもので、(i)の心的態度に関する基準が優先して心態詞に含められている。

(8) a. A: Ich bin kein Mathematiker.
　　　　 I am no mathematician
　　　 B: Was bist du *dénn*? (wenn du kein Mathematiker bist)
　　　　 what are you MP (if you no mathematician are)

(Helbig 1990: 108)

　　A：私は数学者ではありません。
　　B：だったら、いったいあなたは何なのですか？（もし、あなたが数学者でないとするなら）
b.　Komm morgen *já* nicht wieder zu spät!
　　come　tomorrow MP not　again　too late

(Helbig 1990: 168)

いいか、明日は、また遅刻してきちゃだめだぞ。
c.　Er hat die Prüfung *wóhl* bestanden (, aber nicht sehr gut).
　　he has the test　　MP　passed　(, but not　very well)

(Helbig 1990: 239)

彼は、その試験にうかるにはうかったんだ（、でもそんなにいい成績ではなかった）。

　(8a)の denn は、「ある可能性が以前に否定されたにもかかわらず、話し手が満足な答えを得られなかった質問を強調し繰り返す」時に使われ、(8b)の ja は、「要求を強め」る働きがあり、「脅し」や「威嚇」といった発話行為と関係し、(8c)の wohl は、「事態を確認しつつ、制限を容認する」働きがあると説明されている。

2.4　文タイプとの関連性

　Weydt(1969)以来、心態詞と文タイプ(sentence type)の関連が注目されてきた。文タイプとは、伝統文法から引き継がれた概念で、平叙文、疑問文、要求文、願望文、感嘆文に文の種類を分けるものである(Bußmann 2002)。Weydt(1969)の主張によれば、心態詞は、伝統文法の文の種類とは異なった（経験的に発見された）文タイプによって現れるものが限定される。まず、Weydt(1969: 26–35)が提案する9つの文タイプの分類と心態詞の関係を、その出現環境としての例文と共に見てみよう。

Typ 1　平叙文形式の感嘆文　*aber, vielleicht, ja*
　　　　例）Dás war＿＿ein Fest!
Typ 2　倒置を伴った感嘆文　*aber, vielleicht, doch, bloß, nur*

例）War dás ___ ein Fest!

Typ 3　疑問詞に導かれた感嘆文　*doch, bloß, nur*

例）Was war dás ___ für ein Fest!

Typ 4　平叙文　*eben, halt, ja, doch, eigentlich*

例）Das Essen ist ___ kalt.

Typ 5　未来に関連する平叙文　*ja, doch, halt, eben, mal, eigentlich*

例）Das kannst du ___ probieren.

Typ 6　決定疑問文　*vielleicht, etwa, denn, eigentlich, auch*

例）Ist das Essen ___ kalt?

Typ 7　疑問詞を伴った疑問文　*denn, eigentlich, nur, bloß*

例）Wieviel Uhr ist es ___ ?

Typ 8　返答を期待しないか、否定的な返答を期待する疑問詞を伴った疑問文　*auch, denn, eigentlich, bloß, nur*

例）Warum sollte man ihn ___ entführt haben?

Typ 9　命令文　*halt, doch, eben, mal, bloß, nur*

例）Arbeite ___ !

　この分類から、従来からあった文タイプである平叙文、決定疑問文、疑問詞を伴った疑問文、命令文と並んで、感嘆文が3つに細分化され、平叙文の中で未来に関連するものが特別扱いされ、返答を期待しない疑問詞を伴った疑問文（修辞疑問文）と否定的返答を予期する疑問詞つき疑問文（否定のバイアスを持った疑問文）をまとめて扱っていることが分かる。いったいこれは何を意味するのだろうか。

　1つの考え方は、文タイプという用語の背後に、発話行為（speech act）が隠されているという考え方で、発話行為論の発展と共に盛んに議論された。平叙文という文形式では同一であっても、心態詞が入れ替わることによって、典型的に違った発話内行為が遂行されるという観察から、心態詞は「発話内行為指示詞」（illocutionary indicator）であるという主張がなされた。例えば、(9a)では、mal が使われているので「弱い要求」を表し、(9b)では ja が使われているので「助言」、(9c)では、doch が使われているので、話し相手の希望に対する「助言」あるいは「同意」を表す、と説明された（Weydt 1990; 58–59）。

（9）a. Du kannst *mal* das Fenster schließen.
　　　　you can　　MP the window close
　　　　その窓を閉めてくれていいよ。
　　b. Du kannst *ja* das Fenster schließen.
　　　　you can　　MP the window close
　　　　その窓を閉められるよね。
　　c. Du kannst *doch* das Fenster schließen.
　　　　you can　　MP the window close
　　　　その窓を閉めたらどうだい。

　確かに、文形式にこだわるのではなく、発話行為という視点から見直すことで(9)の違いを説明できそうに思えるが、その後の議論でも明らかになったように、心態詞は必ずしも特定の発話行為を指示するとは限らない。(9c)のdochを見ても、これが「助言」なのか「同意」なのか、はたまた「反駁」なのかは、状況を見ないと判断がつかない。そこで、本当の会話を直接観察することが必要であるとの考え方から、実際の会話を記述することに中心を置く研究(Sandig 1979, Burkhardt 1994など)と相互行為の理論から会話を扱う流れ(König 1977, Franck 1980)が生まれた。

　Zifonun et al. (1997: 607)では、従来からの文タイプという概念を見直し、コミュニケーション上の最小単位(kommunikative Minimaleinheiten)を設定し、それに話法(mood)が属するとした(以下「KM話法」と略)。これにより、文という単位に縛られずに、話法を議論できるようになる(例えば、定動詞を欠くような表現、Alle mal hersehen!「みんな、こっち見て！」は文という単位ではないが、説明範囲に入れられる)。特定の文形式と特定の発話行為は、一対一対応をしているわけではないので、KM話法は、形式タイプと機能タイプのペアから構成されているとすることで、従来のように、文タイプと発話行為を直接結びつける困難性から逃れようとした。文タイプという概念自体は残され、1. 叙述文タイプ、2. 決定疑問文タイプ、3. 補足疑問文タイプ、4. 要求文タイプに分けられ、さらに、周辺的な話法として、(a)要求話法、(b)願望話法、(c)感嘆話法が形式的タイプとして区別される。

　Zifonun et al.(1997)では、話法を指定するような配列(mood-specific configuration)の内、以下の12が特定の心態詞と結びつくとしている

(Zifonun et al. 1997: 614–616)。これらは、Weydt(1969)の文タイプ別の心態詞の生起に関する精密化となっているが、文タイプと形式タイプの混合であり、特定の心態詞が複数のタイプに分類されている。

1. 叙述文タイプ：aber, auch, doch, eben, eigentlich, einfach, halt, ja, mal, schon, wohl
2. 決定疑問文タイプ：auch, denn, eigentlich, etwa, mal, wohl
3. 決定疑問文話法の動詞後置タイプ(ob)：mal, wohl
4. 補足疑問文タイプ：auch, bloß, denn, eigentlich, mal, nur, schon, wohl
5. 補足疑問文話法の動詞後置タイプ：bloß, nur, wohl
6. 要求文タイプ：bloß, doch, eben, einfach, halt, ja, mal, nur, ruhig, schon
7. 要求話法の動詞後置タイプ(daß)：ja, bloß
8. 要求話法のタイプ：bloß, ja, ruhig
9. 願望話法のタイプ：bloß, nur, doch
10. 感嘆話法の V1/V2 タイプ：aber, vielleicht, aber auch
11. 感嘆話法の動詞後置タイプ(daß)：aber auch
12. w-句を伴う感嘆話法のタイプ：aber auch, doch

これらは、文の形式としての側面(平叙文、疑問文、命令文、感嘆文)を再分類したもので、特に、命令文や感嘆文は、その機能的特徴に対応した唯一の形式がドイツ語に存在しないために作られたと考えられる。この分類に従って、Zifonun et al.(1997)は個々の心態詞を発話内行為と共有知識(mutual knowledge)のあり方などから説明しようと試みている。共通の基準から網羅的に心態詞を説明する試みとして注目されるものだが、残念ながらあまり見通しのよい理論的枠組みとはなっていない。

2.5　前域に現れないこと

心態詞を「単独で文の前域に置くことができない」という観察は広く受け入れられているが、これを根拠に心態詞が文の構成素をなさない、という主張で終わっている場合が多い。

(10, 11)では、心態詞jaと法副詞sicherの分布の違いを示した(Helbig 1990: 22–23)。(10)では、同じ位置に現れるが、(11a)のように、心態詞jaは前域

に単独で現れることはない。それに対して、法副詞 sicher は、(11b)のように文頭の位置を単独で占めることができる。

(10) a. Er hat die Prüfung *ja* gut bestanden.
　　　　 he has the test　　MP well passed
　　　　 彼はその試験をいい成績で合格したね。
　　 b. Er hat die Prüfung *sicher* gut bestanden.
　　　　 he has the test　　surely well passed
　　　　 彼はその試験をきっといい成績で合格した。
(11) a. *Ja hat er die Prüfung gut bestanden.
　　　　 MP has he the test　　well passed
　　 b. *Sicher* hat er die Prüfung gut bestanden.
　　　　 surely has he the test　　well passed

　文頭は、情報構造(☞第10章)からすると、話題(topic)の位置であり、話題化できないという特性は、ドイツ語の語順規則の中では特殊である。統語論上で自立した存在でありえない、ということは、動詞不変化詞(☞第9章)のように、語という単位よりも小さい接辞(clitic)のような存在で形態論に近いか、機能的に語としての地位を持てない弱代名詞である可能性が考えられる。(12a)の denn は(12b)のように接辞化することが知られているが、それ以外に心態詞が接辞化する例はない(Weydt et al. 1983: 20)。

(12) a. Hast du *denn* ein Auto?
　　　　 have du MP　a　car
　　　　 おまえ、車持ってるの？(denn は「驚き」)
　　 b. Hast*'n*　　　du ein Auto?
　　　　 have. CL(denn) du a　car

　弱代名詞は、(13a)のように強勢アクセントを担えず、(13b)のように対照アクセントを置くこともできない(Cardinaletti 2007: 98)。(13c)の es 'it' の場合には、文頭に現れることもできない。弱代名詞は中域においては最も左、構造的には、中域の中で一番上に置かれる(☞第3章)。

(13) a. *Ich habe **SIE** gekauft.
   I   have them-ACC bought
   私はそれらを買った。
 b. *Ich habe *sie* gekauft, *nicht die Zwiebeln*.
   I   have them-ACC bought not the onions
   私は玉ねぎではなく、それらを買った。
 c. Das/*Es hat Thomas gestern Maria gegeben.
   that/it has Thomas yesterday Maria given
   それをトーマスは昨日マリアにあげた。

　先に紹介したDiewald(2009)の定義に基づく心態詞の場合も、(13)の制限が同じように適用される。中域における心態詞の置かれる位置も、Coniglio(2007, 2009)が示したように厳しい制限を受けている。前提となっているのは、Cinque(1999)の副詞の階層で、副詞はその種類によって普遍的にその占める位置が階層的に決まっているというものである(IP内部の機能範疇の指定部)。

　(14)は、Coniglio(2007: 104)によって示された副詞の階層の一部だが、このような副詞の階層から考えると、例えば、平叙文における心態詞jaは、時間的繰り返しを表す副詞の後に現れることはできない。

(14)　発話行為的(M)＞評価性(M)＞証拠性(M)＞認識論的(M)＞過去時制的(T)＞未来時制的(T)＞非現実的(M)＞必然的(M)＞可能性(M)＞意志性(M)＞義務的(M)＞能力/許可的(M)＞習慣的(A)＞反復的(A)＞反復的(T)＞速さ(A)＞前方的(T)...
　　　(Mはmood、Tはtense、Aはaspectの機能範疇)

(15) a. Der Attentäter ist *ja* **glücklicherweise** von der Polizei festgehalten
   the assassin is MP fortunately   by the police arrested
   worden.
   become-PP
   その暗殺者は幸運なことに警察に捕まったね。
 b. *Der Attentäter ist ***bereits*** *ja* von der Polizei festgehalten worden.
   the assassin is already MP by the police arrested become-PP.

その暗殺者はもうに警察に捕まったね。

(15a)の glücklicherweise 'fortunately' は、評価性(M)に分類される副詞で、その前にも(その後にも)心態詞 ja は現れ得るが、(15b)の bereits 'already' は前方的な(anterior)時制の副詞で、心態詞 ja は、その前には現れ得るが、(15b)のように、その後に現れることはできない。Coniglio(2009)は、心態詞が一般的に中域で習慣的副詞と反復的副詞(A)の間に現れることを実証している。このように、心態詞が文頭の位置に置かれないという観察は、弱代名詞と振舞いが似ており、中域での語順も実はかなり明確に決まっていることが指摘されるに到っている。

3. 心態詞の表す意味

3.1 話法的意味

心態詞の持つ意味は、名詞や動詞の持つ意味とは異なり、話し手に近いところにある、という直感は昔からあった(例えば、von der Gabelentz(1969)の「心理的話法(phychological modality)」)。ただし、冒頭にも紹介したように、心態詞が文の意味を構成している要素とは考えにくかったところから、「削除しても意味が変わらない」よけいなものと捉えられてきた一面がある。話し手の心的態度(speaker's attitudes)という言葉を使って、心態詞の意味の特徴を述べようとする試みは、1960年代からはじまった心態詞研究の中で頻繁に登場する。では、この心的態度とは何なのか。

話法の議論の中でしばしば登場するのが「命題態度(propositional attitude)」で、これは、話し手が命題(proposition)に対して蓋然性(probability)を表現する時に使われる。例えば、話法の助動詞にも、義務的用法(deontic)と並んで認識的用法(epistemic)があり、認識的用法では、命題に対する話し手の判断が表現される。この認識的意味は、法副詞でも表現されるが、心態詞の表す心的態度とは異なる。

(16a)は、話法の助動詞 müssen を使った例で、話し手の命題態度を表す認識的用法(「…に違いない」)であり、(16b)のように、法副詞 wahrscheinlich(おそらく)を用いても「命題の成立する確実性が高い」ことに話し手が関与して

いるという意味で、近い意味を表現できる。それに対して、(16c)の心態詞 wohl は、同じように話し手が確実性を表現しているように感じられるのだが、(16d)が示すように、法副詞 wahrscheinlich とは異なり、認識的意味を担う müssen と共起することができる。

(16) a. Das muss ein Irrtum sein.
   that must a mistake be
   それは間違いにちがいない。
 b. Das ist wahrscheinlich ein Irrtum.
   that is probably a mistake
   それはおそらく間違いだろう。
 c. Das ist **wohl** ein Irrtum.
   that is MP a mistake
   それはたぶん間違いだろう。
 d. Das muss **wohl**/*wahrscheinlich ein Irrtum sein.
   that must MP/*probably a mistake be
   それはたぶん間違いにちがいない。

さらに、以下の例に見られるように、心態詞 ja が「聞き手にとって既知のこと」を表すとか、心態詞 eben や halt が「変更不可能なこと」を表すというような命題に関する意味と同一視してしまうと、心態詞の持つ意味がないことになってしまう。(17a)では、心態詞 ja を削除しても、マトリックス文の動詞が wissen (「…を知っている」) であるところから、「既知であること」は表現されており、(17b)では、心態詞 eben や halt がなくとも、Männer sind so (男ってそんなものよ) という表現自体に、「変更不可能なこと」は表現されている。

(17) a. Sie wissen ja, daß er nächste Woche operiert wird.
   you know MP that he next week operated is
               (Helbig 1990: 165)
   あなたは、彼が来週手術を受けるのを知っていますよね。
 b. Männer sind eben/halt so.   (Helbig 1990: 390)

```
men   are  MP/MP so
```
男って、そんなものよ。

では、心態詞の心的態度はどこにあるのだろうか。1つの有力な仮説は、「話し手が自らの発話をより大きなコミュニケーション上の関連の中で位置づけ、聞き手に該当する発話の解釈を容易にする」(Zifonun et al. 1997: 1207)ことに関連する。Traugott(2003)の用語で言えば、間主観的意味(intersubjective meaning)であり、話し手から聞き手に向かっている心的態度である、と言える。堀江(2008: 38)では、命題的意味を非主観的意味、話法(モダリティー)を主観的意味とした上で、(18a)を(18b)のように分析しているが、同じことをドイツ語で考えれば、(19a)を(19b)のように分析することになる。

(18) a.　午後雪が降るかもしれないね。
    b.　［午後雪が降る（非主観的意味）］［かもしれない（主観的意味）］［ね（間主観的意味）］
(19) a.　Im　April kann es ja　schneien.
    　　in-the april　can　it MP snow
    　　4月には雪が降るかもしれないね。
    b.　［Im April schneit es（非主観的意味）］［können（主観的意味）］［ja（間主観的意味）］

すでに 2.2 節で示唆したように、心態詞の歴史的発達は、広い意味での文法化（言語の歴史的変遷の中で語彙的な意味を失い文法的に別のステイタスを獲得した）の結果として捉えることができ、そこでは意味・語用論的プロセスとして、間主観化（intersubjectification）が起こったと考えると、この分析は説得力を持つ(Traugott 2003)。

3.2　状況と共有知識

心態詞の意味が間主観的領域にあると仮定しても、それだけでは心態詞の意味の十分な説明にはならない。その理由は、心態詞を使う場合、その場の会話状況と、話し手と聞き手が共有していると思われる知識が関与するから

である。単文でこの関係を明らかにするのは容易ではないが、慣習化された(20)の例から見てみよう。

(20)　　Nehmen Sie doch bitte　Platz!
　　　　 take　　you MP　please seat
　　　　どうかおすわり下さい。

(20)で使われている doch は、要求文の中で使われるもので、しばしば「要求を強める」働きがあると言われる(Helbig 1990: 113)。要求文の doch は、「執拗さ」、「いらいら」、「怒り」、「非難」を表したり、あるいは逆に「沈静化」や「丁寧さ」、「さりげなさ」を表すとも言われる。(20)では、心態詞 doch の後に、bitte があるところから、「沈静化」や「丁寧さ」、「さりげなさ」の解釈にかたむくと考えられる(「丁寧さ」が心態詞の用法と関わるというのは、言語共同体での知識・慣習に関わる問題)。では、bitte を取ってしまうと、どのような意味になるだろうか。1つの可能性は、話し手が部屋に入ってきた人に向かって、すわるように勧めたにもかかわらず、すぐにすわらないような状況がある。このような場合、「話し手にすわるようにすすめた」(発話)⇒「話し相手はまだすわっていない」(状況)⇒「話し相手に再度すわるようにすすめる」(心態詞 doch の使用)という推論の連鎖が背後にあると考えられる。この際、心態詞 doch の意味が「執拗さ」、「いらいら」、「怒り」、「非難」のいずれなのかは、状況とその場の共有知識に照らし合わせて解釈する問題にすぎない(Okamoto 2011)。

　ここで、冒頭の例文(1)に戻って状況を説明しよう。

(1)　　„Nun hör ***aber*** auf!　Computerviren　sind ***doch*** keine Lebewesen!"
　　　　 now hear MP PART　computer viruses are　MP　no　 creatures
　　　　「ねえ、もうやめてくれよ！　コンピュータ・ウイルスは生き物なんかじゃないだろ！」
　　　　　　　　　　　　　　　　　　　　　　　　(Karl Olsberg. *Das System*)

　(1)の前に、Mike は話し相手の Ron から、次のような話を延々と聞かされていた。巨大なコンピュータ・ウイルスがコンピュータの処理能力を大幅に低下させていること、いったん感染してしまうと、今度は他のウイルスをも

受けつけなくなり、あたかも他のウイルスと生存空間を争っているかのようにみえること、そのようすがあたかも生き物の種の生態的地位をかけての戦いのように見えること。心態詞の aber が「いらだち」を表すという解釈 (LGDaF 2008) は、このような長々とした前置きが状況としてあったから可能になっている。さらに、文頭の nun と aber の結びつきも、この「いらだち」表現を明示するためには必要となる。平叙文の中の心態詞 doch は、Ron が「このコンピュータ・ウイルスは生き物みたいだ」と主張したことに対して、「反論」しているように解釈できる。しかし、同時にこの反論は、共有知識の中にあると思われる情報「コンピュータ・ウイルスは生き物ではない」を相手に思い出させるという効果も持つ。これが、冒頭で説明した「話し相手に何か忘れていることを思い出させる」機能と呼んだものである。このような心態詞 doch に対して、「反論」の意味なのか「想起」の意味なのかを問うことは意味がない。

4. プロソディ

(21a) と (21b) を比較すると、(21a) は通常の疑問文イントネーションでは容認されがたいが、(21b) のように文アクセントを変えると一転して許容される発話として解釈される (Zifonun et al. 1997)。

(21) a.　?Kommt ihr *doch* mit?（通常の疑問文イントネーションで発話）
　　　　　come　you MP with
　　b.　Kommt IHR *doch* mit?
　　　　　君たち、一緒に来るよね。　　　　　　　(Zifonun et al. 1997: 907)

2.3 節で心態詞の強勢アクセントについて述べたが、(21) のペアを見ても分かるように、問題は、心態詞そのものの強弱だけではなく、文のイントネーションと関係する。(7) の例で見たように、心態詞を含む文と含まない文は、(i) 心態詞そのものの弱アクセント、(ii) 文アクセント、(iii) イントネーションが関与していることが分かる。Ikoma and Werner (2011) は、心態詞 schon を確信 (Zuversicht)、制限 (Einschränkung)、反駁 (Widerspruch)、時間的 (Temporal)、驚き (Überraschung)、確認 (Bestätigung) に分けて音響音声学

的にその違いを分析しているが、反駁の schon では、ピッチアクセントが schon の上に置かれ、F0 の平均値が確信の schon よりも高いこと、制限の schon でも schon 上にピッチアクセントが置かれるが、F0 の最高値と最低値の差は反駁の schon の方が大きいこと、驚きの schon は、持続時間において時制的な schon や確認の schon よりも長いこと、などを指摘しており、心態詞のプロソディ上の特徴は予想以上に多面的である可能性を示唆している。心態詞が強勢アクセントを持たない、ということは、物理的な音の強度 (intensity) ではなく、文アクセントが別の構成素に置かれるということであり、音韻論的に説明されるべき事柄だろう。

5. 残された問題

　心態詞をめぐる言語学的な研究は、過去 40 年で爆発的に増えたが、これまでは語用論で主に議論され、発話行為論や会話分析の中でなされてきた。もちろん、心態詞が語用論的な意味・機能を持つことに対して否定の余地はないが、近年になって、統語論や音声・音韻論、文法化研究でも活発に議論されるようになったことは歓迎すべき傾向である。

　心態詞に同音語が存在することは、さまざまな分析の可能性を示唆している。例えば、心態詞と同音語が共起できるか、という可能性に関しては、可能なものと可能でないものがある (Cardinaletti 2007)。

(22) a.　Er hat ja　ja　gesagt.
　　　　he has MP yes said
　　　　彼はハイっていったよね。

　　b.　Man kann ja　hier ruhig ruhig　sprechen.
　　　　one　can　MP here MP　silently speak
　　　　ここでは静かに話していいんだよ。

　　c.　Ein Brett　wird　eben eben montiert.
　　　　a　board becomes MP　flat　fixed. PP
　　　　板はともかく平らに取り付けられる。

　　d.　(Mach dir　keine Sorgen.) *Er hat es ihm schon schon　gesagt.
　　　　　make yourself no　worry　he has it him MP　already said

心配しないで。彼はそれをもうもちろんあいつに言ったから。

　Ormelius-Sandblom (1997: 107) は、schon の場合、時間的な schon と心態詞の schon に関係があると感じるために、(22d) が受け入れられないとしているが、その説明法で言えば、(22a–c) では、すでに心態詞とその同音語は話し手の意識上、別のものであると感じているということになる。

　発話状況に大きく依存して解釈される心態詞だが、その使われる地域や話者にも違いがあるのではないか、という指摘がある。例えば、Weydt and Hentschel (1983)、Elspaß (2005) も指摘しているように、心態詞 halt は、もともと南部ドイツ語圏で用いられていたが、今日では北部にも広まっている。心態詞 man は、北部で使われるが、これは mal の異形とされている。命令文中での心態詞 ja の使用にも地域的な制限があり、用いられない地域もあると指摘されている (Ikoma 2007: 147)。

6.　まとめ

　Weydt (1969) が、心態詞をフランス語の表現と比較するという試みを行ってから40年が経過し、当初は語類としての定義や発話行為的側面と会話分析における役割に研究が集中していたものの、現在では、統語論や音声学・音韻論の研究や文法化として歴史的変化を捉える研究も本格化しつつある。心態詞のような機能を持った存在は、多くの言語に類似した語群が存在し、現代の言語学でもまだまだ本質を捉えきれていない側面がある。語彙的な意味を失い、間主観的意味を獲得するという過程は、心態詞特有のものと考えられるが、さまざまな個別言語の比較研究が進めば、言語の歴史的変化の中での1つのタイプとして説明できるかもしれない。さらに、心態詞の用法における地域差や個人差の研究は、まだ始まったばかりであり、社会言語学的な大規模な調査や会話コーパスの作成が進めば、今後さらに興味深い研究が生まれてくる可能性がある。

（第11章執筆：岡本順治）

> **読書案内**

　Thurmair(1989)は、基礎データがしっかりしており、心態詞の組み合わせ等に関しても詳細に記述されているので、必読。Harden and Hentschel(2010)は、2009年に開かれた国際学会での論集で、近年のさまざまな心態詞研究の動向を知ることができる。Diewald(1997)は、文法化がテーマだが、心態詞の成立に関する考察もあり基礎知識をつけるのには良い。Coniglio(2009)は、博士論文であり、Coniglio(2011)として出版され、心態詞の統語論に関心がある人にお勧め。なお、独独辞典の中では、LGDaF(2008)の心態詞に関する説明と用例が最もしっかりしているとの評判がある。

コラム　否定の同意を求める：「これ、夢じゃないわよね。」

　ドイツ語の心態詞は感情表現だ、と思い込んでいる人がいるが、いわゆる喜怒哀楽とは直接関係しない。他方で、微妙なニュアンスの違いは確かにある。例えば、表題に掲げた「これ、夢じゃないわよね。」という文を単純に表現してみると、(1)のようになる。

(1)　　Das ist hoffentlich kein Traum.
　　　　that is　hopefully　no　dream

　直訳すれば、(1)は、「それが夢ではないことを望んでいる」という意思の表明になっており、「これ、夢じゃないわよね。」とはどこか違う。内省してみると、この日本語表現は、その後に、「もちろん夢なんかじゃないよ」という否定文がくることを期待している。しかも、その否定文は、同意を求めている。このような時、ドイツ語では、(2)のように心態詞の doch を使うとよい。

(2)　　Das ist *doch* hoffentlich kein Traum?
　　　　that is　MP　hopefully　no　dream

　実際に、(3)の会話は、ドイツ語で(4)のように翻訳されていた。

(3)　　「これ、夢じゃないわよね？」とレイコさんはくんくんと匂いをかぎながら言った。「百パーセントの現実のすき焼ですね。経験的に言って」と僕は言った。　　　　　　　（村上春樹『ノルウェイの森』）

(4)　　»Das ist doch hoffentlich kein Traum?« rief Reiko und hob schnuppernd die Nase. »Nein, das ist hundertprozentig echtes Sukiyaki. Ich spreche da aus Erfahrung. «　　　　　　　　　　　(Haruki Murakami, *Naokos Lächeln*)

　(2)の文は、Nein 'no' という否定の答えを期待している平叙文語順の疑問文となっている。平叙文形式を疑問文形式(Ist das... ?)にしてしまうと、この文は奇妙になってしまう。そして、(1)と比較すると明らかにイントネーションも異なる。典型的には、文頭の Das に文アクセントが置かれ、文末の Traum では、ピッチの高低差が大きくなる。
　では、否定の答えを期待されているのはわかっていても、同意しない場合にはどうするかというと、返答詞の Doch で答えればよい。(4)の答えの文の Nein を Doch にすると、「いや、実はこれは夢なんだよ」ということになるが、あまりありえる状況ではない。

参考文献

Abney, Steven. (1987) *The English noun phrase in its sentential aspect.* Ph. D. Dissertation, MIT.

Abraham, Werner. (1991) The grammaticization of the German modal particles. In Elizabeth C. Traugott and Bernd Heine. (eds.) *Approaches to grammaticalization.* Vol. II, pp. 331–380. Amsterdam: Benjamins.

Abraham, Werner. (1995a) *Deutsche Syntax im Sprachenvergleich. Vorüberlegungen zu einer typologischen Syntax des Deutschen.* Tübingen: Narr.

Abraham, Werner. (1995b) Wieso stehen nicht alle Modalpartikel in allen Satzformen? Die Nullhypothese. In *Deutsche Sprache* 23: pp. 124–146.

Abraham, Werner. (2010) Diskurspartikel zwischen Modalität, Modus und Fremdbewusstseinsabgleich. In Theo Harden and Elke Hentschel. (eds.) *40 Jahre Partikelforschung*, pp. 38–78. Tübingen: Stauffenburg.

Abraham, Werner and C. Jac Conradie. (2001) *Präteritumschwund und Diskursgrammatik.* Amsterdam: Benjamins.

Adelung, Johann Christoph. (1971) *Umständliches Lehrgebäude der deutschen Sprache: zur Erläuterung der deutschen Sprachlehre für Schulen.* Hildesheim: Olms.

Altmann, Hans. (1981) *Formen der Herausstellung im Deutschen: Rechtsversetzung, Linksversetzung, freies Thema und verwandte Konstruktionen.* Tübingen: Niemeyer.

Altmann, Hans. (1993) Fokus-Hintergrund-Gliederung und Satzmodus. In Marga Reis. (ed.) *Wortstellung und Informationsstruktur*, pp. 1–37. Tübingen: Niemeyer.

Altmann, Hans and Ute Hofmann. (2008) *Topologie fürs Examen.* Göttingen: Vandenhoeck & Ruprecht.

有田 潤(1992)『入門ドイツ語冠詞の用法』三修社.

Arnt, Walter. (1960) Modal particles in Russian and German. In *Word* 16: pp. 323–338.

Autenrieth, Tanja. (2002) *Heterosemie und Grammatikalisierung bei Modalpartikeln.* Tübingen: Niemeyer.

Axel, Kerstin and Angelika Wöllstein. (2009) German verb-first conditionals as unintegrated clauses. A case study in converging synchronic and diachronic evidence. In Sam Featherston and Susanne Winkler. (eds.) *The fruits of empirical linguistics: Product*, pp. 1–36. Berlin: Mouton de Gruyter.

Bech, Bunnar. (1983) *Studien über das deutschen Verbum infinitum*. Tübingen: Niemeyer.

Behaghel, Otto. (1923–32) *Deutsche Syntax: Eine geschichtliche Darstellung*. Vol. 4. Heidelberg: Winter.

Bhatt, Christa. (1990) *Die syntaktische Struktur der Nominalphrase im Deutschen*. Tübingen: Narr.

Bisle-Müller, Hansjörg. (1991) *Artikelwörter im Deutschen*. Tübingen: Niemeyer.

Bloomfield, Leonard. (1933) *Language*. Chicago: The University of Chicago Press.

Bolinger, Dwight. (1961) Contrastive accent and contrastive stress. In *Language* 37: pp. 83–96.

Brandt, Margareta, Marga Reis, Inger Rosengren et al. (1992) Satztyp, Satzmodus und Illokution. In Inger Rosengren. (ed.) *Satz und Illokution*, pp. 1–90. Tübingen: Niemeyer.

Brinkmann, Hennig. (1971) *Die deutsche Sprache: Gestalt und Leistung*. Düsseldorf: Schwann.

Bunt, Harry. (1985) *Mass terms and model-theoretic semantics*. Cambridge: Cambridge University Press.

Burkhardt, Armin. (1994) Abtönungspartikeln im Deutschen: Bedeutung und Genese. In *Zeitschrift für germanistische Linguistik* 22: pp. 129–151.

Burzio, Luigi. (1986) *Italian syntax: a government-binding approach*. Dordrecht: Reidel.

Bußmann, Hadumod. (2002) *Lexikon der Sprachwissenschaft*. Stuttgart: Kröner.

Cardinaletti, Anna. (2007) Für eine syntaktische Analyse von Modalpartikeln. In Eva-Maria Thüne and Franca Ortu. (eds.) *Gesprochene Sprache - Partikeln*, pp. 89–101. Frankfurt a. M.: Lang.

Carlson, Gregory N. and Francis Jeffry Pelletier. (eds.) (1995) *The generic book*, Chicago: The University of Chicago Press.

Carrier, Jill and Janet Randall. (1992) The argument structure and syntactic structure of resultatives. In *Linguistic Inquiry* 23: pp. 173–234.

Centre de Recherche en Linguistique Germanique (= C.R.L.G.). (1987) Transformativität und Intransformativität: Zur Interpretation deutscher Passivsätze. In C.R.L.G.

(ed.), pp. 235–255. Tübingen: Niemeyer.

Centre de Recherche en Linguistique Germanique (=C.R.L.G.). (ed.) (1987) *Das Passiv im Deutschen. Akten des 21. Linguistischen Kolloquiums über das Passiv im Deutschen, Nizza 1986.* Tübingen: Niemeyer.

Chierchia, Gennaro. (1998) Reference to kinds across languages. In *Natural Language Semantics* 6: pp. 339–405.

Chierchia, Gennaro. (2004) A semantics for unaccusatives and its syntactic consequences. In Artemis Alexiadou, Elena Anagnostopoulou, and Martin Everaert. (eds.) *The unaccusativity puzzle: Explorations of the syntax-lexicon interface*, pp. 22–59. Oxford: Oxford University Press.

Cinque, Guglielmo. (1999) *Adverbs and functional heads. A cross-linguistic perspective.* New York: Oxford University Press.

Chomsky, Norm. (1972) *Syntactic structures*. The Hague: Mouton.

Chomsky, Norm. (1986) *Knowledge of language: Its nature, origin and use.* London: Praeger.

Chomsky, Noam. (1995) *The minimalist program*. Cambridge, Mass.: MIT Press.

Coniglio, Marco. (2007) Deutsche Modalpartikeln: Ein Vorschlag zu ihrer syntaktischen Analyse. In Eva-Maria Thüne and Franca Ortu. (eds.) *Gesprochene Sprache - Partikeln*, pp. 103–114. Frankfurt a. M.: Lang.

Coniglio, Marco. (2009) *Die Syntax der deutschen Modalpartikeln: ihre Distribution und Lizenzierung in Haupt-und Nebensätzen*. Ph. D. Dissertation, Università ca' Foscari Venezia.

Coniglio, Marco. (2011) *Die Syntax der deutschen Modalpartikeln: Ihre Distribution und Lizenzierung in Haupt- und Nebensätzen*. (studia grammatica 73) Berlin: Akademie.

D'Avis, Franz-Josef. (2002) On the interpretation of *wh*-clauses in exclamative environments. In *Theoretical Linguistics* 28: pp. 5–31.

Dehé, Nicole, Ray Jackendoff, Andrew McIntyre, and Silke Urban. (eds.) (2002) *Verb-particle explorations*. Berlin: Mouton de Gruyter.

Diewald, Gabriele. (1997) *Grammatikalisierung. Eine Einführung in Sein und Werden grammatischer Formen*. Tübingen: Niemeyer.

Diewald, Gabriele. (2009) Abtönungspartikel. In Ludger Hoffmann. (ed.) *Handbuch der deutschen Wortarten*, pp. 117–142. Berlin: de Gruyter.

Diewald, Gabriele and Gisela Ferraresi. (2008) Semantic, syntactic and constructional restrictions in the diachronic rise of modal particles in German: A corpus-based study on the formation of grammaticalization channel. In Elena Seonane and Maria Josè López-Couso. (eds.) *Theoretical and empirical issues in grammaticalization*, pp. 77–110. Amsterdam: Benjamins.

Drach, Erich. (1937 [1963]) *Grundgedanken der deutschen Satzlehre*. Frankfurt: Diesterweg. (Darmstadt: Wissenschaftliche Buchgesellschaft.)

Dowty, David. (1979) *Word Meaning and Montague Grammar*. Dordrecht: Reidel.

Dowty, David. (1991) Thematic proto-roles and argument selection. In *Language* 67, pp. 547–619.

Duden. (1984, 2006, 2009) *Duden: Grammatik der deutschen Gegenwartssprache*. Mannheim: Dudenverlag.

Duden-GW. (2000) *Duden-Das große Wörterbuch der deutschen Sprache*. Mannheim: Dudenverlag. CD-ROM Ausgabe.

Elspaß, Stephan. (2005) Zum Wandel im Gebrauch regionalsprachlicher Lexik. In *Zeitschrift für Dialektologie und Linguistik* 72 (1): pp. 1–51.

Engel, Ulrich. (1968) Adjungierte Adverbialia. Zur Gliedfolge im Innenfeld. In *Forschungsberichte des Instituts für deutsche Sprache*, pp. 85–103. Vol. 1. Mannheim: Institut für deutsche Sprache.

Engel, Ulrich. (1982) *Syntax der deutschen Gegenwartssprache*. Berlin: Erich Schmidt.

Engel, Ulrich. (1988) *Deutsche Grammatik*. Heidelberg: Groos.

Eroms, Hans-Werner. (1978) Zur Konversion der Dativphrasen. In *Sprachwissenschaft* 3: pp. 357–405.

Eroms, Hans-Werner. (1980) *BE-Verb und Präpositionalphrase: Ein Beitrag zur Grammatik der deutschen Verbalpräfixe*. Heidelberg: Winter.

Eroms, Hans-Werner. (1986) *Funktionale Satzperspektive*. Tübingen: Niemeyer.

Fagan, Sarah M. B. (1992) *The syntax and semantics of middle constructions*. Cambridge: Cambridge University Press.

Fanselow, Gisbert. (2001) Features, theta-roles, and free constraint order. In *Linguistic Inquiry* 32: pp. 405–437.

Féry, Caroline. (2011) Informationsstruktur: Begriffe und grammatische Korrelate. In Japanische Gesellschaft für Germanistik. (ed.) *Mapping zwischen Prosodie und Informationsstruktur*, pp. 9–29. München: iudicium.

Fillmore, Charles. (1968) The case for case. In Emmon Bach and Robert T. Harms. (eds.) *Universals in linguistic theory*, pp. 1–88. New York: Holt, Rinehart, and Winston.

Franck, Dorothea. (1980) *Grammatik und Konversation*. Königstein/Ts.: Scriptor.

Fries, Norbert. (1983) *Syntaktische und semantische Studien zum frei verwendeten Infinitiv und zu verwandten Erscheinungen im Deutschen*. Tübingen: Narr.

Fritz, Thomas A. (2000) Wahr-Sagen: Futur, Modalität und Sprecherbezug im Deutschen. *Beiträge zur germanistischen Sprachwissenschaft* 16. Hamburg: Buske.

藤縄康弘(2002)「コーパスによる不定詞付き対格構文分析―lassen下における事例を対象に」井口靖編『コーパスによる構文分析の可能性』(日本独文学会研究叢書 009) pp. 60–75. 日本独文学会.

藤縄康弘(2003)「「自由語順」と形態論―日・英・独語間の「域際的」対照から普遍論へ」安藤秀國・今泉志奈子編『マルチメディアを活用した国際的地域間交流の研究』(平成14年度愛媛大学法文学部学部長裁量経費研究成果報告書)pp. 140–150. 愛媛大学法文学部.

藤縄康弘(2005)「ドイツ語の格と日本語の格―対応のパターンと用例」『愛媛大学法文学部論集人文学科編』19: pp. 85–108. 愛媛大学法文学部.

藤縄康弘(2010a)「ドイツ語のアスペクト：言語における視点化の力学についての方法論的考察」『語学研究所論集』15: pp. 81–104. 東京外国語大学語学研究所.

藤縄康弘(2010b)「意味構造と項構造―基本関数の認定とその複合をめぐって」成田節・藤縄康弘編『「文意味構造」の新展開―ドイツ語学への、そしてその先への今日的展望』(日本独文学会研究叢書 073)pp. 4–24. 日本独文学会.

Fujinawa, Yasuhiro and Shinako Imaizumi. (2010) Zwischen Possession und Involviertheit: Zur semantischen Basis der Valenzerweiterung im deutsch-japanischen Kontrast. In *Neue Beiträge zur Germanistik* 9 (1): pp. 73–90.

Gabelentz, Georg von der. (1901 [1969]) *Die Sprachwissenschaft: ihre Aufgaben, Methoden und bisherigen Ergebnisse*. Reprint of 2nd ed. Tübingen: Narr.

Givón, Talmy. (1976) Topic, pronoun and grammatical agreement. In Charles N. Li. (ed.) *Subject and topic*, pp. 25–56. New York: Academic Press.

Goldberg, Adele E. (1995) *Constructions: A construction grammar approach to argument structure*. Chicago: The University of Chicago Press.

Grewendorf, Günther. (1988) *Aspekte der deutschen Syntax*. Tübingen: Narr.

Grewendorf, Günther. (1989) *Ergativity in German*. Dordrecht: Foris.

Grewendorf, Günther. (1990) Verbbewegung und Negation im Deutschen. In *Groninger Arbeiten zur Germanistischen Linguistik* 30: pp. 57–125.

Günthner, Harmut. (1974) *Das System der Verben mit BE- in der deutschen Sprache der Gegenwart.* Tübingen: Niemeyer.

Haider, Hubert. (1993) *Deutsche Syntax - generativ.* Tübingen: Narr.

Haider, Hubert and Inger Rosengren. (2003) Scrambling: Non-triggered chain formation in OV languages. In *Journal of Germanic Linguistics* 15: pp. 203–267.

Haider, Hubert. (2010) *The syntax of German.* Cambridge: Cambridge University Press.

Halliday, Michael A. K. (1967) Notes on transitivity and theme in English: Part 1. In *Journal of Linguistics* 3 (1): pp. 37–81.

Harden, Theo and Elke Hentschel. (eds.) (2010) *40 Jahre Partikelforschung.* Tübingen: Stauffenburg.

Heidolph, Karl Erich, Walter Flämig, and Wolfgang Motsch. (eds.) (1981) *Grundzüge einer deutschen Grammatik.* Berlin: Akademie.

Helbig, Gerhard. (1987) Zur Klassifizierung der Konstruktionen mit sein + Partizip II. In C.R.L.G. (ed.), pp. 215–233. Tübingen: Niemeyer.

Helbig, Gerhard. (1990) *Lexikon deutscher Partikeln.* 2nd ed. Leipzig: Enzyklopädie.

Helbig, Gerhard and Joachim Buscha. (1986) *Deutsche Grammatik: Ein Handbuch für den Ausländerunterricht.* Leipzig: VEB Verlag Enzyklopädie. (G. ヘルビヒ・J. ブッシャ 在間 進訳(2006)『新装版 現代ドイツ文法』三修社)

Helbig, Gerhard and Werner Kötz. (1981) *Die Partikeln.* Leipzig: Enzyklopädie.

Hermanns, Fritz. (1987) Ist das Zustandspassiv ein Passiv? Versuch, einer terminologischen Ungereimtheit auf die Spur zu kommen. In C.R.L.G. (ed.), pp. 181–213. Tübingen: Niemeyer.

Hofmann, Thomas R. (1986) *10 Voyages in the Realms of Meaning.* くろしお出版.

Höhle, Tilman. (1982) Explikationen für „normale Betonung" und „normale Wortstellung". In Werner Abraham. (ed.) *Satzglieder im Deutschen*, pp. 75–153. Tübingen: Narr.

Hopper, Paul J. and Sandra A. Thompson. (1980) Transitivity in grammar and discourse. In *Language* 56: pp. 251–299.

堀江 薫(2008)「間主観化―文法の語用論的基盤のタイポロジーに向けて―」『月刊言語』37 (5): pp. 36–41. 大修館書店.

Ide, Manshu. (1998) Die Formen des Infinitivsubjekts in der *lassen*-Konstruktion: Ihre kontextuellen Bedingungen. In *Deutsche Sprache* 26: pp. 273–288.

Ikoma, Miki. (2007) *Prosodische Eigenschaften der deutschen Modalpartikeln*. Hamburg: Kovač.

Ikoma, Miki and Angelika Werner. (2011) Prosodie und Bedeutung der Partikel *schon*. In Junji Okamoto and Angelika Werner. (eds.) *Aussprache und Bedeutung der Modalpartikeln: Zur Entwicklung neuer Untersuchungsmethoden*, pp. 7–24. Studienreihe der Japanischen Gesellschaft für Germanistik 075, Japanische Gesellschaft für Germanistik.

Imaizumi, Shinako. (2001) The role of AFFECTED in lexical causative alternations in Japanese. In *Journal of Japanese Linguistics* 17: pp. 1–28.

Issatschenko, Alexander V. (1965) Das syntaktische Verhältnis von Köperteilen im Deutschen. In *Syntaktische Studien*, pp. 7–27. Berlin: Akademie.

Iwata, Seizi. (1999) On the status of implicit arguments in middles. In *Journal of Linguistics* 35: pp. 527–553.

Iwata, Seizi. (2006) Argument resultatives and adjunct resultatives in a lexical constructional account. In *Language Sciences* 28: pp. 449–496.

Jackendoff, Ray. (1972) *Semantic interpretation in generative grammar*. Cambridge, Mass.: MIT Press.

Jackendoff, Ray. (1990) *Semantic structures*. Cambridge, Mass.: MIT Press.

Kaufmann, Ingrid and Dieter Wunderlich. (1998) *Cross-linguistic patterns of resultatives*. (Working papers "Theorie des Lexikons" 109) Düsseldorf: University of Düsseldorf.

Kempen, Gerard and Karin Harbusch. (2005) The relationship between grammaticality ratings and corpus frequencies: A case study into word order variability in the middlefield of German clauses. In Stephan Kepser and Marga Reis. (eds.) *Linguistic evidence. empirical, theoretical and computational perspectives*, pp. 329–350. Berlin: de Gruyter.

Keyser, Samuel Jay and Thomas Roeper. (1984) On the middle and ergative constructions in English. In *Linguistic Inquiry* 15: pp. 381–416.

König, Ekkehard. (1977) Modalpartikeln in Fragesätzen. In Harald Weydt. (ed.) *Aspekte der Modalpartikeln. Studien zur deutschen Abtönung*, pp.115–130. Tübingen: Niemeyer.

Koontz-Garboden, Andrew. (2009) Anticausativization. In *Natural Language and Linguistic*

Theory 27: pp. 77–138.

Kotin, Michail. (1995) Das Deutsche als "werden"-Sprache. (Synchronie und Diachronie der "werden"-Perspektive im deutschen Verbalsystem). In Anke Ehlert. (ed.) *Das Wort. Germanistisches Jahrbuch 1995*, pp. 12–27. Bonn: DAAD.

Kratzer, Angelika. (2005) Building resultatives. In Claudia Maienborn and Angelika Wöllstein-Leisten. (eds.) *Event arguments: Foundations and applications*, pp. 177–212. Tübingen: Niemeyer.

Krifka, Manfred. (1989) *Nominalreferenz und Zeitkonstitution*. München: Fink.

Krivonosov, Alexej. (1963) *Die modalen Partikeln in der deutschen Gegenwartssprache*. Ph. D. Dissertation, Humboldt-Universität Berlin.

Krivonosov, Alexej. (1977) *Die modalen Partikeln in der deutschen Gegenwartssprache*. Repr. of (1963) Göppingen: Alfred Kümmerle.

Kuroda, S.-Y. (1972) The categorical and thetic judgment: Evidence from Japanese syntax. In *Foundation of language* 9: pp. 153–185.

Labelle, Marie and Edit Doron. (2010) Anticausative derivations (and other valency alternations) in French. In *Probus* 22: pp. 303–316.

Lambrecht, Knud. (1994) *Information structure and sentence form: Topic, focus, and the mental representation of discourse referents*. Cambridge: Cambridge University Press.

Lang, Ewald. (ed.) (1988) *Studien zum Satzmodus*. 3 Vols. Berlin: Akademie.

Lawrenz, Birgit. (1993) *Apposition: Begriffsbestimmung und syntaktischer Status*. Tübingen: Narr.

Leirbukt, Oddleif. (1997) *Untersuchungen zum bekommen-Passiv im heutigen Deutsch*. Tübingen: Niemeyer.

Leiss, Elisabeth. (1992) *Die Verbalkategorien des Deutschen: Ein Beitrag zur Theorie der sprachlichen Kategorisierung*. Berlin: de Gruyter.

Leiss, Elisabeth. (2000) Verbalaspekt und die Herausbildung epistemischer Modalverben. In *Germanistische Linguistik* 154: pp. 63–83.

Leiss, Elisabeth. (2002) Explizite und implizite Kodierung von Deontizität und Epistemizität: über die grammatische Musterbildung vor der Entstehung von Modalverben. In *Jezykoslovlje* 3: pp. 69–98.

Lekakou, Marika. (2005) *In the middle, somewhat elevated. The semantics of middles and its crosslinguistic realization*. Ph. D. Dissertation, University College London.

Lenerz, Jürgen. (1977) *Zur Abfolge nominaler Stazglieder im Deutschen*. Tübingen: Narr.

Lenerz, Jürgen. (1995) Klammerkonstruktionen. In Joachim Jacobs et al. (eds) *Syntax. Ein internationales Handbuch zeitgenössischer Forschung*. vol. 2. pp. 1266–1277. Berlin: de Gruyter.

Levin, Beth. (1993) *English verb classes and alternations: A preliminary investigation*. Chicago: The University of Chicago Press.

Levin, Beth and Malka Rappaport Hovav. (1995) *Unaccusativity: At the syntax-lexical semantics interface*. Cambridge, Mass.: MIT Press.

LGDaF. (2008) *Langenscheidt Großwörterbuch Deutsch als Fremdsprache*. Berlin: Langenscheidt.

Li, Charles N. and Sandra A. Thompson. (1976) Subject and topic: A new typology of language. In Charles N. Li. (ed.) *Subject and topic*, pp. 457–490. New York: Academic Press.

Lieber, Rochelle. (1992) *Deconstructing morphology: Word formation in syntactic theory*. Chicago: The University of Chicago Press.

Lieber, Rochelle and Harald Baayen. (1993) Verbal prefixes in Dutch: A study in lexical conceptual structure. In Geert Booij and Jaap von Marle. (eds.) *Yearbook of morphology 1993*, pp. 51–78. Dordrecht: Foris.

Löbner, Sebastian. (1985) Definites. In *Journal of Semantics* 4: pp. 279–326.

Lohnstein, Horst. (2000) *Satzmodus—kompositionell: Zur Parametrisierung der Modusphrase im Deutschen*. (studia grammatica 49) Berlin: Akademie.

Longobardi, Giuseppe. (1994) Reference and proper names: a theory of N-movement in syntax and logical form. In *Linguistic Inquiry* 25: pp. 609–665.

Lüdeling, Anke. (2001) *On particle verbs and similar constructions in German*. Stanford, Ca.: CSLI Publications.

Lyons, Christopher. (1999) *Definiteness*. Cambridge: Cambridge University Press.

Mathesius, Vilém. (1939) O tak zvaném aktualnim členěni větnem. [On information-bearing structure of the sentence]. In *Slovo a slovesnost* 5: pp. 171–174.

Matzel, Klaus and Bjarne Ulvestad. (1982) Futur I und futurisches Präsens. In *Sprachwissenschaft* 7: pp. 282–328.

McCawley, James. (1970) Where do noun phrases come from? In Roderic A. Jacobs and Peter S. Rosenbaum. (eds.) *Readings in English transformational grammar*. Mass.:

Ginn and Company.

Molnár, Anna.（2002）*Die Grammatikalisierung deutscher Modalpartikeln*. Frankfurt a. M.: Lang.

Müller, Gereon.（2000a）*Elemente der optimalitätstheoretischen Syntax*. Tübingen: Stauffenburg.

Müller, Gereon.（2000b）Optimality, markedness, and word order in German. In *Linguistics* 37: pp. 777–818.

Müller, Gereon.（2011）Optimality-Theoretic Syntax. Ms., Universität Leipzig.

Narrog, Heiko.（2009）*Modality in Japanese – The layered structure of clause and hierarchies of functional categories*.（Studies in language companion series 109）Amsterdam: Benjamins.

Nedjalkov, Vladimir P.（1976）*Kausativkonstruktionen*. Tübingen: Narr.

Neeleman, Ad and Fred Weerman.（1993）The balance between syntax and morphology: Dutch particles and resultatives. In *Natural Language and Linguistic Theory* 11: pp. 433–475.

小川暁夫(1991)「3 格の実現について」『ドイツ文学』87: pp. 119–130. 日本独文学会.

Ogawa, Akio.（2003）*Dativ und Valenzerweiterung: Syntax, Semantik und Typologie*. Tübingen: Stauffenburg.

岡本順治(2003)「いわゆる『分離動詞』とは何か？―近年の不変化詞動詞研究の動向」岡本順治・成田 節編『いわゆる「分離動詞」をめぐって』, pp. 2–11.（日本独文学会研究叢書 023）日本独文学会.

岡本順治(2004)「ドイツ語における不変化詞動詞の生産性と慣用性」筑波大学現代言語学研究会編『次世代の言語研究 III』, pp. 1–28.

Okamoto, Junji.（2011）Synchronisierung mit Modalpartikeln. In Junji Okamoto and Angelika Werner.（eds.）*Aussprache und Bedeutung der Modalpartikeln: Zur Entwicklung neuer Untersuchungsmethoden*, pp. 60–79. Studienreihe der Japanischen Gesellschaft für Germanistik 075, Japanische Gesellschaft für Germanistik.

Olsen, Susan.（1990）Konversion als Kombinatorischer Wortbildungsprozess. In *Linguistische Berichte* 127: pp. 185–216.

Olsen, Susan.（1991）AGR(eement) und Flexion in der deutschen Nominalphrase. In Gisbert Fanselow and Sascha W. Felix.（eds.）*Strukturen und Merkmale syntaktischer Kategorie*, pp. 51–61. Tübingen: Narr.

Olsen, Susan. (1997) Zur Kategorie Verbpartikel. In *Beiträge zur Geschichte der deutschen Sprache und Literatur* 119: pp. 1–32.

Ono, Yoshiko. (2002) *Typologische Züge des Japanischen*. Tübingen: Niemeyer.

Ormelius-Sandblom, Elisabet. (1997) The modal particle *schon*. Its syntax, semantics and pragmatics. In Toril Swan and Olaf J. Westwik. (eds.) *Modality in Germanic Languages*, pp. 75–130. Berlin: de Gruyter.

Ouhalla, Jamal. (1999) *Introducing transformational grammar: From principles and parameters to minimalism*. London: Arnold.

大矢俊明(2008)『ドイツ語再帰構文の対照言語学的研究』ひつじ書房.

Oya, Toshiaki. (2010) Syntaktisches Passiv und passive Interpretation: Im Fall des Rezipientenpassivs. In *Neue Beiträge zur Germanistik* 9 (1): pp. 10–25.

Paul, Hermann. (2002) *Deutsches Wörterbuch: Bedeutungsgeschichte und Aufbau unseres Wortschatzes*. 10th revised and enlarged ed. Tübingen: Niemeyer.

Prince, Alan and Paul Smolensky. (2004) *Optionality theory: constraint interaction in generative grammar*. Malden, Mass.: Blackwell.

ピーターセン、マーク(1988)『日本人の英語』(岩波新書)岩波書店.

Rapp, Irene. (1997) *Partizipien und semantische Struktur: Zu passivischen Konstruktionen mit dem 3. Status*. Tübingen: Stauffenburg.

Rappaport Hovav, Malka and Beth Levin. (1998) Building verb meanings. In Miriam Butt and Wilhelm Geuder. (eds.) *The projection of arguments: Lexical and compositional factors*, pp. 97–134. Stanford: CSLI Publications.

Redder, Angelika. (2004) Von der Grammatik zum sprachlichen Handeln—*Weil: Das interessiert halt viele*. In *Der Deutschunterricht* 5 (4): pp. 50–58.

Riemsdijk, Henk van. (1978) *A case study in syntactic markedness*. Dordrecht: Foris.

Rizzi, Luigi. (1997) The fine structure of the left periphery. In Liliane Haegeman. (ed.) *Elements of grammar*, pp. 281–337. Dordrecht: Kluwer.

Rizzi, Luigi. (2004) *On the form of chains: Criterial positions and ECP effects*. Unpublished manuscript, University of Siena.

Rooth, Mats. (1985) *Association with focus*. Ph. D. Dissertation, University of Massachusetts, Amherst.

Ross, John Robert. (1967) *Constraints on variables in syntax*. Ph. D. Dissertation, MIT.

Ross, John Robert. (1970) Gapping and the order of constituents. In Manfred Bierwisch and Karl E. Heidolph. (eds.) *Progress in linguistics*, pp. 249–259. The Hague: Mouton.

Rosta, And. (1995) 'How does this sentence interpret?' The semantics of English mediopassives. In Bas Aarts and Charles F. Meyer. (eds.) *The verb in contemporary English: Theory and description*, pp. 123–144. Cambridge: Cambridge University Press.

Russell, Bertrand. (1905) On denoting. In *Mind* 14: pp. 479–493.

Saltveit, Laurits. (1960) Besitzt die deutsche Sprache ein Futur? In *Der Deutschunterricht* 12: pp. 46–65.

Sandig, Barbara. (1979) Beschreibung des Gebrauchs von Abtönungspartikeln im Dialog. In Harald Weydt. (ed.) *Die Partikeln der deutschen Sprache*, pp. 84–94. Berlin: de Gruyter.

Schäfer, Florian. (2008) *The syntax of (anti-)causatives: External arguments in change-of-state contexts*. Amsterdam: Benjamins.

Searle, John R. et al. (eds.) (1980) *Speech act theory and pragmatics*. Dordrecht: Reidel.

白井賢一郎(1985)『形式意味論入門』産業図書.

関口存男(1960)『冠詞』第1巻(定冠詞篇)三修社.

Stechow, Arnim von and Wolfgang Sternefeld. (1988) *Bausteine syntaktischen Wissens*. Opladen: Westdeutscher Verlag.

Steinbach, Markus. (2002) *Middle voice: A comparative study in the syntax-semantics interface of German*. Amsterdam: Benjamins.

Sternefeld, Wolfgang. (2006) *Syntax: Eine morphologisch motivierte generative Beschreibung des Deutschen*. Vol. 1. Tübingen: Stauffenburg.

Stiebels, Barbara. (1996) *Lexikalische Argumente und Adjunkte: Zum semantischen Beitrag von verbalen Präfixen und Partikeln*. Berlin: Akademie.

Stiebels, Barbara and Dieter Wunderlich. (1994) Morphology feeds syntax. In *Linguistics* 32: pp. 913–968.

Stroik, Thomas. (2006) Argument in middles. In Benjamin Lyngfelt and Torgrim Solstad. (eds.) *Demoting the agent*. pp. 301–326. Amsterdam: Benjamins.

Takahashi, Ryosuke. (2010) Lexikalisierung bei psychischen Verben. In *Neue Beiträge zur Germanistik* 9 (1): pp. 26–39.

Tanaka, Shin. (2000) *Wir waren auch dabei. -Wir waren nur dabei?: auch* als Topikpartikel.

In *Sprachwissenschaft* 25(1): pp. 1–19.

田中 愼(2006)「テクストのルール：中心化理論によるアナファーの記述」日本独文学会編『ドイツ文学』127: pp. 30–48.

Tanaka, Shin. (2011) *Deixis und Anaphorik. Referenzstrategien in Text, Satz und Wort.* Berlin: de Gruyter.

田中雅敏(2006)「定動詞第二位構文の出力最適性を決定する制約について」『欧米文化研究』13, pp. 39–58. 広島大学大学院社会科学研究科.

田中雅敏(2008)「ゲルマン諸語における定動詞移動の歴史的変遷と定動詞位置の最適性理論分析」『広島ドイツ文学』22, pp. 11–28. 広島独文学会.

Thiersch, Craig. (1978) *Topics in German syntax.* Ph. D. Dissertation, MIT.

Thurmair, Maria. (1989) *Modalpartikeln und ihre Kombinationen.* Tübingen: Niemeyer.

Tortora, M. (eds.) *The function of function words and functional categories*, pp. 11–40. Amsterdam: Benjamins.

Tomlin, Russel S. (1986) *Basic Word Order: Functional Principles.* Croom Helm Linguistics Series. London: Croom Helm.

Traugott, Elisabeth C. (1989) On the rise of epistemic meanings in English: An example of subjectification in semantic change. In *Language* 57: pp. 33–65.

Traugott, Elizabeth C. (2003) From subjectification to intersubjectification. In Raymond Hickey. (ed.) *Motives for language change*, pp. 124–139. Cambridge: Cambridge University Press.

Truckenbrodt, Hubert. (2004) Zur Strukturbedeutung von Interrogativsätzen. In *Linguistische Berichte* 199: pp. 313–350.

Truckenbrodt, Hubert. (2006) On the semantic motivation of syntactic verb movement to C in German. In Hans-Martin Gärtner. (ed.) *Theoretical Linguistics* 32: pp. 257–306.

Vater, Hainz. (1975) Werden als Modalverb. In Joseph P. Calbert and Heinz Vater. (eds.) *Aspekte der Modalität*, pp. 71–148. Tübingen: Narr.

Vater, Heinz. (1999) Valency realisations in diatheses. In Hubert Cuyckens, Thomas Berg, René Dirven, and Klaus-Uwe Panther. (eds.) *Motivation in languages: Studies in honor of Günter Radden*, pp. 99–122. Amsterdam: Benjamins.

Vendler, Zeno. (1967) *Linguistics in Philosophy.* Ithaca, NY: Cornell University Press.

Vennemann, Theo. (1973) Explanation in syntax. In John Kimball. (ed.) *Syntax and semantics* 2, pp. 1–50. New York: Seminar Press.

Wackernagel, Jacob. (1892) Über ein Gesetz der indogermanischen Wortstellung. In *Indogermanische Forschungen* 1: pp. 333–436.

Walker, Marilyn A., Aravind K. Joshi, and Ellen F. Prince. (1998) *Centering theory in discourse*. Oxford: Clarendon Press.

Wegener, Heide. (1985a) „Er bekommt widersprochen"—Argumente für die Existenz eines Dativpassivs im Deutschen. In *Linguistische Berichte* 90: pp. 127–139.

Wegener, Heide. (1985b) *Der Dativ im heutigen Deutsch*. Tübingen: Narr.

Wegener, Heide. (1991) Der Dativ—ein struktureller Kasus? In Gisbert Fanselow and Sascha W. Felix. (eds.) *Strukturen und Merkmale syntaktischer Kategorien*, pp. 70–103. Tübingen: Narr.

Wegener, Heide. (2002) The evolution of the German modal particle „denn". In Ilse Wischer and Gabriele Diewald. (eds.) *New reflections on grammaticalization. International symposium, Potsdam, 17–19 June, 1999*, pp. 379–394. Amsterdam: Benjamins.

Weisgerber, Leo. (1963) Die Welt im Passiv. In Siegfried Gutenbrunner and Hugo Moser. (eds.) *Die Wissenschaft von deutscher Sprache und Dichtung: Methoden, Probleme, Aufgaben*, pp. 25–59. Stuttgart: Klett.

Weydt, Harald. (1969) *Abtönungspartikel: Die deutschen Modalwörter und ihre französischen Entsprechungen*. Bad Homburg: Gehlen.

Weydt, Harald. (2010) Abtönungspartikeln und andere Disponible. In Theo Harden and Elke Hentschel. (eds.) *40 Jahre Partikelforschung*, pp. 11–31. Tübingen: Stauffenburg.

Weydt, Harald and Elke Hentschel. (1983) Kleines Abtönungswörterbuch. In Harald Weydt. (ed.) *Partikeln und Interaktion*, pp. 3–24. Tübingen: Niemeyer.

Weydt, Harald, Theo Harden, Elke Hentschel and Dietmar Rösler. (1983) *Kleine deutsche Partikellehre: Ein Lehr-und Übungsbuch für Deutsch als Fremdsprache*. Stuttgart: Klett.

Winter, Werner. (1961) Relative Häufigkeit syntaktischer Erscheinungen als Mittel zur Abgrenzung von Stilarten. In *Phonetica* 7: pp. 193–216.

Wöllstein, Angelika. (2010) *Topologisches Satzmodell*. Heidelberg: Winter.

Wunderlich, Dieter. (1983) On the compositionality of German prefix verbs. In Rainer Bäuerle, Christoph Schwarze, and Armin von Stechow. (eds.) *Meaning, use and interpretation of language*, pp. 452–465. Berlin: de Gruyter.

Wunderlich, Dieter. (1997a) Argument extension by lexical adjunction. In *Journal of Semantics* 14: pp. 95–142.

Wunderlich, Dieter. (1997b) Cause and the structure of verbs. In *Linguistic Inquiry* 28: pp. 27–68.

Wunderlich, Dieter. (2000) Predicate composition and argument extension as general options: a study in the interface of semantic and cenceptual structure. In Barbara Stiebels and Dieter Wunderlich. (eds.) *Lexicon in focus*, pp. 247–270. Berlin: Akademie.

Wurmbrand, Susi. (1998) Heads or phrases? Particles in particular. In Wolfgang Kehrein and Richard Wiese. (eds.) *Phonology and morphology of the Germanic languages*, pp. 267–295. Tübingen: Niemeyer.

吉田光演・保阪靖人他(2001)『現代ドイツ言語学入門』大修館書店.

吉田光演(2002)「ドイツ語中間構文のアスペクトと項構造」『金沢大学独文研究室報』17: pp. 113–120.

吉田光演(2003)「冠詞の意味論」『月刊言語』32 (10): pp. 58–65. 大修館書店.

Zeller, Jochen. (2001) *Particle verbs and local domains*. Amsterdam: Benjamins.

Zifonun, Gisela, Ludger Hoffmann, Bruno Strecker et al. (1997) *Grammatik der deutschen Sprache*. 3 Vols. Berlin: de Gruyter.

Zwart, Jan-Wouter. (1993) Verb movement and complementizer agreement. In *Papers on case and agreement* 18: pp. 297–340.

Zwart, Jan-Wouter. (1997) *Morphosyntax of verb movement: a minimalist approach to the syntax of Dutch*. Dordrecht: Kluwer.

Zwart, Jan-Wouter. (2005) Verb second as a function of Merge. In Marcel den Dikken and Christina M. Tortora. (eds.) *The function of function words and functional categories*, pp. 11–40. Amsterdam: Benjamins.

索引

A–Z
es 構文　241
there 構文　241
Wackernagel 位置　60–62, 64, 69
X バー構造　172, 173

あ
アクセント　233, 234, 238
アスペクト　84
依存関係文法　7
位置交替　211
意味上構成的　197
意味役割　17
イントネーション　239
イントネーションパターン　234
埋め込み　39, 41, 43–45
オルガノン・モデル　9

か
外延　16
かきまぜ　79
過去　126, 127
下降アクセント　239
過去形の衰退　139
カテゴリー（範疇）　10
間主観化　248, 258
間主観的意味　258
関心の与格　147, 152, 153
完了　126, 137
完了時制　137

完了相　135, 136, 139–142
聞き手　36, 38, 43, 44
疑似分裂文　235
記述文法　2
既知　222–224, 232
機能範疇　14
規範文法　2
基本語順　79
義務的用法　133, 141, 142
客観的用法　133
旧情報　51, 58, 69, 179, 226–228, 235
境界性　170, 184, 185
虚辞　81
句構造規則　12
係助詞　230
屈折辞（I）　15, 16, 25, 60
結果目的語　212
結合価　7
結合価文法　7
言語コーパス　5
現在完了　126, 127
限定詞（D）　171, 173–175, 179–183, 188–190
限定詞句（DP）　13, 14, 31, 169, 172–175, 177, 180–182, 190
語彙範疇　13
語彙分解　18, 155
後域　7
項構造　74, 107, 108, 145, 157, 158, 160, 161
合成性の原則　9
構造格　111, 116, 157–161
構造的隣接関係　208
語順　220–223, 232
コミュニケーション上の最小単位　252

コメント 231, 232, 234, 236

さ

再帰性 7
最小部分 183–185, 190
最適性理論 68
詞 144
辞 144
指示代名詞 174
時制論者 128
シータ役割 237
指定部（SPEC） 12, 13, 15, 16, 31–33, 39, 58–62, 105, 110, 111, 113, 159, 161, 162, 172–174, 180, 255
視点 136, 139, 143
斜格前置詞句 57
斜格目的語 50
種 181–183, 186, 189, 190
主語 229–231, 236, 237, 241
主題 39, 40, 45
主題句 45
主題役割 17
主要部 12
上昇アクセント 239
状態受動 104–106
焦点 36, 37, 40, 45, 228, 229, 231–235, 238, 239
焦点詞 227, 228, 233, 234
焦点―背景 225
焦点―背景構造 219
所有の与格 147–149, 152–155, 159
進行形 123
新情報 51, 178, 179, 224, 226–228, 234, 235, 239
心的態度 129, 256

生成意味論 18
生成文法 47, 49, 57, 58, 69
接辞 254
接続詞浮遊 247
接続法 132, 133
接続法Ⅰ式 130, 131
接続法Ⅱ式 130, 131, 138
接頭辞動詞 194
前域 7
漸減的対象 210
漸増的対象 212
前置 25, 30, 34, 40, 41, 44, 45
総称 182, 186–188, 190, 191
総称化 81, 83, 84, 93
ソシュール、F. de 144
存在量化子 178

た

対象言語 2
談話 36, 39, 43, 44
中域 7
直示 177
直説法 130–133, 138
直説法過去 138
定冠詞 232
定限定詞句 177
テーマ 223–225
テーマ―レーマ 223
テーマ・レーマ条件 51, 53, 66, 68–70
天候動詞 91
動作受動 104
動作様態 134–136
（定）動詞第2位 7, 15, 32, 49, 195
動詞複合体 100, 116
動詞＋不変化詞 195

時枝　144
特定的　179
トピック　229–232, 234, 236, 239
トピックアクセント　239
トピック―コメント構造　219, 228

な
内包　16
認識的用法　141, 142

は
背景　229, 231, 232, 234, 235, 238
配語的文モデル　48, 70
裸複数形　79, 80, 171, 172
裸複数名詞　190
発話内行為指示詞　251
話し手　30, 41, 43
判断の与格　147, 151, 153
反類像的　163, 165
非対格仮説　109–111, 115, 118
非対格自動詞　241
非対格動詞　90, 103, 110–112, 237
否定詞　233
被動目的語　212
非人称受動　98, 102, 105, 109, 111, 113–115
付加　59, 62, 63
不調和反応　140
部分―全体構造　184, 186, 190
(動詞)不変化詞　195
不変化詞　245
不変化詞動詞　195
普遍量化子　179
不利益の与格　147, 149, 161
フレーゲの原則　9

プロソディ　238
文(IP)　15, 16, 25, 60
文域　7, 27, 30, 32, 33
文粋　7
文タイプ　250
文頭　23–27, 45
文法化　248
文法性　5
文ムード　24, 30, 31, 34, 38, 42–44
分裂文　234
法　130, 138
法副詞　245
補部(COMP)　12, 13, 54, 58, 59, 105, 110, 113, 172–175, 208
補文句(CP)　15, 16, 32, 33, 37, 61, 63, 109, 241
補文標識(C)　12, 15, 16, 32, 37, 38, 42–45

ま
マテジウス、V.　223, 228
未完了　137
未完了相　135, 136, 139, 140, 142
右側主要部の規則　205
未知　222
未来　128, 129
未来形　140
無標語順　50–52, 54, 55, 58, 64, 67, 69
名詞句分離構文　236
名辞写像パラメータ　182
命題　30, 43, 44
命題態度　256
命令法　130
メタ言語　2
モダリスト　128

や
有生原則　54
有標性　11
抑制　76–78, 80

ら
ライン地方進行形　123
利益の与格　147, 149, 161
利益・不利益の与格　150, 152–155, 159, 161

類像的　163, 164
歴史的現在　126
レーマ　223–225

わ
枠構造　27, 29, 33, 34
話題　33, 36, 37
話法の助動詞　132

執筆者紹介

岡本 順治（おかもと じゅんじ）
東京都出身。上智大学大学院外国語学研究科言語学専攻博士後期課程単位取得退学。信州大学教養部助教授、筑波大学現代語・現代文化学系助教授、東京都立大学人文学部助教授を経て、現在、学習院大学文学部教授。
【主な著書・論文】『現代ドイツ言語学入門』（大修館書店 2001 共著）、"AN-Verb Constructions in German in View of Compositionality"（『東西言語文化の類型論特別プロジェクト研究』研究成果報告書 II, Part I. 筑波大学 1999）、"Synchronisierung mit Modalpartikeln"（*Aussprache und Bedeutung der Modalpartikeln: Zur Entwicklung neuer Untersuchungsmethoden.*〔Studienreihe der Japanischen Gesellschaft für Germanistik 075〕2011）。

吉田 光演（よしだ みつのぶ）
大阪府出身。金沢大学大学院文学研究科修士修了。琉球大学法文学部助教授、広島大学総合科学部助教授を経て、現在、広島大学総合科学研究科教授。
【主な著書・論文】『現代ドイツ言語学入門』（大修館書店 2001 共著）、"Scrambling in German and Japanese from a Minimalist Point of View"（*Linguistic Analysis* 30 号 2001）、"Klassifikation im Japanischen und im Deutschen — Eine kontrastive Analyse"（*Neue Beiträge zur Germanistik* 5 巻 3 号 2006）、「ドイツ語のコピュラ文と名詞句のタイプ分類」（『ドイツ文学論集』43 号 独文学会中国四国支部 2010）。

田中 雅敏（たなか まさとし）
兵庫県出身。広島大学大学院社会科学研究科国際社会論専攻博士後期課程修了。2000–2002 年にドイツ学術交流会（DAAD）奨学生としてポツダム大学に留学。松山大学法学部特任准教授を経て、現在、東洋大学法学部准教授。博士（学術）。
【主な論文】"Thema-drop und pro-Form im Japanischen"（*Neue Beiträge zur Germanistik* 3 巻 2 号 2004）、「ゲルマン諸語における定動詞移動の歴史的変遷と定動詞位置の最適性理論分析」（『広島ドイツ文学』22 号 広島独文学会 2008）。

大矢 俊明（おおや としあき）
宮城県出身。東京外国語大学大学院外国語学研究科ゲルマン系言語専攻修了。大阪府立大学総合科学部助手・講師、中央大学文学部助教授等を経て、現在、筑波大学人文社会系教授。博士(言語学)。
【主な著書・論文】『ドイツ語再帰構文の対照言語学的研究』(ひつじ書房 2008)、"Three Types of Reflexive Verbs in German" (*Linguistics* 48 号 2010)、"Ground Arguments in German Particle Verbs: A Comparison with Dutch and English" (*Journal of Germanic Linguistics* 21 号 2009)。

藤縄 康弘（ふじなわ やすひろ）
群馬県出身。東京外国語大学大学院外国語学研究科修士課程修了。愛媛大学法文学部助手・講師・准教授を経て、現在、東京外国語大学大学院総合国際学研究院准教授。
【主な論文】"Modale Infinitivkonstruktionen und das Aktiv-Passiv-Verhältnis im Deutschen" (*Neue Beiträge zur Germanistik* 2 巻 3 号 2003)、"*Das hätte ich geschafft!* Zum grenzüberschreitenden Vorkommen von Konjunktiven mit realem Bezug im Gegenwartsdeutsch" (*Neue Beiträge zur Germanistik* 5 巻 3 号 2006)、「補文の類型論と現代ドイツ語の不定詞」『ドイツ語研究と言語類型論―共通の展望に向けて』(〔日本独文学会研究叢書 039〕2006)。

田中 愼（たなか しん）
千葉県出身。北海道大学大学院文学研究科博士後期課程中途退学。北海道大学助手、千葉大学講師、千葉大学助教授を経て、現在、千葉大学言語教育センター教授。Dr. phil（ミュンヘン大学）。
【主な著書・論文】*Deixis und Anaphorik: Referenzstrategien in Text, Satz und Wort.* (Walter de Gruyter 2011)、"The 'passive' voice in Japanese and German: argument reduction and argument extension" (*Linguistics* 44-2 号 Mouton de Gruyter 2006 共著)。

「講座ドイツ言語学」全3巻責任編集

高田 博行　　学習院大学文学部教授
岡本 順治　　学習院大学文学部教授
渡辺 学　　　学習院大学文学部教授

第1巻編者

岡本 順治　　学習院大学文学部教授
吉田 光演　　広島大学総合科学研究科教授

講座ドイツ言語学 第1巻　ドイツ語の文法論

発行	2013年4月25日　初版1刷
定価	4000円＋税
編者	©岡本順治・吉田光演
発行者	松本 功
装丁	白井敬尚形成事務所
印刷・製本所	株式会社 シナノ
発行所	株式会社 ひつじ書房
	〒112-0011 東京都文京区千石2-1-2 大和ビル2階
	Tel.03-5319-4916　Fax.03-5319-4917
	郵便振替 00120-8-142852
	toiawase@hituzi.co.jp　http://www.hituzi.co.jp

ISBN 978-4-89476-571-9

造本には充分注意しておりますが、落丁・乱丁などがございましたら、小社かお買上げ書店にておとりかえいたします。ご意見、ご感想など、小社までお寄せ下されば幸いです。

【刊行のご案内】

講座ドイツ言語学 第2巻 ドイツ語の歴史論

　　高田博行・新田春夫編　　　定価4,000円＋税

初めにドイツ語の歴史に関して概略的説明を行う。そのあと、第Ⅰ部では完了形、受動構文、使役表現、機能動詞構造、語順、造語といった文法カテゴリーに関して体系的な通時的記述を行う。第Ⅱ部では、15世紀から19世紀に至るドイツ語の歴史を、印刷工房、宗教改革、文法家、日常語、大衆新聞という切り口から社会とコミュニケーションと関連づけて、過去におけるドイツ語話者の息づかいが聞こえてくるように描く。執筆者は、井出万秀、黒田享、清水誠、高田博行、新田春夫、藤井明彦、細川裕史の7名。